中学校・高等学校
体育科教育法

編著 白旗和也・岡出美則・今関豊一

石川泰成・岩田　　靖・大越正大・大友　　智
荻原朋子・近藤智靖・須甲理生・鈴木　　聡
細越淳二・三田部勇・山崎朱音・吉永武史
吉野　　聡　共著

建帛社
KENPAKUSHA

◆ まえがき ◆

　2015 年アメリカ合衆国で開催された国連サミットにおいて，「持続可能な開発のための 2030 アジェンダ」（SDGs）が採択されました。これは，世界で共有すべき持続可能な開発のための諸目標を達成するための行動計画であり，17 の目標と 169 のターゲットが示されています。これらの目標の実現は全て人の力によるものですから，とりわけどのような人を育成するのか，「教育」が極めて重要です。SDGs において，「教育」は，目標 4 に「質の高い教育の提供」として示されています。

　これまで日本は「持続可能な開発のための教育」（ESD）を提唱し，教育の質の向上にも重点を置いて推進されてきました。ESD に基づいた学びの留意点として「ESD 推進の手引」（文部科学省，2016（2018 年改訂））には，「何のために何を学ぶのか」「どのように学ぶのか」を大切にしながらも，活動を体験しただけで終わらないように「何ができるようになるのか」を常に振り返り，評価を確実に行うことが述べられています。こうした ESD を具現化するため，その視点は小・中・高等学校等の学習指導要領の中に，盛り込まれています。「どのように学ぶのか」に当たる「主体的・対話的で深い学び」として学習指導要領に示された指導改善の視点は，その一例といえます。このことは当然ながら保健体育科でも同様です。そうした学びを支える保健体育教師を育成するに当たっては，学習指導要領の正しい理解が求められます。

　このような背景を踏まえた上で，本書は「体育科教育法」の教科書として，保健体育科の教員養成の質保証に資することを目指し，以下の事項を重視して編成しました。

① 　学習指導要領に基づいた保健体育（主として体育分野，科目体育）の目標，内容の理解，指導実践及び評価に関する知識の獲得を目指すこと

② 　「深い学び」「対話的な学び」「主体的な学び」の 3 つのアクティブ・ラーニングの視点を取り入れた授業作りに資すること

本書の使い方としては，2 つの特徴があります。

① 　大学における標準 15 回の授業の流れを考慮し，まとまりごとに第 1 週，第 2 週…といった章立てをしています。ただし，授業のシラバスは，柔軟に構成する必要があることから，順番を入れ替えていただくことは一向に差し支えありません。

② 　アクティブ・ラーニングの視点を盛り込み，各章の項目タイトルを原則として発問型（…だろうか）として提示し，適宜，「話し合ってみよう」「調べてみよう」といった課題を提示しています。

　未来の社会の担い手を育成する教育において，教師の質保証は強く求められています。本書が質の高い保健体育教師育成の一助になれば幸いです。

　末筆になりますが，本書刊行の機会をいただきました建帛社に感謝いたします。

2021 年 3 月

編著者

目　　次

第 1 週　体育の捉え方―スポーツと体育はどこが違うのだろうか―

1. 体育とスポーツの捉え方…………………………………………………………1
2. 体育の概念の変遷…………………………………………………………………2
3. 体育におけるコンピテンシーベースの考え方………………………………3
4. 海外の体育事情……………………………………………………………………4

第 2 週　学習指導要領のねらいと位置付け

1. 学習指導要領のねらいと位置付け……………………………………………8
2. 学習指導要領の変遷……………………………………………………………9
3. 学習指導要領（平成 29 年・30 年告示）の目指すもの …………………11

第 3 週　学習指導要領のキーワード

1. 育成を目指す資質・能力………………………………………………………14
　　(1) 中学校・高等学校保健体育科において育成を目指す資質・能力 ………14
　　(2) 育成を目指す資質・能力となった背景 ………………………………15
2. カリキュラム・マネジメント…………………………………………………16
　　(1) 中学校・高等学校保健体育科のカリキュラム・マネジメント …………16
　　(2) 保健体育科とカリキュラム・マネジメント …………………………16
3. 主体的・対話的で深い学び……………………………………………………18
　　(1) 中学校・高等学校保健体育科における「主体的・対話的で深い学び」………18
4. 校種間の接続……………………………………………………………………21
　　(1) 小学校教育と中学校教育の接続 ………………………………………21
　　(2) 中学校教育と高等学校教育の接続 ……………………………………21
5. 個別的な指導，障害のある生徒の指導………………………………………21

第 4 週　保健体育科の目標と構成

1. 目標の変遷………………………………………………………………………23

2. 保健体育科の目標 ……………………………………………………………23

3. 領域構成と内容 ……………………………………………………………26

4. 総則に示されている体育 ……………………………………………………28

第5週　領域の内容と指導1

1. 体つくり運動 ………………………………………………………………30

　Q1：体つくり運動はなぜ必要なのか ……………………………………30

　Q2：体つくり運動はどのような特性をもつ運動か ……………………30

　Q3：どのようなねらいと指導内容をもっているのか …………………31

　Q4：具体的にどのようなことを指導するのか …………………………32

　Q5：具体的な単元のイメージはどうなるか ……………………………34

　Q6：授業づくりの留意点は何か …………………………………………35

2. 器械運動 ……………………………………………………………………36

　Q1：器械運動の楽しさや魅力は何だろう（運動の特性） ……………36

　Q2：小学校の学習を受けて，中学校・高等学校では，どのような学習をするのだろう ……………………………………………………………36

　Q3：器械運動で指導する内容は何だろう（指導内容） ………………37

　Q4：器械運動はどのような授業づくりをしていけばよいのだろう …40

　Q5：安全管理で気を付けることは何だろう ……………………………44

　Q6：評価はどのようにしていけばよいだろう …………………………45

第6週　領域の内容と指導2

1. 陸上競技 ……………………………………………………………………46

　Q1：陸上競技の運動の楽しさや魅力はなんだろう（運動の特性） …46

　Q2：何を指導するのだろう（指導内容及びその取扱い） ……………47

　Q3：授業づくりでは何に気を付ければよいだろう（授業づくりの留意点） ………51

2. 水　泳 ………………………………………………………………………53

　Q1：水泳の楽しさや魅力は何だろう（運動の特性） …………………53

　Q2：何を指導するのだろう（指導内容） ………………………………54

　Q3：授業づくりでは何に気を付ければよいだろう（授業づくりの留意点） ………59

第7週　領域の内容と指導3

1. 球　技 ………………………………………………………………………63

Ｑ１：球技って，何を指導するのだろう（指導内容）………………………63

Ｑ２：球技の楽しさや魅力は何だろう（運動の特性）…………………………67

Ｑ３：球技の授業づくりの留意点とは ……………………………………………67

Ｑ４：球技ではどんな授業づくりをするのだろう ………………………………69

2. ダンス……………………………………………………………………………………72

Ｑ１：ダンスの楽しさや魅力は何だろう（運動の特性）……………………72

Ｑ２：ダンスでは何を指導するのだろう（指導内容）………………………74

Ｑ３：ダンスではどんな授業づくりをするのだろう …………………………75

第8週　領域の内容と指導4

1. 武　道………………………………………………………………………………………81

Ｑ１：武道の魅力は何だろう（運動の特性）…………………………………81

Ｑ２：武道では何が変わったのだろう（学習指導要領改訂のポイント）…81

Ｑ３：武道の学習指導の目標は何だろう …………………………………………82

Ｑ４：武道の具体的な指導内容は何だろう ………………………………………83

Ｑ５：武道の学習評価はどのように進めればよいか …………………………83

2. 体育理論………………………………………………………………………………………89

Ｑ１：なぜ体育理論を学ぶ必要があるのか ……………………………………89

Ｑ２：体育理論では何を学ぶのか …………………………………………………90

第9週　よい体育授業とは

1. よい体育授業の条件…………………………………………………………………………96

（1）よい体育授業の条件とは ……………………………………………………96

（2）よい体育の授業づくりの主なポイント …………………………………97

2. 学習集団づくり……………………………………………………………………………100

（1）生徒による主体的・対話的で深い学びを促す学習の形態……………100

（2）生徒同士が積極的に関わり合う学習集団づくり ………………………100

3. 教師の関わり………………………………………………………………………………101

（1）四大教師行動とは …………………………………………………………101

（2）教師による相互作用の重要性………………………………………………102

4. 安全への配慮………………………………………………………………………………103

（1）体育の授業で起きる事故やけがの危険性…………………………………103

（2）体育の授業中の事故やけがに対するリスクマネジメント ……………104

第10週　教材・教具の活用

1. よい教材とは……………………………………………………………………106
　(1) ハードル走の指導内容……………………………………………………106
　(2) 指導内容を習得していくための手段としての「教材」………………107
　(3)「よい教材」とは何か……………………………………………………107
2. 教材づくりの考え方…………………………………………………………108
　(1) 素材の再構成による教材の創出…………………………………………108
3. 教材の機能を高める「教具」の活用とＩＣＴの活用…………………110
　(1) 下位教材との結び付きの強い「教具」…………………………………110
　(2) 体育授業におけるＩＣＴの利用…………………………………………111
4. 運動領域に応じた教材づくりの観点………………………………………113

第11週　学習評価

1. 学習評価の考え方……………………………………………………………115
2. 評価の観点……………………………………………………………………116
　(1) 観点別学習状況の評価……………………………………………………116
　(2) 評　定………………………………………………………………………116
　(3) 感性や思いやりなどの評価………………………………………………117
3. 指導と評価の一体化…………………………………………………………117
4. 評価計画の作成………………………………………………………………118

第12週　指導案づくり1

1. 指導案のねらい………………………………………………………………122
2. 指導案例………………………………………………………………………122

第13週　指導案づくり2

1. 指導案における各項目に関する解説………………………………………128
　(1) 指導案の形式………………………………………………………………128
　(2) 指導案のタイトル…………………………………………………………128
　(3) 生徒の実態…………………………………………………………………128
　(4) 単元名………………………………………………………………………129

　　（5）運動の特性 ··· 129

　　（6）単元の目標 ··· 129

　　（7）単元の評価規準 ··· 130

　　（8）単元計画（指導と評価の計画） ·· 132

　　（9）本時の目標と本時の展開 ·· 133

　　（10）学習カード ·· 134

　　（11）教師の指導観 ··· 135

第 14 週　指導案を吟味する

1. 指導案を吟味しよう ·· 136

　　（1）執筆した指導案を振り返る ·· 136

　　（2）振り返りの視点 ··· 137

2. 執筆した指導案をグループで検討しよう ·· 139

　　（1）小グループで検討してみよう ··· 139

　　（2）ワールドカフェ方式による指導案検討例 ·· 139

　　（3）プロの教師による指導案検討 ··· 140

第 15 週　簡単なレポート作成

1. 学んだことをレポートにまとめよう ·· 142

　　（1）レポートの書き方 ·· 142

　　（2）レポート執筆事例 ·· 142

　　（3）レポートの推敲 ··· 144

2. レポート課題例と発展 ·· 145

　　（1）学んできたことをもとにして ·· 145

　　（2）卒業論文執筆に向けて ·· 145

付録：指導案例 ·· 146

参考資料リンク集 ·· 162

索引 ··· 163

体育の捉え方—スポーツと体育はどこが違うのだろうか—

1. 体育とスポーツの捉え方

　スポーツとは，公式ルールに基づき実施される競技といわれるが，その概念はより広義である。例えば 2011（平成 23）年公布の我が国のスポーツ基本法は，スポーツを次のように定義している。

> 　スポーツは，心身の健全な発達，健康及び体力の保持増進，精神的な充足感の獲得，自律心その他の精神の涵養（かん）等のために個人又は集団で行われる運動競技その他の身体活動

　実際，スポーツ庁はスポーツが競技スポーツに限られるわけではないこと，また，朝の体操や何気ない散歩，気分転換のサイクリング，ハイキング等もスポーツに含まれることを紹介している。また，スポーツは単にするものだけではなく，みる，ささえる，知る対象と理解されている。さらに，このような広義のスポーツ概念のもとでスポーツ庁は，スポーツを行うことが生活習慣の一部となり，多くの人がスポーツに親しむ社会の実現を目指す「Sport in Life プロジェクト」を展開している。

　もっとも，競技としてのスポーツも，結果として勝利することのみが求められるわけではなく，むしろ競技の場面で何が問われるのかが問題になる。例えば，スポーツ庁が 2017（平成 29）年に策定した第二期スポーツ基本計画は，今後 5 年間のスポーツに関する施策の柱として次の 4 つをあげている。

① スポーツを「する」「みる」「ささえる」スポーツ参画人口の拡大と，そのための人材育成・場の充実

② スポーツを通じた活力があり 絆（きずな）の強い社会の実現

③ 国際競技力の向上に向けた強力で持続可能な人材育成や環境整備

④ クリーンでフェアなスポーツの推進によるスポーツの価値の向上

　また，我が国においては，スポーツによる国際社会の発展への貢献を図るため2015（平成 27）年から「スポーツ国際展開基盤形成事業」が文部科学省（スポーツ庁）により実施されている。これらはともに，スポーツのもつ価値を高める取り組みが，今後ますます重要になってくることを示している。

　これに対し体育は，学校の教育課程に組み込まれている教科の名称や運動に関連した活動の総称といえる。そのため体育の目標は，常に学校教育が達成しようとしている目標のもとに位置付けられることになる。例えば 2006（平成 18）年改正の教育基本法は，教育の目標として健やかな身体を養うことや伝統と文化を尊重する態度を養うことをあげており，これに対応して学校教育法施行規則では，教育課程を編成する教科等が記されている。小学校では教科の名称を体育，中学

校では保健体育と表記され，その授業では，児童生徒の発達の段階に適したスポーツが提供される。授業の目標を踏まえて人数や競争のしかた，練習が修正されるのはそのためである。また，学校では，教育職員免許法で定められた教育職員免許状の保有者のみが授業を実施できる。この点もスポーツの指導者とは異なる点である。

　なお，学校教育は，そこで独自に達成すべき目的を掲げている。そのため，その目的に即さないスポーツを学校教育で扱う必要はない。したがって，学校教育にスポーツを位置づけるのであれば，学校教育にふさわしいスポーツとは何かが問われることになる。他方で，スポーツが学校教育そのものをより豊かにするものであれば，学校教育に積極的に位置付けられる。このような関係の中で，体育とスポーツの関係は常に見直されることとなる*1。

*1　国民体育大会が「国内最大の総合スポーツ大会」（文部科学省，2018）と指摘されたように，スポーツと体育を同義で扱う例は，我が国でもみられた。しかし，体育の日は2020（令和2）年よりスポーツの日に改称され，2023（令和5）年より国民体育大会が国民スポーツ大会に改称されることになる。

2. 体育の概念の変遷

　我が国の体育の概念を振り返るとき，そこでは①身体の教育，②スポーツを通した教育，③スポーツの中の教育，並びに④スポーツに関する教育という4つの概念に区別することができる。

　①身体の教育は，精神に従属する身体という関係の中で身体機能の向上を意図した教育を指す。これに対して，②スポーツを通した教育は，一般的な教育目標達成の手段としてスポーツを用いることを意図した教育を指す。

　この両者は，いずれも教科固有の教科内容を想定しておらず，また，スポーツを行うことにより，期待している成果が自動的に獲得されるという機能的な教育観を前提にしていた。その結果，意図的な授業の計画づくりや教師行動の検討を困難にしていた。通常，教科指導は，特定の知識や技能等，教科固有の教科内容の修得を意図している。それがない教科は，教育課程内に位置付かない，あるいは教科としての地位が低くなり，ひいては，その教科を担当する教師の地位にも影響を与えることになる。

　確かに，1953（昭和28）年の小学校学習指導要領体育科編（試案）改訂版では「学習内容」という名称が用いられ，次のように説明されていた[1]。

> 　小学校期の児童がこの時期にふさわしい正常な発達をなすために，またやがておとなになってからの生活が望ましい形で営まれるために，体育科の立場からこの時期の児童にぜひ学習させたいし，また学習することが可能でもあると考えられることがら

　ここでいう学習内容は，スポーツ文化固有の知識や技能，さらには科学的知見という意味での教科固有の指導内容ではなかった。これに対し我が国では1970年代以降，スポーツそのものに学習すべき内容が存在することが認められるようになる。それが，③スポーツの中の教育であった。そして，そのような考え方が

学習指導要領の記述に反映されるのは，1977（昭和 52）年以降であった。

　また，④スポーツに関する教育は，スポーツ科学の知見を学習することを自己目的にする考え方である。我が国の学習指導要領でいえば，体育理論の授業がこの概念に相当する。

　もっとも，これら 4 つの体育の概念は，対立的な関係におかれるわけではない。体育の授業もまた，将来社会に出て行く児童生徒が豊かな社会生活を営むことができるようになるために必要な資質・能力を育むべきであるという立場に立つとき，これらの概念の違いは，むしろ目標ではなく，指導内容の違いとして捉えることが必要になる。ここでは，生涯にわたり豊かにスポーツに関わるには，体力や運動技能（運動領域）のみならず，自尊感情や動機付け（情意領域），知識や問題解決能力，批判的能力（認知領域），良好な人間関係や価値観を共有する技能（社会的領域）が必要になるとの認識が支持されることになる。次項に示すコンピテンシーベースの考え方は，このような認識にも合致することになる。なお，これら全ての指導内容の領域を全体的に意図的に学習することを求める教科は，我が国では体育のみである。

3. 体育におけるコンピテンシーベースの考え方

　2007（平成 19）年に改正された学校教育法では，①基礎的な知識及び技能，②これらを活用して課題を解決するために必要な思考力，判断力，表現力その他の能力，③主体的に学習に取り組む態度が，学力の三要素とされている。また，全米研究協議会による 21 世紀型スキルや OECD（経済協力開発機構）-DeSeco が提案したキー・コンピテンシーは，我が国の新しい資質・能力論にも大きな影響を与えている[2]。

　これらの資質・能力が求められる背景には，専門家も答えをもたない複雑な世界規模の問題を解決しながら，持続可能な社会をつくっていくためには何が必要になるのか，という問題意識がある。そのような社会では，何を知っているかだけではなく，それを使って何ができるのか，また，いかに問題を解決できるのかが重要になってきたとの認識がみられる。それはまた，断片化された知識や技能ではなく，意欲や態度などを含む人間の全体的な能力をコンピテンシー（competency）と定義している[3]*2。

　2017（平成 29）年の学習指導要領改訂では，この認識を前提として学習指導要領等が学校，家庭，地域の関係者が幅広く共有し活用できる「学びの地図」としての役割を果たすよう，その枠組みが検討された。その視点の 1 つが育成を目指す資質・能力である。そしてこの資質・能力は，①「何を理解しているか，何ができるか（生きて働く「知識・技能」の習得）」，②「理解していること・できることをどう使うか（未知の状況にも対応できる「思考力・判断力・表現力等」の育成）」，並びに③「どのように社会・世界と関わり，よりよい人生を送るか（学びを人生や社会に生かそうとする「学びに向かう力・人間性等」の涵養）」の 3 つの

*2　資質は子どもが学んでいくために持っている潜在的な力，能力はそれを使って実際に学ぶことで子ども自らが育て，自覚的に活用できるようになった力とも説明されている。そのため，資質・能力は，ゼロから身に付けさせるものというよりは，子どもから引き出し学習に使わせるものともいわれる[4]。

柱に整理された。さらに，この整理を踏まえ，すべての教科の目標及び内容が「知識及び技能」，「思考力，判断力，表現力等」，「学びに向かう力，人間性等」の3つの柱で再整理された。また，この再整理に対応し観点別評価が，「知識・技能」，「思考・判断・表現」，「主体的に学習に取り組む態度」の3観点に整理され，指導要録の様式の改善が求められた[5]。

　なお，「学びに向かう力，人間性等」には「主体的に学習に取り組む態度」として観点別評価を通じて見取ることができる部分と，観点別評価や評定にはなじまず，個人内評価を通じて見取る部分があることが指摘されていた。他方で，各教科の特質に応じた評価方法の工夫改善が求められていた。そのため体育は，公正や協力などを育成する態度として学習指導要領に位置付けているとされている[6]。

　この資質・能力の3つの柱は，すべての教科で保障することが求められた。しかし，この前提に立つとき，個々の教科が担うべき固有の役割がみえにくくなる。この点を補足する考え方が，次の体育の見方・考え方である[7]。

> 　「体育の見方・考え方」については，生涯にわたる豊かなスポーツライフを実現する観点を踏まえ，「運動やスポーツを，その価値や特性に着目して，楽しさや喜びとともに体力の向上に果たす役割の視点から捉え，自己の適性等に応じた「する・みる・支える・知る」の多様な関わり方と関連付けること」と整理することができる。

　ここでいう運動やスポーツの価値には，「公正，協力，責任，参画，共生，健康・安全」等があげられている[7]。

4.　海外の体育事情

　ユネスコは，長年にわたり良質の体育の実現に向け努力を続けてきた（表1-1）。その過程で，体育の授業時数削減に対する危機意識が世界的に共有されたのは，1999年に開催された第1回世界体育サミットであった。国際スポーツ科学・体育協議会（ICSSPE）が主催したこのサミットは，この直後に開催されたユネスコによる第3回体育・スポーツ担当大臣等会議に向けた情報共有の機会であった。同時に体育関係者は，この体育授業の危機回避に向けて，体育授業の必要性を広く社会に対して発信していくことになる。例えば，スポーツを行うことから期待できる多様な便益として，①知的資源，②財政的資源，③身体的資源，④社会的資源，⑤個人的資源，並びに⑥情意的資源の6つが示されたことは，その例である[8]。ユネスコは，現在，良質の体育（Quality Physical Education）を次のように定義している[9]。

表1-1　良質の体育の実現に向けたユネスコの取り組み

年	出　来　事
1952	ユネスコがスポーツ振興活動を開始
1976	第1回体育・スポーツ担当大臣会議（パリ）。体育・スポーツ国際憲章起草
1978	ユネスコ総会において，体育・スポーツ国際憲章の承認。体育・スポーツ政府間委員会設立
1988	第2回体育・スポーツ担当大臣等会議（モスクワ）
1999	第1回世界体育サミット（ベルリン）。ベルリン・アジェンダ採択
1999	第3回体育・スポーツ担当大臣等会議（プンタ・デル・エステ）。ベルリン・アジェンダの承認
2000	国連，ミレニアム開発目標の採択
2005	第2回世界体育サミット（マグリンゲン）
2005	体育・スポーツ国際年
2005	第4回体育・スポーツ担当大臣等会議（アテネ）。アンチ・ドーピングに関する国際協定締結に向けた交渉プラットフォーム作成
2006	良質の体育，スポーツに関するユネスコセミナー
2013	第5回体育・スポーツ担当大臣等会議（ベルリン）。ベルリン宣言採択
2015	ユネスコによる良質の体育実施に向けた政策指針提案
2015	ユネスコによる体育・身体活動・スポーツに関する国際憲章の採択
2017	第6回体育・スポーツ担当大臣等会議（カザン）

　　良質の体育とは，幼児期，初等教育並びに中等教育のカリキュラムの一部を構成する，意図的に計画され，発展的で包括的な学習経験である。そのため，良質の体育は生涯にわたり身体活動やスポーツを営む基礎として機能することになる。体育の授業を通して子どもや青少年に提供されるこの学習経験は，発達の段階を踏まえて，彼らが積極的に身体活動を営む生活を送るために必要な運動技能や認知的な理解，社会的な技能と情意的な技能の習得を支援するものでなければならない。

　もっとも，体育の授業を行う条件は，国により千差万別である，そのため，ユネスコはモニタリングの観点として，①教師教育プログラムの開発，②施設，用具並びに資源，③柔軟なカリキュラム，④地域との連携，及び⑤モニタリングと質保証を提示している[10]。

　なお，良質の体育をめぐり，身体的リテラシー（physical literacy）が広く国際社会で認知されるようになっており，次のように定義されている[11]。

　　身体的リテラシーとは，生活を豊かにするために身体活動に価値を認め，責任を持ってそれに取り組むために必要な動機，自信，身体的能力，知識並びに理解と定義できる。

　この定義は，価値を認め，責任ある行動を求めるように，2010年の定義を2019

年に修正したものである。それは，積極的に身体活動を営む生活をするためには，個人が身体活動に価値を見いだし，それに内在的に動機付けられなければならないことを強調するためであったという[12]。なお，今日，身体的リテラシーに対しては，次の2点の誤解がみられるという[13]。

① 身体的リテラシーは，効果的に身体を管理することのみを目的としている。

② 身体的リテラシーは，基礎的運動技能（fundamental movement skills）のみを関心の対象としている。

この状況の中では，ユネスコの提唱する一般的なリテラシー概念と身体的リテラシー概念の違いが指摘されている。身体的リテラシー概念では運動能力（movement competency）や運動のパターンが最も重要な要素であり，価値ある社会的実践に組み込まれる機会を提供することが軽視されるわけではないという指摘である。また，学習過程を上手にデザインすることが生涯にわたる身体活動への参加を促す決定的な要因になるとも指摘されている[14]。身体的リテラシーでは生涯にわたり積極的に身体活動を営むという意味での「する」ことが強調されるが，その理由はこのような認識によると考えられる。

なお，スンダードに基づく体育のカリキュラム開発は，その成果の評価法の開発と一体化して進められることになる。実際，アメリカではPE・Metricsという，ナショナルスタンダードに基づく評価規準と評価方法が公刊されている[15]。この過程では，指導と評価の一体化を図り，教師，生徒双方の立場から学習改善を図るという意味での学習改善に向けた評価（Assessment for Learning）や逆向き設計＊3という考え方が重視されるようになっている[16]。

＊3　逆向き設計：授業で期待する成果と評価法を最初に設定し，学習指導方略を検討する考え方。ゴールから考え出すために「逆向き」と呼ばれる。

以上の体育をめぐる国際的な論議経過は，国際標準化モデルがいくら提案されようとも，その受け入れ方が多様であることを示している。また，各国で実際に展開されている授業と学習指導要領等の文書で期待されている授業の間には常にギャップが存在していることを示している。そして，このような現象は，我が国においてもみられる。

もっとも，これらの違いは学習指導要領等が整備されていない国で優れた体育授業が行われていないことを必ずしも意味しない。いずれの国にも，良質の体育の授業を行っている教師は数多く存在する。彼ら，彼女らは，その知見や技能を互いに共通しながら，授業改善に取り組んでいる。その意味では，いずれの国の授業からも学べることは多い。他方で，個人や少人数が生み出している多様なアイデアや蓄積された経験を，より多くの人が手軽に共有できるシステムの整備状況は，国や地域により異なることも事実である。

したがって，諸外国の体育に関する情報を手がかりに我が国の体育を振り返るとき，我が国の体育の授業が抱える課題の解決策を検討する手がかりが示唆されるケースが多い。このような観点から，海外の体育の授業を知りたいものである。

◆ 話し合ってみよう
ユネスコが示した良質の体育をモニタリングする 5 つの観点から，我が国の
体育授業の長所と課題について話し合ってみよう（p.5 参照）。

引用・参考文献

1）文部省：小学校学習指導要領体育科編（試案）昭和 28 年改訂版．1953
　　https://www.nier.go.jp/yoshioka/（2020.3.21 参照）
2）松下佳代，石井英真編：アクティブラーニングの評価．東信堂，2017，pp.5-7
3）国立教育政策研究所：諸外国の教育課程と資質・能力．2013
　　https://www.nier.go.jp/05_kenkyu_seika/pdf_seika/h25/2_5_all.pdf（2020.3.17 参照）
4）国立教育政策研究所：国研ライブラリー資質・能力［理論編］．東洋館出版社，2016，p.39
5）中央教育審議会：児童生徒の学習評価の在り方について（報告）．2019，p.7
　　https://www.mext.go.jp/component/b_menu/shingi/toushin/__icsFiles/afieldfile/2019/04/
　　17/1415602_1_1_1.pdf（2020.3.20 参照）
6）前掲 5），pp.9-10
7）中央教育審議会：幼稚園，小学校，中学校，高等学校及び特別支援学校の学習指導要領等の
　　改善及び必要な方策等について（答申）．2016，p.187
　　https://www.mext.go.jp/b_menu/shingi/chukyo/chukyo0/toushin/__icsFiles/afieldfile/201
　　7/01/10/1380902_0.pdf（2020.3.17 参照）
8）ICSSPE：Designed to Move．2012，p.11
9）UNCESCO：Quality of Physical Education Guidelines for Policy-Makers. 2015, p.9
　　http://unesdoc.unesco.org/images/0023/002311/231101E.pdf（2015.1.30 参照）
10）前掲 9），p.23
11）Whitehead, M.（ed.）：Physical Literacy across the World. Routledge. 2019, p.8
12）前掲 11），p.9
13）前掲 11），p.19
14）前掲 11），p.17
15）SHAPE：PE・Metrics. 3rd ed. Human Kinetics. 2019
16）岡出美則：体育科評価論．日本体育大学大学院教育学研究科紀要．2 巻 2 号，2019，265-275
・文部科学省：中学校学習指導要領（平成 29 年告示）解説　保健体育編．2017
・文部科学省：高等学校学習指導要領（平成 30 年告示）解説　保健体育編・体育編．2018
・スポーツ庁：スポーツ庁が考える「スポーツ」とは？
　　https://sports.go.jp/special/policy/meaning-of-sport-and-deportare.html（2020.3.8 参照）
・スポーツ庁：Sport in Life プロジェクトとは
　　https://www.mext.go.jp/sports/sportinlife/．（2020.3.8 参照）

学習指導要領のねらいと位置付け

Q：学習指導要領はなぜ，必要なのだろう……………………………………

1. 学習指導要領のねらいと位置付け

　学校教育の目的や目標は，教育基本法及び学校教育法に示されている。体育科・保健体育科は学校教育の教科・科目であるため，これらを遵守しなければならない。教育基本法には，教育の目的（第1条）及び目標（第2条）などが定められており，学校教育法においては義務教育の目標（第21条）や各学校種の目的および目標に関する規定がある。さらに，学校教育法施行規則には，教育課程は，各教科，特別の教科である道徳，総合的な学習の時間並びに特別活動によって編成することとしており，各教科等の標準授業時数を定めている。

　学習指導要領は，これらの法令を受け，各教科等の目標や指導内容が学年段階に即して示されている。こうした経緯から，学習指導要領は，法規としての性格を有するものであるといえる。

　中学校を例にとると，中学校学習指導要領（平成29年告示）解説総則編には，学習指導要領について，以下のように示されている[1]。

　学校教育法第48条及び学校教育法施行規則第74条の規定に基づいて，文部科学大臣は中学校学習指導要領を告示という形式で定めている。学校教育法施行規則第74条が「中学校の教育課程については，この章に定めるもののほか，教育課程の基準として文部科学大臣が別に公示する中学校学習指導要領によるものとする」と示しているように，学習指導要領は，中学校教育について一定の水準を確保するために法令に基づいて国が定めた教育課程の基準であるので，各学校の教育課程の編成及び実施に当たっては，これに従わなければならないものである。

　前述のとおり，学習指導要領は「基準性」を有することから，学習指導要領に示している内容は，全ての生徒に対して確実に指導しなければならないものである…（後略）

（下線は筆者）

　義務教育は，公の性質を有する（教育基本法第6条第1項）ものであるから，全国的に一定の教育水準を確保し，全国どこにおいても同水準の教育を受けることのできる機会を国民に保障することが求められるのである。このため，中学校教育の目的や目標を達成するために各学校において編成，実施される教育課程について，国として一定の基準を設けて，ある限度において国全体としての統一性を保つことが必要となる。

　学校教育が組織的，安定的に実施されるためには，学校教育の目的や目標を設

定し，その達成を図るための教育課程が編成されなければならず，学習指導要領にはその基準として遵守すべき内容が示されている。つまり，学習指導要領に示されている内容は，全ての児童生徒に対して確実に指導しなければならないものである。

　一方，学校教育は，学校現場において児童生徒の心身の発達の段階，及び地域や学校の実態に応じて効果的に行われることが大切であることから，各学校において教育活動を効果的に展開するためには，学校や教師の創意工夫がなされなければならない。そのため，学習指導要領は基準性をもちながらも，教育の内容等について大綱的に示されている。各学校においては，学習指導要領を踏まえ，学校教育全体や各教科等の目標やねらいを明確にし，それらを実現するために必要な教育の内容を総合的に組織していくことが求められる。

Q：学習指導要領はどのように変化してきたのだろう……………………

2. 学習指導要領の変遷

　学習指導要領は，時代の変化や子どもたちの状況，社会の要請等を踏まえ，これまでおおよそ 10 年ごとに改訂されている。2017（平成 29）年版は，1947（昭和22）年の学習指導要領の試案から数えて 8 回目である。ここでは中学校学習指導要領を中心にその変遷について概観する。

＜ 1947（昭和 22）年＞

　1947（昭和 22）年 3 月，学校教育法，同年 5 月に学校教育法施行規則が制定され，学校教育法第 38 条の規定に基づいて教育課程に関する基本的な事項が定められるとともに，学習指導要領が試案の形で作成された。中学校の教育課程は必修教科と選択教科とに分けられ，前者は国語，社会，数学，理科，音楽，図画工作，体育および職業を基準とし，後者は外国語，習字，職業及び自由研究を基準とすることと定められた。さらに，教科課程，教育内容及びその取扱いについては，学習指導要領の基準によることと定められた。1949（昭和 24）年に体育は保健衛生をも合わせて指導するよう保健体育に改められた。

＜ 1951（昭和 26）年＞

　学習指導要領の使用状況の調査，実験学校における研究，編集委員会による問題点の研究などを行い改訂され，1947（昭和 22）年の場合と同様に一般編と各教科編に分けて試案の形で刊行された。また，特別教育活動の設置，道徳教育の振興，生徒指導及び職業指導も位置付けられた。

＜ 1958（昭和 33）年＞

　学習指導要領は，教育課程の基準として文部大臣が公示するものであると改められ，学校教育法，同法施行規則，告示という法体系を整備して教育課程の基準としての性格が明確になった。

　それまでの学習指導要領は，全教科を通じて経験主義や単元学習に偏り過ぎる，授業時数の定め方に幅があり過ぎる等の指摘や，地域による学力差が目立つこと

から，各教科のもつ系統性を重視し，国民の基礎教育という観点から基礎学力の充実が求められた。

中学校の教育課程は，必修教科に国語，社会，数学，理科，音楽，美術，保健体育及び技術・家庭が，選択教科に外国語，農業，工業，商業，水産，家庭，数学，音楽及び美術が定められ，道徳及び特別教育活動が規定された。

また，学習指導要領は従来一般編及び各教科編からなっていたが，1 つの告示にまとめられ，教育課程の基準として大綱的な示し方になった。

さらに道徳の時間が特設され，数学・理科の充実，地理・歴史教育の充実，情操の陶冶や身体の健康，安全の指導の充実などが目指された。

＜ 1969（昭和 44）年＞

日本の国際的地位の向上とともに国際社会で果たすべき役割もますます大きくなったことから，教育内容の一層の向上を図るとともに，生徒の発達の段階や個性，能力に即し，学校の実情に適合するように改善が行われた。

また，基本的な知識や技能を習得させるとともに，健康や体力の増進を図り，正しい判断力や創造性，豊かな情操や強い意志の素地を養い，さらには，国家及び社会について正しい理解と愛情を育てることが求められた。

中学校の各学年における各教科，道徳，特別活動及び選択教科等の授業時数が，最低時数から標準時数に改められた。

＜ 1977（昭和 52）年＞

真の意味における知育の充実と，道徳教育や体育を一層重視し，知・徳・体の調和のとれた人間性豊かな生徒の育成を図ることが重視された。

また，各教科の基礎的・基本的事項を確実に身に付けられるように教育内容を精選し，創造的な能力の育成を図ることとなった。その結果，ゆとりのある充実した学校生活を実現するため，各教科の標準授業時数を削減し，地域や学校の実態に即して授業時数の運用に創意工夫を加えることができることになった。

＜ 1989（平成元）年＞

科学技術の進歩と経済の発展により，情報化，国際化，価値観の多様化，核家族化，高齢化などが，ますます進展，加速化することから，生涯学習の基盤を培うという観点に立ち，21 世紀を目指し社会の変化に自ら対応できる心豊かな人間の育成を図ることを基本的なねらいとして，次の方針により改訂が行われた。

① 教育活動全体を通じて，生徒の発達の段階や各教科等の特性に応じ，豊かな心をもち，たくましく生きる人間の育成を図ること。

② 国民として必要とされる基礎的・基本的な内容を重視し，個性を生かす教育を充実するとともに，小学校から中学校教育や高等学校教育との関連を緊密にして各教科等の内容の一貫性を図ること。

③ 社会の変化に主体的に対応できる能力の育成や創造性の基礎を培うことを重視するとともに，自ら学ぶ意欲を高めるようにすること。

④ 我が国の文化と伝統を尊重する態度の育成を重視するとともに，世界の文化や歴史についての理解を深め，国際社会に生きる日本人としての資質を養

うこと。

< 1998（平成 10）年>

　21 世紀を展望した教育のあり方について検討がなされ，「ゆとり」の中で「生きる力」を育む観点から，完全学校週 5 日制を導入し，教育内容の厳選が行われた。「総合的な学習の時間」が創設され，各学年の年間総授業時数については，土曜日分を縮減した時数とし，各学年とも年間 70 単位時間削減された。具体的な方針は以下の通りである。

①　豊かな人間性や社会性，国際社会に生きる日本人としての自覚を育成すること。

②　自ら学び，自ら考える力を育成すること。

③　ゆとりのある教育活動を展開する中で，基礎・基本の確実な定着を図り，個性を生かす教育を充実すること。

④　各学校が創意工夫を生かし特色ある教育，特色ある学校づくりを進めること。

< 2008（平成 20）年>

　知識基盤社会やグローバル化の進展が予想される 21 世紀においては，知識や人材をめぐる国際競争が加速する一方で，異なる文化や文明との共存や国際協力の必要性が増大するため，確かな学力，豊かな人間性，健やかな体の調和を重視する「生きる力」の育成を踏まえた検討が行われた。中央教育審議会においては，このような背景から法改正を踏まえた審議が行われた。2006（平成 18）年の教育基本法改正，2007（平成 19）年 6 月の学校教育法改正と合わせて，国の教育課程の基準全体の見直しについて検討が行われ，その結果各学年の授業時数及び教科の内容が増加された。方針は以下の通りである。

①　教育基本法改正で明確となった教育の理念を踏まえ「生きる力」を育成すること。

②　知識・技能の習得と思考力・判断力・表現力等の育成のバランスを重視すること。

③　道徳教育や体育などの充実により，豊かな心や健やかな体を育成すること。

3. 学習指導要領（平成 29 年・30 年告示）の目指すもの

　次の文章は，中学校学習指導要領（平成 29 年告示）解説総則編に示されたものである[2]。

　　今の子供たちやこれから誕生する子供たちが，成人して社会で活躍する頃には，我が国は厳しい挑戦の時代を迎えていると予想される。生産年齢人口の減少，グローバル化の進展や絶え間ない技術革新等により，社会構造や雇用環境は大きく，また急速に変化しており，予測が困難な時代となっている。また，急激な少子高齢化が進む中で成熟社会を迎えた我が国にあっては，一

> 人一人が持続可能な社会の担い手として，その多様性を原動力とし，質的な
> 豊かさを伴った個人と社会の成長につながる新たな価値を生み出していくこ
> とが期待される。

　学習指導要領はこうした社会の変化に伴い，必要な教育を施すことを示している。全ての教育活動において，この方向性に基づいて教育が展開されなければならない。このことは，体育科，保健体育科においても同様である。

　基本的な考え方としては，次の 3 点があげられる。

　ア　教育基本法，学校教育法などを踏まえ，これまでの我が国の学校教育の実
　　　践や蓄積を生かし，子どもたちが未来社会を切りひらくための資質・能力を
　　　一層確実に育成することを目指す。その際，子どもたちに求められる資質・
　　　能力とは何かを社会と共有し，連携する「社会に開かれた教育課程」を重視
　　　すること。

　イ　知識及び技能の習得と思考力，判断力，表現力等の育成のバランスを重視
　　　する平成 20 年改訂の学習指導要領の枠組みや教育内容を維持した上で，知
　　　識の理解の質をさらに高め，確かな学力を育成すること。

　ウ　先行する特別教科化など道徳教育の充実や体験活動の重視，体育・健康に
　　　関する指導の充実により，豊かな心や健やかな体を育成すること。

　ここでは「よりよい学校教育を通じてよりよい社会を創る」ために，学校だけでなく，社会とも連携・協働しながら，必要な資質・能力を子どもたちに育む「社会に開かれた教育課程」の実現が目指されている。

　また，学習指導要領等が，学校，家庭，地域の関係者が幅広く共有し，活用できる「学びの地図」としての役割を果たすことができるよう，次の 6 点にわたって改訂された。

　①　「何ができるようになるか」（育成を目指す資質・能力）

　②　「何を学ぶか」（教科等を学ぶ意義，教科等間・学校段階間のつながり）

　③　「どのように学ぶか」（各教科等の計画と実施，学習・指導の改善・充実）

　④　「子ども一人一人の発達をどのように支援するか」（個や発達を踏まえた指
　　　導）

　⑤　「何が身に付いたか」（学習評価の充実）

　⑥　「実施するために何が必要か」（理念を実現するために必要な方策）

　図 2-1 は，①から③について，その関係性を端的にまとめたものである。具体的には「育成を目指す資質・能力（何ができるようになるか）」を明確化し，そこに向けて各教科においては「教科等を学ぶ意義や教科等間・学校段階間のつながりを踏まえた教育課程の編成（何を学ぶか）」を行い「各教科等の指導計画の作成と実施，主体的・対話的で深い学びによる学習・指導の改善・充実（どのように学ぶか）」を確実に行っていくことを示している。その際，こうした学びの保障をしていくためには全ての児童生徒の発達の支援（個別的な指導，障害のある児童生徒の指導）も重要な視点である。また「社会に開かれた教育課程」の実現に向

学習指導要領改訂の方向性

新しい時代に必要となる資質・能力の育成と、学習評価の充実

学びを人生や社会に生かそうとする
学びに向かう力・人間性の涵養

生きて働く知識・技能の習得

未知の状況にも対応できる
思考力・判断力・表現力等の育成

何ができるようになるか

よりよい学校教育を通じてよりよい社会を創るという目標を共有し、
社会と連携・協働しながら、未来の創り手となるために必要な資質・能力を育む

「社会に開かれた教育課程」の実現

各学校における「カリキュラム・マネジメント」の実現

何を学ぶか

**新しい時代に必要となる資質・能力を踏まえた
教科・科目等新設や目標・内容の見直し**

小学校の外国語教育の教科化、高校の新科目「公共」の
新設など

各教科等で育む資質・能力を明確化し、目標や内容を構造
的に示す

学習内容の削減は行わない※

どのように学ぶか

**主体的・対話的で深い学び（「アクティブ・
ラーニング」）の視点からの学習過程の改善**

生きて働く知識・技能の習得
など、新しい時代に求められ
る資質・能力を育成

知識の量を削減せず、質の高
い理解を図るための学習過程
の質的改善

主体的な学び
対話的な学び
深い学び

図2-1　学習指導要領の方向性
出典）中央教育審議会答申（平成28年12月）補足資料

け，組織的・計画的な教育の質的向上を図るカリキュラム・マネジメントが重要
になる。

◆ 話し合ってみよう

全国統一の学習指導要領がある国と自治体ごとに設定する国，それぞれのメ
リットとデメリットを話し合ってみよう

＜参考資料＞

中学校学習指導要領解説総則編（文部科学省）：https://www.mext.go.jp/comp
onent/a_menu/education/micro_detail/__icsFiles/afieldfile/2019/03/18/1
387018_001.pdf

中央教育審議会答申（平成28年12月）：https://www.mext.go.jp/b_menu/
shingi/chukyo/chukyo0/toushin/1380731.htm

引用・参考文献

1）文部科学省：中学校学習指導要領（平成29年告示）解説　総則編．2017, p.15

2）前掲1），p.1

・文部科学省：中学校学習指導要領（平成29年告示）解説　総則編．2017

・中央教育審議会：幼稚園，小学校，中学校，高等学校及び特別支援学校の学習指導要領等の改
善及び必要な方策等について（答申）．2016

学習指導要領のキーワード

Q：学習指導要領におけるキーワードはどのような意味をもつのか…

1. 育成を目指す資質・能力

(1) 中学校・高等学校保健体育科において育成を目指す資質・能力

1) 明確化された資質・能力

　2017（平成29）年及び2018（平成30）年改訂の学習指導要領の枠組みは，①育成を目指す資質・能力，②教科を学ぶ意義，教科等間・学校段階間のつながり，③各教科等の指導計画の作成と実施，学習・指導の改善・充実，④子どもの発達を踏まえた指導，⑤学習評価の充実，⑥学習指導要領等の理念を実現するために必要な方策，で検討された[1]。その1つの「育成を目指す資質・能力」は，「何ができるようになるか」の視点で整理され，「知識・技能」「思考力・判断力・表現力等」「学びに向かう力・人間性等」の3つの柱で示されている[2]。

2) 「知識・技能」「思考力・判断力・表現力等」「学びに向かう力・人間性等」について

　「知識・技能」については，個別の事実的な知識のみを指すものではなく，それらが相互に関連付けられ，さらに社会の中で生きて働く知識を含むもの[2]とされている。また，学習内容の本質的な理解に関わる主要な概念などの理解は，概念等に関する個々の知識を体系化することを可能とし，知識・技能を活用する活動にとって重要な意味をもつ[3]とされている。例えば，走り幅跳びにおける走る・跳ぶ・着地するなど種目特有の基本的な技能は，それらを段階的に習得してつなげるようにするのみならず，類似の動きへの変換や他種目の動きにつなげることができるような気づきを促す[4]ことが考えられる。これにより，生涯にわたる豊かなスポーツライフの中で，主体的に活用できる習熟した技能として習得されることにつながることが期待できる。また，学びや知識等に関する考え方は，芸術やスポーツ等の分野においても当てはまるもの[5]とされている。

　「思考力・判断力・表現力等」の育成については，将来の予測困難な社会の中でも，未来を切り拓いていくために必要[5]なものであるとされている。保健体育科においては，上述の走り幅跳びの例にある学習において，いわゆる課題解決に取り組む過程がこれに当てはまると考えられる。また，1つの運動で学んだ動きを「類似の動きへの変換や他種目の動きにつなげる」ためには，後述するカリキュラム・マネジメントや授業づくり（p.16参照）が重要となろう。

　「学びに向かう力・人間性等」については，主体的に学習に取り組む態度も含めた学びに向かう力や，自己の感情や行動を統制する能力，自らの思考の過程等を客観的に捉える力など，いわゆる「メタ認知」に関するものがあげられている。また，自己の感情や行動を統制する力や，よりよい生活や人間関係を自主的に形

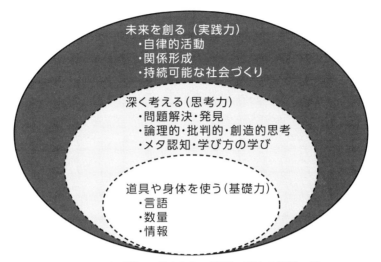

図 3-1　21 世紀に求められる資質・能力の構造一例
出典）国立教育政策研究所：国研ライブラリー資質・能力［理論編］. 東洋館出版社，2016

表 3-1　21 世紀に求められる資質・能力の内容（イメージ）

求められる力	具体像（イメージ）	構成要素
未来を創る （実践力）	生活や社会，環境の中に問題を見いだし，多様な他者と関係を築きながら答えを導き，自分の人生と社会を切り開いて，健やかで豊かな未来を創る力	自律的活動 関係形成 持続可能な社会づくり
深く考える力 （思考力）	一人一人が自分の考えを持って他者と対話し，考えを比較吟味して統合し，よりよい答えや知識を創り出す力，さらに次の問いを見つけ，学び続ける力	問題解決・発見 論理的・批判的・創造的思考 メタ認知・学び方の学び
道具や身体を使う （基礎力）	言語や数量，情報などの記号や自らの身体を用いて，世界を理解し，表現する力	言語 数量 情報（デジタル，絵，形，音等）

出典）国立教育政策研究所：国研ライブラリー資質・能力［理論編］. 東洋館出版社，2016

成する態度等を育むことが求められる[5]としている。注意しておきたいのは，保健体育科各運動領域の「学びに向かう力・人間性等」に示された内容がこれに該当するかどうかである。今後は，指導と評価の計画，授業づくり，学習過程，学習評価といった面で注意深く検討することが求められよう。

(2) 育成を目指す資質・能力となった背景

　教育課程改善の方向性として資質・能力に焦点が当たったのは，諸外国の動向（p.3，p.4 参照）と無縁ではない。我が国においても，国立教育政策研究所において，図 3-1，表 3-1 に示すような整理が試みられている[6]。表 3-1 には，保健体育科に関わる「身体」が示されている。そこには，「道具や身体を使う（基礎力）」として，「言語や数量，情報などの記号や自らの身体を用いて，世界を理解し，表現する力」とされている。道具や身体を使う（基礎力）は，「世界にアクセスし社会参画していくためには，言語，数，ICT，絵，形，音などの道具や道具としての

身体を心身の働きによって双方向的に使いこなして，世界の情報を収集し処理する力（聞く力，読む力，見る力，感じる力），および，世界に向けて表現する力（話す力，書く力，作る力），つまり，基本的な媒介手段（メディア）の活用能力の育成が鍵となっている」[7]とするものである。

　資質・能力の構造を示したもので，「身体」を取り上げている国立教育政策研究所のものは我が国特有であろう。「身体」は「道具」であるとともに，「心身一如」，心と体が一体となったものとして捉えられている。心と体を一体として捉えることは，小学校体育科，中学校及び高等学校保健体育科の教科目標にも示されているものであり，資質・能力の育成を目指すときの視点にもなるであろう。

2. カリキュラム・マネジメント

(1) 中学校・高等学校保健体育科のカリキュラム・マネジメント
1) カリキュラム・マネジメントとは

　カリキュラム・マネジメントとは，学習指導要領等に基づき教育課程を編成し，それを実施・評価し改善していくこと[8]とされている。いわゆる「編成（Plan）」－「実施（Do）」－「評価（See）」－「改善（Action）」というPDCAのサイクルを回すことである。以下の3つの側面から捉えることができる。

① 各教科等の教育内容を相互の関係で捉え，学校教育目標を踏まえた教科等横断的な視点で，その目標達成に必要な教育の内容を組織的に配列すること。

② 教育内容の質の向上に向けて，子どもたちの姿や地域の現状等に関する調査や各種データ等に基づき，教育課程を編成し，実施し，評価して改善を図る一連のPDCAサイクルを確立すること。

③ 教育内容と，教育活動に必要な人的・物的資源等を，地域等の外部の資源も含めて活用しながら効果的に組み合わせること。

(2) 保健体育科とカリキュラム・マネジメント
1) 保健体育科からみるカリキュラム・マネジメント

　カリキュラム・マネジメントは，教育課程を軸にしながら，授業，学校の組織や経営の改善などを行うもの[9]である。ここでは保健体育科という教科の側面から捉えることとする。

　カリキュラム・マネジメントを進めるに当たり，①保健体育科における学習を充実すること，②教科等間のつながりを捉えた学習を進めることが求められる。これらは並列したものではなく，②を行う際に，①の教科の学習を充実することの優先順位を高くしておく必要がある。カリキュラム・マネジメントや教科横断的な視点は，教科の存在意義が問われてくるといって過言ではないからである。

　教科では，授業という学びの場で，子どもが「何を学び」「何ができるようになるか」が問われることになる。保健体育科という教科は，いったい「何を」「どのように」「学習する（何ができるようになる）」教科なのか，それは，これまでと

何が同じで，何が異なるのか，資質・能力として何が身に付くのかといったこと
を検討しておく必要がある。教科としての学びを明確にしないまま教科等横断的
な視点でカリキュラム・マネジメントが行われるのであるならば，保健体育科と
いう教科は存在意義を見失い，破滅の道を自ら宣言することになりかねない。カ
リキュラム・マネジメントに取り組みながら喫緊に取り組むべきことは，教科と
しての，体育や保健の内容，指導方法，具体例（運動例）といった視点を明確に
した授業づくり・授業過程の構築であろう。

　そのうえで，カリキュラム（教育課程）は，他教科等との相互の関連付けや横
断を図り，必要な教育内容を組織的に配列し，各教科等の内容と教育課程全体と
を往還させるとともに，人材や予算，時間，情報，教育内容といった必要な資源
を再配分することになる。これによって，各学校において教育課程を軸に学校教
育の改善・充実の好循環を生み出すカリキュラム・マネジメント[10]の実現を目指
すことになるであろう。

　注意を要するのは，教科等横断的な視点で授業づくりをするとき，指導内容と
しての知識が特定できない，または曖昧なまま授業実践に突入した場合，何の授
業なのかが見えにくくなってしまうことである。例えば，保健と体育，教科と特
別活動等，体育と地域スポーツといった設定で関連をもたせた授業などを構築す
るときに，「学習内容」「学習活動」「能力（実現状況）」という3つの枠組みによ
る捉え（p.19参照）は特に注意して取り組むことが必要となろう。

　教科等間・学校段階間のつながりの視点や教科横断的な視点で，いかにして授
業を構築し，実践し，改善に向かえるのかは，今後の大きな課題といえよう。

2）保健体育科の学習と教科等横断的な視点

　ここでは，教科内の体育と保健の関連[11]と健やかな体（総則に示されている「学
校における体育・健康に関する指導」）との関連[12]について取り上げる。中学校
体育分野と保健分野については以下のことが例示されている。

① 　体育分野「A体つくり運動」のア「体ほぐしの運動」の具体的な運動の視
　　点と，保健分野（2）「心身の機能の発達と心の健康」のア（エ）「欲求やスト
　　レスへの対処と心の健康」の欲求やストレスへの適切な対処の視点。

② 　体育分野の「D水泳」の事故防止に関する心得では具体的な態度の視点と，
　　保健分野（3）「傷害の防止」のア（エ）「応急手当」では応急手当の適切な対
　　処の視点。

③ 　体育分野「G体育理論」の2「運動やスポーツの意義や効果と学び方や安全
　　な行い方」の健康の保持増進を図るための方法等の視点と，保健分野の（1）
　　「健康な生活と疾病の予防」の運動，食事，休養及び睡眠などの健康的な生活
　　習慣の形成の視点。

④ 　体育分野「A体つくり運動」から「Gダンス」の（3）学びに向かう力，人
　　間性等の「健康・安全」の運動実践の場面で行動化する視点と，保健分野の
　　（1）「健康な生活と疾病の予防」の生活習慣と健康の中の運動の効果の視点。

⑤ 　体育分野と保健分野の関連する事項を取り上げる際，指導する時期を適切

に設定した年間指導計画を工夫する。

　健やかな体（学校における体育・健康に関する指導）との関連については，教科としての保健体育科において，基礎的な身体能力の育成を図るとともに，運動会，遠足や集会などの特別活動や運動部活動などの教育課程外の学校教育活動などを相互に関連させながら，学校教育活動全体として効果的に取り組むこと[13]が求められている。

3.　主体的・対話的で深い学び

(1)　中学校・高等学校保健体育科における「主体的・対話的で深い学び」
1)　主体的な学びについて

　「主体的」とは，「自分の意志・判断に基づいて行動するさま」とされ，保健体育科の学習においては，身体活動をはじめとする活動が様々な形で取り入れられる。それぞれの場面において自分で判断をするには，場面の把握，自分とのつながりを捉える，自分に求められる役割や責任をつかみ遂行する，自分の力と比べるといったことが条件として考えられる。このことから，学びが主体的になるかどうかは，体育の学習であれ保健の学習であれ，目の前の学習場面に対して自分の責任と役割を自覚できるかどうかが1つのポイントになると考えられる。

2)　対話的な学びについて

　「対話的」とは，子ども同士の協働，教職員や地域の人との対話，先哲の考え方[14]があげられている。ここで重視しておきたいのは，周囲から返ってくる，フィードバックされる自己像としての「自分自身」を対話の対象に入れておくことであろう。なぜなら，自己概念の成立に関与するのは，「他者が投げかける本人のイメージの集合」，「自己を映すのは鏡そのものではなく，他者という鏡である」[15]からである。対話の対象には，他者が投げかける（自分への）イメージの集合を重視することが求められよう。対話的な学びは，例えば，自分自身との対話による振り返りをもとに，グループ活動での友だちとの対話，話し合い，協働，授業者等との対話といったものを利用することになると考えられる。

3)　深い学びについて

　「深い学び」とは，子ども自身の中での「深い学びのありよう」（図3-2）として捉えることができよう[16)17]。

　＜深い学び①＞として，保健体育科の学びを授業時間内に限定して捉えるものである。体育の学習，保健の学習において，「何を」，「どのように」学んでいくかである。この学びに向かうには，体育科・保健体育科の見方・考え方が重要となろう。体育分野，保健分野の見方・考え方，固有の内容と関連する内容についての学びがこれに当てはまると考えられる。

　＜深い学び②＞として，保健体育科の見方・考え方を学校生活に広げる学びとして捉えるものである。体育の学習，保健の学習をきっかけとして，そこから広がって学校生活や日常生活に広げていく学びである。

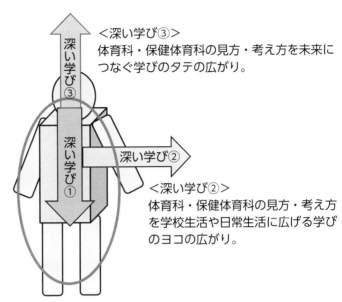

<深い学び③>
体育科・保健体育科の見方・考え方を未来に
つなぐ学びのタテの広がり。

<深い学び①>
45分（50分）以内の授業における体
育科・保健体育科の見方・考え方，運
動領域・体育分野，保健領域・保健分
野の見方・考え方・固有の内容の学び
の深まり。

<深い学び②>
体育科・保健体育科の見方・考え方
を学校生活や日常生活に広げる学び
のヨコの広がり。

図3-2　体育科・保健体育科における深い学びのありよう
〈参考〉今関豊一：平成29年改訂中学校教育課程実践講座　保健体育. ぎょうせい, 2018, p.16

　<深い学び③>として，保健体育科の見方・考え方を未来につなぐ学びとして
捉えるものである。体育の学習，保健の学習をきっかけとして，そこから広がっ
て学校生活や日常生活に広げていく学びであることは<深い学び②>と同様であ
る。異なるのは，未来につなぐ準備状態（レディネス）を高める学びである。
　<深い学び①>には，<深い学び②>と<深い学び③>につながる全ての可能
性を視野に入れた内容と方法の授業が求められる。例えば，授業時間内において，
保健体育科という教科固有の内容を確実に学ぶことを最低条件とし，次に学校生
活や日常生活に広げる資質・能力とは何があるのかを絞り込み，さらに未来につ
なぐために必要な条件や手順を組み込んだ学習過程の構築するなどである。

4) 主体的・対話的で深い学びを目指す授業づくりに取り組むために

　保健体育科において，主体的・対話的で深い学びを目指す授業づくりに取り組
む際の試みとして，図3-3のような「授業構成の枠組み」が考えられる[18)19)]。
　構造の大枠は，「学習内容」，「学習活動・方法（評価場面）」，「能力（実現状況）」
を設定した。授業は，中央に位置させた網掛けの部分である。
　左側の「学習内容」は，子どもが学ぶ対象であり「知識」である。これには，
「事実」，「記号，名称」，「絵，映像」，「擬音語」や，「原理」，「原則」，「考え，概
念」といったものが相当する。いわば，能力を含まないものである。運動領域で
言うならば「動き」がこれに相当する。
　中央の「学習活動・方法（評価場面）」は，実際の授業展開であり，学ぶ対象の
知識（動き）に迫りながら，また，身に付ける能力を視野に入れて，能力を身に
付けることに迫りながら，準備された（準備した）活動・方法で学習を進めてい
く。指導と評価の計画（単元計画）を作成する際には，50分という縦の流れと，

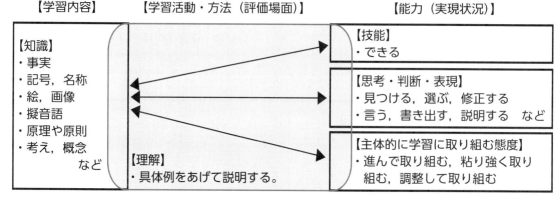

図3-3　体育科・保健体育科の授業の構造

単元のまとまりとして何時間完了という横の流れで学習過程を組み立てる。

　右側の「能力（実現状況）」は，授業展開で身に付けることを目指すものである。この中で「技能」を単独で示し，学ぶ対象としての「知識」と身に付けた状態としての「技能」を分けて示している。このようにしたのは，資質・能力として「知識・技能」，「思考力・判断力・表現力等」，「学びに向かう力・人間性等」が3つの柱として示されているが，「知識」は能力を含まないものであり，「技能」は合理的な練習によって身に付けた状態である[20]とされているからである。

　また，「知識」を身に付けた状態は，「『知識』には，従来『理解』として整理されてきた内容も含まれるものとする」[21]とされていることから，図3-3においては「学習活動・方法（評価場面）」の下部に「（理解）・具体例をあげて説明する」として配置した。

　ここでは，「能力（実現状況）」の具体例として行為動詞で示している。「技能」は「できる」，「思考力・判断力・表現力等」は「見つける，選ぶ，修正する」，「言う，書き出す，説明する」，「主体的に学習に取り組む態度」は「進んで取り組む」，「粘り強く取り組む」，「調整して取り組む」を例示している。

　図3-3をもとに，保健体育科の授業を構築したとき，実技の授業であれ，体育理論や保健分野の授業であれ，それぞれ独自の部分と重なり合う部分とが見えてくるのではないか。例えば，実技の授業には，学ぶ対象となる運動の動きがあり，それを学習活動で身に付けていくことにより，資質・能力としての技能や思考力・判断力・表現力等の育成がなされていく学習が考えられる。また，いまできる動きを学習活動で行いながら，思考力・判断力・表現力等を用いて，よりよい動きを身に付けていき，説明できるようになるという学習も考えられる。この2つの方向も学習過程の構築によって実現していくものと考える。

4. 校種間の接続

(1) 小学校教育と中学校教育の接続

　義務教育9年間を通じて子どもたちに必要な資質・能力を確実に育むことを目指し，同一中学校区内の小・中学校間の連携の取り組みの充実が求められている。具体的な取り組みの工夫として，①学校，保護者，地域間，並びに各学校内での教育課程の編成方針などの共有，②校区で9年間を通じて各教科等，各学年の指導のあり方を考えるなど，学習指導の改善を図る，③校区の小・中学校の取り組みの共有や，保護者間の連携・交流，④小学校高学年で専科指導の拡充などがあげられる[22]。

(2) 中学校教育と高等学校教育の接続

　具体的な取り組みの工夫として，①各学校段階で育成を目指す資質・能力を相互につなぐ，②中学校においては義務教育段階で身に付けておくべき資質・能力をしっかりと育成，③高等学校においては，学び直しの視点を踏まえた教育課程を編成，高等学校段階の学びの共通性を確保，④高等学校では生徒が適切な教科・科目を選択できるよう指導の充実を図る，があげられている[22]。

5. 個別的な指導，障害のある生徒の指導

　生徒への学習指導は，障害のある生徒の指導に限らず，生徒個々の状況に対応した指導が求められる。一斉に集団指導する場合であっても，個別的な指導を組み合わせて指導計画の作成をしておくことが求められよう。場合によっては，けが等や障害のある場合も考えられる。どのような場合であっても，障害者の権利に関する条約（平成26年外務省告示第28号）の合理的配慮等を踏まえて，困難さに対する指導の工夫，手立てを明確にした学習指導方法の工夫を計画的，組織的に構築したい。

　これらの取り組みについては，中学校及び高等学校の学習指導要領解説保健体育編「指導計画の作成と内容の取扱い」に示されている。以下は，中学校の一部である[23]。

　障害者の権利に関する条約に掲げられたインクルーシブ教育システムの構築を目指し，生徒の自立と社会参加を一層推進していくためには，通常の学級，通級による指導，特別支援学級，特別支援学校において，生徒の十分な学びを確保し，一人一人の生徒の障害の状態や発達の段階に応じた指導や支援を一層充実させていく必要がある。

　通常の学級においても，発達障害を含む障害のある生徒が在籍している可能性があることを前提に，全ての教科等において，一人一人の教育的ニーズに応じたきめ細かな指導や支援ができるよう，障害種別の指導の工夫のみな

> らず，各教科等の学びの過程において考えられる困難さに対する指導の工夫
> の意図，手立てを明確にすることが重要である。

　これを踏まえ，2017（平成29）年及び2018（平成30）年の改訂では，障害のある生徒などの指導に当たっては，個々の生徒によって，見えにくさ，聞こえにくさ，道具の操作の困難さ，移動上の制約，健康面や安全面での制約，発音のしにくさ，心理的な不安定，人間関係形成の困難さ，読み書きや計算等の困難さ，注意の集中を持続することが苦手であることなど，学習活動を行う場合に生じる困難さが異なることに留意し，個々の生徒の困難さに応じた指導内容や指導方法を工夫することを，各教科等において示している。

　その際，保健体育科の目標や内容の趣旨，学習活動のねらいを踏まえ，内容の変更や活動の代替を安易に行うことがないよう留意するとともに，生徒の学習負担や心理面にも配慮する必要がある。

　なお，学校においては，こうした点を踏まえ，個別の指導計画を作成し，必要な配慮を記載し，他教科等の担任と共有したり，翌年度の担任等に引き継いだりすることが必要である。

参考・引用文献

1）中央教育審議会：幼稚園，小学校，中学校，高等学校及び特別支援学校の学習指導要領等の改善及び必要な方策等について（答申），2016，p.21
2）前掲1），pp.28-29
3）前掲1），p.29 脚注60）
4）前掲1），p.29
5）前掲1），p.30
6）国立教育政策研究所：国研ライブラリー資質・能力［理論編］．東洋館出版社，2016，p.191
7）前掲6），p.193
8）前掲1），p.23
9）前掲1），p.26
10）前掲1），p.23
11）文部科学省：中学校学習指導要領(平成29年告示)解説　保健体育編．東山書房，2018，p.242
12）前掲11），p.243
13）前掲11），p.244
14）前掲1），p.50
15）町澤静夫：ボーダーラインの心の病理−自己深い実に悩む人々．創元社，1993，p.106
16）今関豊一：思考力・判断力・表現力等の育成とアクティブ・ラーニング．体育科教育，66（4）大修館書店，2018，p.14
17）今関豊一：平成29年改訂中学校教育課程実践講座　保健体育．ぎょうせい，2018，p.16
18）前掲16），p.15（図一部改変）
19）前掲17），p.244（図一部改変）
20）前掲11），p.194
21）前掲1），p.61 脚注115）
22）前掲1），pp.120-122
23）前掲11），p.233

保健体育科の目標と構成

Q：保健体育は何を学ぶ教科だろう……………………………………………

1. 目標の変遷

　第2週では，学習指導要領全体の変遷について概要を記したが，当然ながら保健体育科においても，その教育方針に基づいて変化してきている。

　高橋によれば，体育の学習指導要領の目標は，大きく分類して次の3期に分けられるという[1]。①新体育の目標〔1947（昭和22）年，1953（昭和28）年学習指導要領〕，②体力づくりを重視した目標〔1958（昭和33）年，1968（昭和43）年学習指導要領〕，③楽しさを重視した目標〔1977（昭和52）年以降〕である。

① 新体育の目標

　経験主義教育を基盤として発展した。「体育は民主的人間形成という新教育を具体化したもので，体育科は民主的人間形成という教育の一般目標を達成する教科であると規定された」[2]のであり，これにより戦前の「体操中心の『身体の教育』から，スポーツ中心の『運動による教育』へと変化した」[3]のである。

② 体力づくりを重視した目標

　基礎学力の低下が叫ばれた時期であり，経験主義から系統主義に転換していった。体育においては，技能面が強調されるようになり，次いで受験競争の激化や1964（昭和39）年のオリンピック東京大会などが契機となり，体力向上へと傾倒していった。

③ 楽しさを重視した目標

　先進国の社会の変化と共に豊かな生活の指標としてスポーツが認知されるようになった。このことにより，「スポーツや運動を健康のためではなく，生涯の楽しみとして，教授すべきであるとする生涯スポーツの理念に結実していった」[2]ため，体育では「運動による教育」から，運動そのもの価値を重視した「運動の教育」に転換していった。

　表4-1に，中学校学習指導要領における保健体育科の目標の変遷を示す。

2. 保健体育科の目標[*1]

　前記の体育の変遷を経て，中学校学習指導要領[*2]では保健体育科の目標は，学習指導要領改訂の趣旨を踏まえ，次の通り示されている。

> 　体育や保健の見方・考え方を働かせ，課題を発見し，合理的な解決に向けた学習過程を通して，心と体を一体として捉え，生涯にわたって心身の健康を保持増進し豊かなスポーツライフを実現するための資質・能力を次のとお

*1　中学校保健体育科は体育分野，保健分野で構成されるが，本書は体育科教育法での使用が前提であるため，ここでは体育分野について解説する。
*2　本書では以下，「中学校学習指導要領（平成29年告示）」を中学校学習指導要領
「高等学校 学習指導要領（平成30年告示）」を高等学校学習指導要領
「中学校学習指導要領（平成29年告示）解説 保健体育編」を中学校解説
「高等学校学習指導要領（平成30年告示）解説 保健体育編 体育編」を高校解説と表記する。

＜中学校学習指導要領保健体育科の目標の変遷＞

昭和22年 学校体育指導要綱	昭和26年 中学校・高等学校学習指導要領 保健体育科体育編（試案）	昭和33年 中学校学習指導要領 保健体育科 A 体育 B 保健	昭和44年 中学校学習指導要領 保健体育科 [体育分野][保健分野]	昭和52年 中学校学習指導要領 保健体育科 [体育分野][保健分野]	平成元年 中学校学習指導要領 保健体育科 [体育分野][保健分野]	平成10年 中学校学習指導要領 保健体育科 [体育分野][保健分野]	平成20年 中学校学習指導要領 保健体育科 [体育分野][保健分野]
◇体育の目的 体育は運動と衛生の実践を通して人間性の発展を企図する教育であるが、それは健全で有能な身体を育成し、人生における身体活動の価値を認識させ、社会生活における各自の責任を自覚させることを目的とする。 ○体育の目標 （1）身体の健全な発達 （2）精神の健全な発達 （3）社会的性格の育成 ＊（それぞれについて）「次の事項に関する理解と熟練と態度を養う」としている。	◇体育の目標 （1）正常な身体的発達をはかる。 （2）知的・情緒的発達をはかる。 （3）社会的態度を発達させる。 （4）安全をはかる。 （5）レクリエーションについての発達をはかる。	○目標 1　心身の発達について理解させるとともに、各種の運動を適切に行わせて、心身の健全な発達を促し、活動力を高める。 2　合理的な練習によって、各種の運動技能を高めるとともに、生活における運動の意味を理解させ、生活を豊かにする態度や能力を養う。 3　運動における競争や協同の経験を通して、公正な態度を養い、進んで規則を守り、協力して責任を果すなどの社会生活に必要な態度や能力を養い、強健な心身の向上をはかる。 4　個人生活や社会生活における健康・安全について理解させ、自己や他人を病気や傷害から守り、心身ともに健康な生活を営む態度や能力を養う。	○目標 1　心身の発達や運動の特性について理解させるとともに、各種の運動を適切に行わせることによって、強健な心身を育て、体力の向上を図る。 2　生活における運動の意味を理解させるとともに、運動の合理的な実践を通して、各種の運動技能を習得させ、生活を明るく豊かにする能力や態度を養う。 3　個人生活における健康・安全について理解させるとともに、国民の健康に関する基礎的知識を習得させ、健康で安全な生活を営むための能力や態度を養う。	○目標 運動の合理的な実践を通して運動に親しむ習慣を育てるとともに、健康・安全について理解を深め、心身ともに健康の増進と体力の向上を図り、明るく豊かな生活を営む態度を育てる。 [体育分野] （1）各種の運動を適切に行わせることによって、強健な身体を育てるとともに、強い意志を養い、体力の向上を図る。 （2）各種の運動の合理的な実践を通して運動技能を習得させ、運動の楽しさを味わせる能力と態度を育てる。 （3）運動における競争や協同の経験を通して公正な態度を育て、進んで規則を守り、互いに協力して責任を果たすなどの態度を育てる。 （4）健康・安全に留意して運動する態度を育てる。	○目標 運動の合理的な実践を通して運動に親しむ習慣を育てるとともに、健康・安全についての理解と運動の合理的な実践を通して、運動に親しむ能力と態度を育て、体力の向上を図り、健康の保持増進と体力の向上を図り、明るく豊かな生活を営む態度を育てる。 [体育分野] （1）各種の運動の合理的な実践を通して、運動技能を高めるとともに運動の楽しさや喜びを味わうことができるようにし、生活を明るく豊かにする能力や態度を育てる。 （2）各種の運動を適切に行うことによって、強健な身体を育てるとともに強い意志を養い、体力の向上を図る。 （3）運動における競争や協同の経験を通して、公正な態度を育て、進んで規則を守り、互いに協力して責任を果たすなどの態度を育てる。 （4）健康・安全に留意して運動をする態度を育てる。	○目標 心と体を一体としてとらえ、運動や健康・安全についての理解と運動の合理的な実践を通して、積極的に運動に親しむ資質や能力を育てるとともに、健康の保持増進のための実践力の育成と体力の向上を図り、明るく豊かな生活を営む態度を育てる。 [体育分野] （1）各種の運動の合理的な実践を通して、運動課題を解決するとともに運動の楽しさや喜びを味わうことができるようにし、知識や運動技能を高め、生活を明るく豊かにする能力を育てる。 （2）各種の運動を適切に行うことによって、自己の体の調子を整えるとともに、体力の向上を図り、たくましい心身を育てる。 （3）運動における競争や協同の経験を通して、公正な態度を育て、進んで規則を守り、互いに協力して責任を果たすなどの態度を育てる。 （4）健康・安全に留意して運動をする態度を育てる。	○目標 心と体を一体としてとらえ、運動や健康・安全についての理解と運動の合理的な実践を通して、生涯にわたって運動に親しむ資質や能力を育てるとともに、健康の保持増進のための実践力の育成と体力の向上を図り、明るく豊かな生活を営む態度を育てる。 [体育分野] （1）運動の合理的な実践を通して、運動の楽しさや喜びを味わうことができるようにするとともに、知識や技能を身に付け、運動を豊かに実践することができるようにする。 （2）運動を適切に行うことによって、体力を高め、心身の調和的発達を図る。 （3）運動における競争や協同の経験を通して、公正に協力する、自己の役割を果たすなどの意欲を育てるとともに、健康・安全に留意し、自己の最善を尽くして運動をする態度を育てる。

り育成することを目指す。
　(1) 各種の運動の特性に応じた技能等及び個人生活における健康・安全につ
　　いて理解するとともに，基本的な技能を身に付けるようにする。
　(2) 運動や健康についての自他の課題を発見し，合理的な解決に向けて思考
　　し判断するとともに，他者に伝える力を養う。
　(3) 生涯にわたって運動に親しむとともに健康の保持増進と体力の向上を
　　目指し，明るく豊かな生活を営む態度を養う。　　　　　　　(下線は筆者)

　体育や保健の見方・考え方を働かせることを通して，各種の運動がもたらす心身の健康への効果や心の健康も運動と密接に関連していることを実感させ，生涯にわたって心身の健康を保持増進し豊かなスポーツライフを実現するための資質・能力を育むことが大切であることを強調している。
　以下に，キーワードについて確認しておきたい。
　「体育の見方・考え方を働かせ」とは，生涯にわたる豊かなスポーツライフを実現する観点を踏まえ，各種の運動やスポーツが有する楽しさや喜び，及び関連して高まる体力などの視点から，自己の適性等に応じた多様な関わり方を見いだすことができるようになることであり，体育分野での学習と社会をつなぐ上で重要なものであることを示している。
　「課題を発見し，合理的な解決に向けた学習過程」とは，見方・考え方を働かせ，各領域特有の特性や魅力に応じた課題を発見し，主体的・対話的で深い学びの学習過程を工夫することにより，豊かなスポーツライフを実現するための資質・能力の育成につなげようとするものである。
　「心と体を一体として捉え」は，従前の学習指導要領でも重要なキーワードであった。心と体の発達の状態を踏まえて，運動による心と体への効果や健康，特に心の健康が運動と密接に関連していることなどを理解することの大切さが示されている。
　「豊かなスポーツライフを実現するための資質・能力」とは，体育を通して培う包括的な目標である。この資質・能力とは，それぞれの運動が有する特性や魅力に応じて，その楽しさや喜びを味わおうとする自主的な態度，公正，協力，責任，参画の態度，運動を合理的に実践するための運動の技能や知識，それらを活用するなどの思考力，判断力，表現力等を指している。これらの資質・能力を育てるためには，運動の楽しさや喜びを味わえるよう基本的な運動の技能や知識を確実に身に付けるとともに，それらを活用して，自他の運動の課題を解決するなどの学習をバランスよく行うことが重要である。また，このことにより，実生活，実社会の中などで長く，自己のスポーツライフの中で汎用的に生かすことができるようにすることを目指したものである。

　保健体育科は体育分野と保健分野で構成されている。そのため，保健体育科全体の目標だけでなく，それぞれの分野の目標が示されている。また，体育分野の

内容については，学校段階の接続および発達の段階のまとまりに応じた指導内容
の体系化の観点から，第1学年および第2学年（全領域必修）と第3学年（領域
選択）に分けて示されている。

＜第1学年及び第2学年＞

> (1) 運動の合理的な実践を通して，運動の楽しさや喜びを味わい，運動を豊
> 　かに実践することができるようにするため，運動，体力の必要性について
> 　理解するとともに，基本的な技能を身に付けるようにする。
> (2) 運動についての自己の課題を発見し，合理的な解決に向けて思考し判断
> 　するとともに，自己や仲間の考えたことを他者に伝える力を養う。
> (3) 運動における競争や協働の経験を通して，公正に取り組む，互いに協力
> 　する，自己の役割を果たす，一人一人の違いを認めようとするなどの意欲
> 　を育てるとともに，健康・安全に留意し，自己の最善を尽くして運動をす
> 　る態度を養う。

＜第3学年＞

> (1) 運動の合理的な実践を通して，運動の楽しさや喜びを味わい，生涯にわ
> 　たって運動を豊かに実践することができるようにするため，運動，体力の
> 　必要性について理解するとともに，基本的な技能を身に付けるようにする。
> (2) 運動についての自己や仲間の課題を発見し，合理的な解決に向けて思考
> 　し判断するとともに，自己や仲間の考えたことを他者に伝える力を養う。
> (3) 運動における競争や協働の経験を通して，公正に取り組む，互いに協力
> 　する，自己の責任を果たす，参画する，一人一人の違いを大切にしようと
> 　するなどの意欲を育てるとともに，健康・安全を確保して，生涯にわたっ
> 　て運動に親しむ態度を養う。

　体育分野の目標については，各領域で身に付けたい具体的な内容を資質・能力
の3つの柱に沿って明確に示されている。文言上はわかりにくいが，「運動の楽
しさや喜びを味わい」のもつ意味は，第1学年及び第2学年では，それぞれの運
動が有する特性や魅力に触れる学習が大切であることを示しているが，第3学年
では，さらに追求したい領域，新たに挑戦したい領域，課題を克服したい領域な
ど，選択した領域に応じて運動の楽しさや喜びを味わうことが大切であることが
示されている。このように，言葉の意味を理解することが重要である。

3.　領域構成と内容

　体育分野は，「体つくり運動」，「器械運動」，「陸上競技」，「水泳」，「球技」，「武
道」及び「ダンス」の7つの領域と，知識に関する領域である「体育理論」の計

8つの領域で構成されている。

　これらは豊かなスポーツライフを継続することができるよう，小学校，中学校，高等学校の12年間を見通し，系統性を踏まえて，指導内容の体系化が図られている（図4-1）。その際，およそ4年ごとのまとまりで「各種の運動の基礎を培う時期」，「多くの領域の学習を経験する時期」，「卒業後も運動やスポーツに多様な形で関わることができるようにする時期」といった心身の発達の段階のまとまりを踏まえ，整理されている。

　中学校第1学年及び第2学年においては全ての領域を学ぶこととなるため，2年間の見通しをもって，効率的で効果的な指導と評価の計画を作成することが必要である。第3学年においては，学校の実情を踏まえ，可能な限り，生徒が選択して学習ができるよう配慮することが求められる。

　内容については，目標に基づき，領域ごとに（1）知識及び技能（「体つくり運動」は知識及び運動），（2）思考力，判断力，表現力等，（3）学びに向かう力，人間性等の3つの内容で具体的に示されている。育成を目指す資質・能力の3つの柱を踏まえた内容構造になっている。

　また，豊かなスポーツライフの実現を重視し，スポーツとの多様な楽しみ方を共有することができるよう，共生の視点を踏まえている。関連して全ての生徒が指導内容を確実に身に付けることができるよう，指導内容の習熟の程度に応じた指導，個別指導との連携を踏まえた教師間の協力的な指導などの指導方法や指導体制の工夫改善も示されていることは重要な視点である。

　さらには体育分野及び保健分野の指導内容の関連を踏まえること[*2]，体育・健

*2　本書は体育科教育法での使用を前提として構成されているため保健に関する詳細は割愛するが，このことは重視すべき視点である。

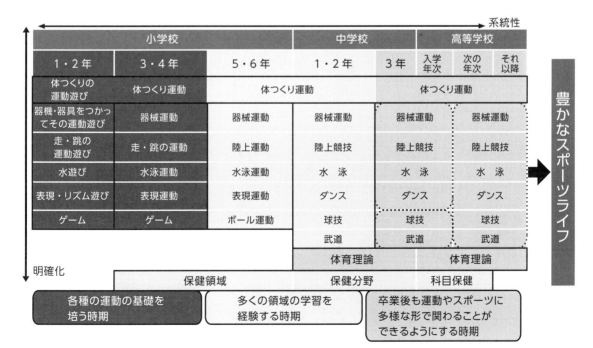

図4-1　発達の段階を踏まえた指導内容の体系化

康に関する指導につながる健康安全，体育的行事等との関連について見通しをもつことも重要な視点として示されている。

4.　総則に示されている体育

体育は保健体育科の授業以外にも，学校行事や部活動関連の教科や道徳科，特別活動のほか，総合的な学習の時間，運動部の活動などとの関連を図っていくことで，日常生活における体育・健康に関する活動が適切かつ継続的に行われるものである。生徒の発達の段階を考慮して，学校の教育活動全体として取り組むことにより，健康で安全な生活と豊かなスポーツライフの実現を目指した教育の充実に努める必要性が中学校学習指導要領第１章総則第１の２(3)で次のように示されている。

> 学校における体育・健康に関する指導を，生徒の発達の段階を考慮して，学校の教育活動全体を通じて適切に行うことにより，健康で安全な生活と豊かなスポーツライフの実現を目指した教育の充実に努めること。特に，学校における食育の推進並びに体力の向上に関する指導，安全に関する指導及び心身の健康の保持増進に関する指導については，保健体育科，技術・家庭科及び特別活動の時間はもとより，各教科，道徳科及び総合的な学習の時間などにおいてもそれぞれの特質に応じて適切に行うよう努めること。また，それらの指導を通して，家庭や地域社会との連携を図りながら，日常生活において適切な体育・健康に関する活動の実践を促し，生涯を通じて健康・安全で活力ある生活を送るための基礎が培われるよう配慮すること。

これからの社会を生きる生徒に，健やかな心身の育成を図ることは極めて重要である。そのため，体育・健康に関する指導は，健康・安全で活力ある生活を営むために必要な資質・能力を育て，心身の調和的な発達を図り，健康で安全な生活と豊かなスポーツライフの実現を目指すものである。生徒の心身の調和的発達を図るためには，運動を通して体力を養うとともに，食育の推進を通して望ましい食習慣を身に付けるなど，健康的な生活習慣を形成すること・安全に関する指導の充実が必要であることが示されている。また，体育に関する指導については，積極的に運動する生徒とそうでない生徒の二極化傾向が指摘されており，生涯にわたって運動やスポーツを豊かに実践してためには，現在及び将来の体力の向上を図る実践力の育成を目指し，生徒が自ら進んで運動に親しむ資質・能力を身に付け，心身を鍛えることができるようにすることが大切である。

このため，教科としての保健体育科において，基礎的な身体能力の育成を図るとともに，運動会，遠足や集会などの特別活動や運動部活動などの教育課程外の学校教育活動などを相互に関連させながら，学校教育活動全体として効果的に取り組むことが求められている。

　健康に関する指導については，生徒が身近な生活における健康に関する知識を身に付けることや，必要な情報を自ら収集し，適切な意思決定や行動選択を行い，積極的に健康な生活を実践することのできる資質・能力を育成することが大切である。

　こうした指導は，学校の教育活動全体を通じて適切に行われるべきものであり，その効果を上げるためには，それぞれの活動を充実するだけでなく，学校の全体計画を作成し，保健体育科担当の教師をはじめとして，全教職員の理解と協力が得られるよう，指導体制の工夫改善に努めるなど，組織的に進めていくことが大切であることが示されている。また，家庭や地域社会にも積極的に発信するとともに，連携をしていくことが重要である。

◆ 話し合ってみよう

高等学校科目体育の目標や内容について調べ，中学校との違いについて話し合ってみよう。

<参考資料>
文部科学省：高等学校学習指導要領（平成 30 年告示）解説　保健体育・体育編.
　2018

引用・参考文献

1）高橋健夫：体育科教育学の探究. 大修館書店，1997，pp.17-40
2）友添秀則：体育の人間形成論. 大修館書店，2009，pp.73-75
3）高橋健夫：体育の授業を創る. 大修館書店，1994，p.10
・文部科学省：中学校学習指導要領（平成 29 年告示）. 2017
・文部科学省：中学校学習指導要領（平成 29 年告示）解説　総則編. 2017

領域の内容と指導1

1. 体つくり運動

Q1：体つくり運動はなぜ必要なのか ································

　日本で子どもの体力低下や健康問題，さらには生活習慣の乱れが報告され始め
たのは 1970 年代頃からであり，すでに 40 年以上の年月が流れている。この間，
子どもの遊びの変化や自動車等の普及により，日常生活の中で体を使う機会が極
端に減り，子どもの体力低下や健康問題がますます深刻化している。学校教育で
はこうした一連の問題に対して様々な対策がとられてきた。例えば，中学校（以
下，中学や中とも表記する）や高等学校（以下，高校や高とも表記する）では，
体育祭や野外活動等の各種行事や運動部活動の推進等，様々な手段を通して生徒
に運動を推奨してきた。しかし，近年の「全国体力・運動能力，運動習慣等調査」
（スポーツ庁）の結果によると，全般的には体力得点の下げ止まり傾向がみられる
ものの，1980 年代と比べると依然として低い水準となっている。さらに，体育授
業時間以外に運動をしない生徒の割合が多いとの報告もあり，日常的に運動をす
る者としない者との「二極化」が大きな問題となっている[1]。また，中高生の健康
問題をめぐっては，運動習慣とは違った視点からの課題も指摘されており，その
中の 1 つに痩せ志向や過食がある。ネット等のメディアの影響によりダイエット
に関心を払い，無理な食事制限をした結果，体調不良に陥る者も多い。その一方
で，ストレスが原因で栄養バランスの悪い食事を過剰に摂取する者もいる。この
ように心と体のバランスに課題を抱えている生徒は，将来的に生活習慣病をはじ
めとした様々な疾病の予備軍になると考えられている。

　さらに，体力低下や健康の他にも中高生をめぐる問題は指摘されている。対人
関係はその 1 つであり，とりわけ仲間関係に悩み，人との関わりを十分にもてな
い生徒が多くいる。不登校やいじめも依然として多く報告されており，近年の統
計では，小中学校の不登校の児童生徒数は約 18 万人，高校では約 5 万人となって
いる[2]。こうした不登校やいじめは対人関係問題の氷山の一角であり，人とどう
関わるかについて課題を抱えている生徒は多い。

　以上のように，中高生の体力，健康，対人関係等の問題が多く指摘される中で，
体を動かす楽しさや心地よさを味わい，心と体の健康や体力の保持増進に関する
知識や運動の仕方を生徒が学んでいくことは大切なことであるといえる。ここで
紹介する体つくり運動は，こうした一連の問題と関連した重要な領域である。

Q2：体つくり運動はどのような特性をもつ運動か[3][4] ···············

　体つくり運動は，他の運動領域と異なり大きく 2 つの特性がある。1 つめは，
特定の運動技能の習得や記録の向上を目指したり，勝敗を競い合ったりするよう

な運動ではなく，体を動かす楽しさや心地よさを味わい，健康の保持増進や体力の向上を目指している点である。中学校解説及び高校解説（以下，学習指導要領解説という）では，体つくり運動領域だけが指導内容を「知識及び運動」と表記しており，他の運動領域のように「知識及び技能」とはしていない。この記述にも表されるように，体つくり運動領域は特定の技能の習得を重視しない考え方に立っている。

2つめは，全学年で必修となっている点である。Q1でも示したとおり，生徒の心と体の健康や体力の向上の点からも，どの学年でも取り組むことが求められており，学習指導要領解説では中学校では7時間以上，高校では7〜10時間程度を毎年実施するように定めている。以上が他領域と比べて大きく異なる点である。

Q3：どのようなねらいと指導内容をもっているのか ……………………

では，具体的にどのようなねらいと指導内容になっているのだろうか。ここでは，その概要を説明する。

体つくり運動の1つめの柱として，「体ほぐしの運動」が位置付けられている。これは，中学から高校までの全ての学年で指導することとなっている。また，中1〜2では，「体の動きを高める運動」，中3から高校では，「実生活に生かす運動の計画」が位置付けられている。ここからもわかる通り，学年段階に応じて名称とその内容が異なっている。

中1〜2のねらいは，「体を動かす楽しさや心地よさを味わい，体つくり運動の意義と行い方，体の動きを高める方法などを理解するとともに，目的に適した運動を身に付け，組み合わせることができるようにする」[5]となっている。この段階では，なぜ体つくり運動をする必要があるのかといった意義や，実際にどうやったら動きを高められるのかといったことを学ぶ。また，学習した運動を適切に組み合わせる方法を学んでいく。

中3〜高1[*1]のねらいは，「体を動かす楽しさや心地よさを味わい，運動を継続する意義，体の構造，運動の原則などを理解するとともに，健康の保持増進や体力の向上を目指し，目的に適した運動の計画を立て取り組む」[6]となっている。この段階では，やみくもに運動をするのではなく，科学に基づいた運動の原則，体の構造，健康や体力アップのための計画の立て方を学んでいく。

高2以降のねらいは，「体を動かす楽しさや心地よさを味わい，体つくり運動の行い方などを理解するとともに，実生活に役立てること，生涯にわたって運動を豊かに継続するための課題に取り組む」[7]となっている。この段階では，高1までに学んだことを生かして，様々な目的に応じた運動の計画を立て，生涯にわたって体つくり運動に取り組めるような知識等を学んでいく。

このように，体つくり運動は，仲間と関わりながら運動の楽しさを味わい，同時に運動の仕方や計画の立て方を学んでいく領域である。

*1　高等学校学習指導要領では，高等学校校第1学年とは表記しておらず，「入学年次」としている．また，第2学年以降は，「入学年次の次の年次以降」としている．こうした表記の背景には，高校が3年制度に限っていないためである．しかし，学年の判別がしにくいことから，本書では高1や高2等と表記する場合もある．

Q4：具体的にどのようなことを指導するのか ……………………

＊2　体つくり運動の「学
びに向かう力，人間性等」
は，学年によって「積極
的」「自主的」「主体的」
と少しずつ文言が変化し
ているので，その意味を
踏まえて指導することも
大切である。この用語は
それぞれ何が違うのか
知っておく必要がある。

　ここでは「知識及び運動」に着目し，具体的な指導内容について触れていく＊2。

1) 中1～2

　Q3でも触れたとおり，中1～2では，「体ほぐしの運動」と「体の動きを高める運動」の2つがある。中でも，「体ほぐしの運動」では，「気付き」と「関わり」という2つのねらいがあり，ストレッチ，マッサージ，軽いジョギング等の手軽な運動をしながら心身の状態に気付くことや，人間知恵の輪や大縄跳び等の仲間と協力するような活動を通じて，人と楽しく関わることを目指している。

　「体の動きを高める運動」では，①「体の柔らかさを高めるための運動（以下，柔らかさ）」，②「巧みな動きを高めるための運動（以下，巧みさ）」，③「力強い動きを高めるための運動（以下，力強さ）」，④「動きを持続する能力を高めるための運動（以下，持続）」という4つのねらいに沿った運動の行い方や，ねらいや体力の程度に応じた運動の組合せ方を理解することを目指している。

　具体的には，「柔らかさ」では，体の曲げ伸ばしを伴うような静的なストレッチやリズミカルな動的ストレッチを行い，体の各部位の可動域を広げていく。

　「巧みさ」は，バランス，タイミング，リズム，スピードといったことに着目し，ラダートレーニング，フープや縄等の用具を使った運動やリズミカルな運動を行いながら，バランス，敏捷性，調整力等を高めていく。

　「力強さ」では，自重を使った1人でのトレーニングや，2人組，あるいは物を使ったトレーニングを行い，筋力を高めていく。

　「持続」では，縄跳びや軽いジョギングを一定時間続けていくことやエアロビクス等の有酸素運動を行い，持久力を高めていく。

　以上のような4つのねらいに沿った運動の仕方を授業の中では学んでいく。また，こうした運動の仕方を個々に学ぶだけではなく，どのように組み合わせるとよいのかについても学んでいく。

　ちなみに，組合せ方には「効率のよい組合せ」と「バランスのよい組合せ」の2種類がある。「効率のよい組合せ」とは，1つのねらいを選んで，その中で複数の運動を組み合わせることである。例えば，「力強さ」というねらいを選んだとする。そこでは，スクワット→腕立て伏せ→上体起こしといった順番で，下半身→大胸筋→腹筋といった異なる体の部位を順番に鍛えていくことになる。

　一方で，「バランスのよい組合せ」とは，複数のねらいを選んで，ねらいに応じた運動を組み合わせることである。例えば，数分間の縄跳び（持続）→体幹トレーニング（力強さ）→ラダートレーニング（巧みさ）→ストレッチ（柔らかさ）といったように，異なるねらいを順番に組み合わせていく方法である。

　なお，ここで注意しなければならないのは，1つの運動であっても，教師や生徒の意識の仕方でそのねらいや意味が変わってしまう点である。例えば，縄跳びを使う場合，グループやペアで協力して，声をかけながら，跳んだ回数を競い合うとすれば，「体ほぐしの運動」の「関わり」といえるし，何分間も跳び続ければ「持

続」ともいえる。また，跳び方を複雑にしたり，リズムの変化をつけたりすれば「巧みさ」ともいえる。このように，1つの運動が1つのねらいだけをもっているわけではないので，ねらいを明確にしていくことが重要である。

2) 中3〜高1

中3〜高1では，「体ほぐしの運動」と「実生活に生かす運動の計画」の2つがある。「体ほぐしの運動」は中1〜2と同じであるため，ここでは説明を省略する。

「実生活に生かす運動の計画」は，中1〜2までの学習を踏まえ，ねらいに応じた計画を立てていくことが重視されている。学習指導要領解説には，中3と高1で学ぶべき知識として「運動を継続する意義」「体の構造」「運動の原則」という3つがある。そこでは，関節の可動域や筋肉の簡単な構造や，トレーニングでも重視されるような「意識性」「個別性」「漸進性」等の基礎を学んでいく。この段階になると，受験に向けて運動をしなくなる生徒も多くいるが，一方で高校での運動部活動に向けてより高い体力を必要とする生徒もいる。生徒によってニーズが大きく異なることから，「健康に生活するための体力の向上を図るコース」と「運動を行うための体力の向上を図るコース」といった区分けをしていく必要がある。健康に重きを置く生徒は低強度から中強度の運動を選択し，運動能力向上に重きを置く生徒は中強度から高強度の運動を選択していくことが大切である。その際，計画を立てる上で，以下のような過程を踏んでいくことが重要である。

① 自己の体力に関するねらいを設定する。
② 自己の健康や体力の実態と実生活に応じて，運動の計画を立てる。
③ 運動の計画に従って取り組む。
④ 振り返りをする。

なお，運動の計画を立てる際には，「ねらいは何か」「いつ，どこで運動をするのか」「どのような運動を選ぶのか」「どの程度の運動強度，時間，回数で行うのか」に着目していくことが大切である。

3) 高2以降

高2以降では，高1と同様に，「体ほぐしの運動」と「実生活に生かす運動の計画」の2つがある。「実生活に生かす運動の計画」では，運動の計画を立てる点は高1と共通している。しかし，指導すべき内容がさらに発展しており，高校卒業後を想定したものとなっている。具体的には，1日の生活，1週間の生活，数か月単位の生活を踏まえた運動の計画が重視されている。また，生徒のニーズが細分化していくことを踏まえて，ねらいの設定の仕方をさらに細かくしている。具体的には，次の4つである。

① 体調の維持や健康の保持増進をねらいとして，有酸素運動等の運動と食事及び睡眠を考慮に入れた運動の計画。
② 生活習慣病の予防をねらいとして，厚生労働省の「健康づくりのための身体活動基準2013」を目安として，日常生活における身体活動（例，家事労働等の生活活動）を踏まえた運動の計画。
③ 調和のとれた体力を高めるための運動の計画。

④　競技力の向上と同時に，けがの予防も踏まえた運動の計画。

このようにねらいが細分化されており，医学，スポーツ科学，栄養学等の知識を踏まえながら，運動の計画を立てることが求められている。

なお，指導に当たっては，以下のような計画と実践の過程に着目することが大切である。

①　自己のねらいに応じた目標の設定。

②　目標を設定するための課題の設定。

③　課題解決のための運動例の選択。

④　選んだ運動に基づく計画の作成。

⑤　実践とその内容の記録。

⑥　測定，評価による学習成果の確認及び新たな目標の設定。

以上のように，中学から高校までをみると，生徒一人ひとりのニーズや将来の生活を想定しており，学年段階の進行に伴って計画の立て方も複雑になっていく。そのため，下学年の指導内容が定着していない状況が生徒の中に多くみられる場合に，教師は下学年の内容から指導をし直す必要がある。

Q5：具体的な単元のイメージはどうなるか ……………………………

単元計画と学習指導案については，巻末の資料に詳しく掲載している。ここでは，単元計画の立て方について簡単に解説をしていく。

単元の立て方は様々あってよいが，1つの案としては，単元前半の1時間目から4時間目は，ねらいに応じた運動の仕方や知識の学習をし，単元後半の5時間目から7時間目は，学習した知識を生かして，運動の組合せ方や計画の立て方を学ぶ時間にする，という考え方がある。いずれの時間も大切であるが，単元の終了時に，生徒が自分で運動の計画を立てられるかが重要であり，その目標に向かって少しずつ積み上げていく必要がある。

運動の計画を立てる場合には，まずどのようなねらい（体力アップを目指すのか，健康維持を目指すのか）をもつか，次にどのような運動（ラダー，縄跳び，腕立て伏せ等）を選ぶか，さらにどのような強度（低強度から高強度まで）で行うか，また，何回，何セット，何分行うのかといったことを，教師は生徒に丁寧

表5-1　単元計画のイメージ

1	2	3	4	5	6	7
オリエンテーション	体ほぐしの運動					
	知識の学習（運動の原則，体の構造，組合せ方や計画の立て方等）					
体ほぐしの運動	ねらいに応じた運動の仕方の学習①	ねらいに応じた運動の仕方の学習③	ねらいに応じた運動の仕方の学習⑤	計画の立て方①	計画の立て方②	計画の立て方③
	ねらいに応じた運動の仕方の学習②	ねらいに応じた運動の仕方の学習④	ねらいに応じた運動の仕方の学習⑥	運動の実施①	運動の実施②	運動の実施③
				計画と運動の振り返り①	計画と運動の振り返り②	計画と運動の振り返り③

に説明していく必要がある。なお，1時間当たりの授業では，開始10〜15分間は，「体ほぐしの運動」を行い，残りの30〜40分間は，「動きを高める運動」や「実生活に生かす運動の計画」に当てるという考え方もある。表5-1は，単元計画のイメージ案である。

◆ **話し合ってみよう**

○知っているトレーニング方法をいくつかあげ，体力得点の低い生徒でも楽しさや心地よさを味わえるようにするには，どのような工夫が必要だろうか。

○生徒が自分自身で授業時間以外に体つくり運動を進んで行うためには，どのようなことが大切だろうか。

Q6：授業づくりの留意点は何か ……………………………………………

① ラーニング（学習）を大切にする

体つくり運動は，大切な領域であると考えられているにもかかわらず，残念ながら授業開始5〜10分間の補強運動，自校体操，集団行動を実施することで単元を済ませる例が多くみられる。しかし，補強運動のみを繰り返しても長期的には体力の向上が見込めないことは明らかである。生徒が体を動かす楽しさや心地よさを味わいながら，体育の授業時間以外でも運動をしてみたいと思えるようにすることが大切であり，それには教師の一方的な指示命令による筋力トレーニングをさせるよりも，生徒自身が運動の意味や必要性を感じ，適切な知識や方法を身に付けていくことが重要である。そこでは，意味もわからずにやらされるだけの体つくり運動から，ラーニング（学習）としての体つくり運動になっているかが大切であり，「活動あって学びなし」とはならないようにしていくべきである。

② 運動の計画の立て方がうまくなるためには，単元前半の運動の仕方の学習と単元後半の計画の評価が大切になる

生徒が単元の後半で運動の計画をうまく立てられるようになるためには，単元前半では運動の仕方をしっかりと指導していくことが大切である。また，運動の計画を立てることは簡単ではなく，教師が一定の条件を限定したり，モデルプランを提示したりする等，生徒が適切に運動を選択できるように指導していくことが大切である。特に単元後半では，運動の計画を適切に評価し，計画を修正したり，運動の仕方を工夫したりすることが重要である。

③ 1授業時間の流れを大切にする

様々な授業を観察していると，生徒がほとんど運動をせずに座って学習カードの記入ばかりをする授業や，反対に振り返りや説明もなくひっきりなしに運動をする授業があるが，いずれも適切とはいい難い。1時間の中で，生徒が十分に体を動かす時間と，落ち着いて知識を学んだり，話し合ったりする時間の双方が重要である。1授業時間を考えるに当たり，メリハリのある流れが大切である。

④　専門種目での経験を授業に生かす

保健体育科の教員免許を取得しようとする学生のほとんどが，特定の運動種目の競技経験を有している。体つくり運動では，その経験を十分生かしながら授業を展開するべきである。例えば，サッカー経験者であれば，「ブラジル体操」を多くの人が経験している。この体操は，一定のリズムに乗りながら運動をするもので，動的なストレッチ効果がある。動き方とその意味を1つのセットにして教えることで，「柔らかさ」や「巧みさ」の活動にもつながる。また，授業に参加している生徒自身も様々な運動部活動やクラブチームに所属し，多様なスポーツ経験を有している。生徒同士が自分の経験からトレーニングを紹介し合うだけでも，新たな運動の仕方を学ぶことにつながる。このように競技者としての経験を最大限生かすことも授業内容を豊かにしていくためには重要である[8]。

2.　器械運動

Q1：器械運動の楽しさや魅力は何だろう（運動の特性）……………

器械運動は，マット運動，鉄棒運動，平均台運動及び跳び箱運動で構成される。器械の特性に応じて様々な技があり，それらに挑戦し，その技ができる楽しさや喜びを味わうことのできる運動である。中学校では，小学校での学習を踏まえて，技がよりよくできることや自己に適した技で演技することが求められる。高等学校では，中学校の学習を踏まえて，技がよりよくできたり自己や仲間の課題を解決したりするなどの多様な楽しさや喜びを味わい，自己に適した技で演技することなどが求められる[3)4)]。

また，いろいろな動き方を試行錯誤し「偶然できるようになる」状態から，課題解決に取り組む中で「いつでもできる」状態へと進めることや，動き方のコツを身に付け，自分自身が「動ける身体」[*3]を獲得していくことに魅力がある運動である。さらに，器械運動では，演技を構成して発表する楽しさや，その演技を見て，技の美しさや人間の動きの可能性について考えられるような「見る」楽しさもその魅力に含まれる。

*3　動ける身体：人間は運動によって世界（人，物，自然）に応答していることを考えると，今まで「やろう」としても「できない」状態であったことが，いろいろと試行錯誤を重ねて，コツをつかみ，できるようになったとき，そこに動ける身体によって新たな世界との関わり方が生まれてくる[9]。

Q2：小学校の学習を受けて，中学校・高等学校では，どのような種目を学習するのだろう ………………………………………………

器械運動領域の学年段階における必修，選択の方法を表5−2に示す。小学校では，低学年の器械・器具を使った運動遊びから始まり，中学年，高学年の器械運動領域において，マット運動，鉄棒運動，跳び箱運動の3つの運動種目を全て経験してくる。ただし，中・高学年では2学年間で3つの運動種目を扱うので，例えば小学校第5学年でマット運動と鉄棒運動を，小学校第6学年でマット運動と跳び箱運動を学習してくる児童もいる。また，高学年では体育の授業時数が年間90時間のため，どの程度の時間数が器械運動に配当されているかによっても

表5−2　学年段階における必修，選択の方法

小学校5・6年	必修	2年間でマット，鉄棒，跳び箱
中学校1・2年	必修	2年間でマットを含む2種目選択
中学校3年・高校入学年次	選択	マット，鉄棒，平均台，跳び箱から選択
高校入学年次の次の年次以降	選択	マット，鉄棒，平均台，跳び箱から選択

運動経験に違いがあることが考えられる。したがって，中学校就学段階で，どのような学びをしてきているかを十分に把握する必要がある。

　中1及び中2では，器械運動は必修となる。4つの運動種目のうち，マット運動を含む2種目選択となっており，マット運動は必ず行い，鉄棒運動，平均台運動，跳び箱運動からもう1種目を必ず取り扱うことになる。年間指導計画によっては，中1，中2のどちらかで器械運動領域を扱う学校もあれば，どちらの学年でも扱う学校もある。さらに，中3及び高1では領域選択となり，器械運動，陸上競技，水泳，ダンス領域から1つ以上選択となることから，学校または生徒によっては，器械運動を学習しない場合も考えられる。高2以降については，球技と武道を加えた6領域から2つ以上選択となっている。4つの運動種目の中から選択する数に制限は特にない。これらを踏まえ，特に高等学校入学年次では，中学校の領域選択により生徒がどの程度器械運動に習熟しているかを把握し，授業を計画する必要がある。

Q3：器械運動で指導する内容は何だろう（指導内容）……………

1）3つの指導内容について

　2017（平成29）年及び2018（平成30）年告示学習指導要領では，3つの柱に沿って指導内容が整理されている。器械運動領域においても「知識及び技能」，「思考力，判断力，表現力等」，「学びに向かう力，人間性等」の内容をバランスよく育む必要がある。

　技能については，基本的な技，条件を変えた技，発展技について滑らかに行ったり，安定して行ったりするとともに，それらを組み合わせたり，構成して演技したりすることを指導する。

　知識の内容については，特性や成り立ち，技術の名称や行い方，関連して高まる体力，体力の高め方，運動観察の方法，課題解決の方法，競技会の仕方について指導する。例えば，マット運動の「技の名称や行い方」に関する知識については，表5−3に示すように「どのように行うのか（コツ）」「なぜ，何のために行うのか」「どのような方法で行うのか」に分けて整理することができる。知識は，技能を習得する際にも，課題を発見しその解決を図る思考力，判断力，表現力等の学びにおいて基盤となるものであり，汎用的な知識[*4]と具体的な知識，方法的な知識の関係をおさえて指導する必要がある。

*4　汎用的な知識：他の場面においても生かせる知識。

表5-3 マット運動の技（技能）に関連した知識の整理例[10]

知識の階層	汎用的な知識	具体的な知識	方法的な知識
	運動を支える原理，原則，意義「何のために」行うのか	運動の行い方のポイント・コツ「どのように」行うのか	課題解決の仕方 運動観察の仕方「どのような方法で」行うのか（改善できるのか）
接点技群	・順次接触するため ・回転力を高めるため	・おへそを見る ・あごを引く　など	・ゆりかご ・大きなゆりかご ・坂道を利用する　など
ほん転技群	・支えるため，突き放すため ・回転力を高めるため ・起き上がりやすくするため	・タイミングよくそる ・大きく足を振り上げる ・手と足の距離を近づける　など	・かえるの足うち ・腕立て横跳び越し ・大きなゆりかごからのブリッジ ・段差の利用　など

表5-4 学習指導要領「器械運動」における「思考力，判断力，表現力等」「学びに向かう力，人間性等」の内容

段階	思考力，判断力，表現力等	学びに向かう力，人間性等
中学校1・2学年	(2) 技などの自己の課題を発見し，合理的な解決に向けて運動の取り組み方を工夫するとともに，自己の考えたことを他者に伝えること。	(3) 器械運動に積極的に取り組むとともに，よい演技を認めようとすること，仲間の学習を援助しようとすること，一人一人の違いに応じた課題や挑戦を認めようとすることなどや，健康・安全に気を配ること。
中学校3学年 高校入学年次	(2) 技などの自己や仲間の課題を発見し，合理的な解決に向けて運動の取り組み方を工夫するとともに，自己の考えたことを他者に伝えること。	(3) 器械運動に自主的に取り組むとともに，よい演技を讃えようとすること，互いに助け合い教え合おうとすること，一人一人の違いに応じた課題や挑戦を大切にしようとすることなどや，健康・安全を確保すること。
高校入学年次の次の年次以降	(2) 生涯にわたって運動を豊かに維持するための自己や仲間の課題を発見し，合理的，計画的な解決に向けて取り組み方を工夫するとともに，自己や仲間の考えたことを他者に伝えること。	(3) 器械運動に主体的に取り組むとともに，よい演技を讃えようとすること，互いに助け合い高め合おうとすること，一人一人の違いに応じた課題や挑戦を大切にしようとすることなどや，健康・安全を確保すること。

（下線筆者）

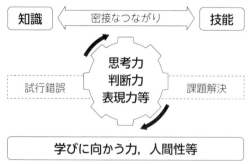

図5-1 3つの指導内容の関係性のイメージ

　「思考力，判断力，表現力等」「学びに向かう力，人間性等」については，表5-4のように示されている[3][4]。発達の段階が進むにつれて，自分のみならず仲間の課題にも目を向けられるようにすることや，互いの取り組みをよりよくしていこうとする態度を身に付けることが重要視されている。なかでも，学びに向かう力，人間性等の「一人一人に応じた課題や挑戦を『認めようとする』『大切にしようとする』」については，共生の視点である。器械運動では，特に技能差，性別の違い，障害の有無等によって課題への取り組みが多様になることが考えられる。それらを，認め合える授業づくりが重要である。

　これら3つの指導内容は，それぞれが独立して指導されるものではなく，3つの内容の指導が絡み合って学習が成立する。知識と技能は密接な関連があり，そ

れらを身に付けるためには，生徒が試行錯誤しながら課題解決に取り組むことが重要で，それを下支えする互いを認め合えるような態度の育成が重要である（図5-1）。

2) 技の系統性について

　器械運動領域は，マット，鉄棒，平均台，跳び箱などの器械・器具を使いその特徴を生かした「技」によって構成されている。自己の能力に応じて「技を習得する」ことと，「技を円滑にできる」「技がよりよくできる」ことをねらいとして様々な運動課題の解決に取り組む学習活動である[9]。

　これらの技は，系統的に学習していくことではじめて身に付けることができる。器械運動で示されている運動種目は4つあるが，ここではマット運動を取り上げて説明する。マット運動では，回転系の技と巧技系の技とに分類され，それが運動課題や運動技術の視点から「技群」に分かれ，さらに運動方向や運動経過の視点によりグループに分類されている。

　表5-5～5-7は，中学校及び高等学校の学習指導要領解説に示されている技の例示である[3)4)]。分類された技は，それぞれの発達の段階に応じて，基本の技から発展技へと段階を踏んで示されている。基本の技は，学習する年次以前の段階ですでに例示されている技が位置付けられており，単純にこの学年ではこの技を学習するということではない。これらは，マット運動に限らず，鉄棒運動，平均台運動，跳び箱運動でも同様である。これらの系統性を把握して指導に当たることが重要である。生徒はともすると，自分の興味・関心や仲間との人間関係の中で，自分の今の課題に合っていない技を選んで練習しようとすることもある。そういった際に，どういった系統性があって技が発展していくのかを，生徒に知識として教えるとともに，教師自身も助言ができるようにしておく必要がある。

表5-5　マット運動の主な技の例（中学校1・2学年）

系	技群	グループ	基本的な技 （主に小5・6で例示）	発展技
回転系	接転	前転	前転→開脚前転 →補助倒立回転→倒立前転 →跳び前転	→伸膝前転
		後転	後転──開脚後転──	伸膝後転────→後転倒立
	ほん転	倒立回転・倒立回転跳び	側方倒立回転──	→側方倒立回転跳び1/4ひねり（ロンダート） →前方倒立回転──→前方倒立回転跳び
			倒立ブリッジ──	
		はねおき	頭はねおき	
巧技系	平均立ち	片足平均立ち	片足平均立ち	→片足正面水平立ち →Y字バランス
		倒立	頭倒立	
			補助倒立──	→倒立

表5−6 マット運動の主な技の例（中学校3学年・高校入学年次）

系	技群	グループ	基本的な技（主に中1・2で例示）	発展技
回転系	接転	前転	開脚前転――――――→ ――――――→倒立回転 ――――――→	伸膝前転 跳び前転
		後転	開脚後転――――――→	伸膝後転――――――→後転倒立
	ほん転	倒立回転・倒立回転跳び	側方倒立回転――――→ 倒立ブリッジ――――→	側方倒立回転跳び1/4ひねり（ロンダート） 前方倒立回転――→前方倒立回転跳び
		はねおき	頭はねおき	
巧技系	平均立ち	片足平均立ち	片足正面水平立ち――→	片足側面水平立ち，Y字バランス
		倒立	倒立――――――――→	倒立ひねり

表5−7 マット運動の主な技の例（高校入学年次の次の年次以降）

系	技群	グループ	基本的な技（主に中3までに例示）	発展技
回転系	接転	前転	開脚前転――――――――――――→伸膝前転――→倒立伸膝前転 ――――――→倒立回転 ――――――→跳び前転	
		後転	開脚後転――――→伸膝後転――――→後転倒立	
	ほん転	倒立回転・倒立回転跳び	側方倒立回転――→側方倒立回転跳び 　　　　　　　　1/4ひねり（ロンダート） 倒立ブリッジ――→前方倒立回転―――→前方倒立回転跳び	
		はねおき	頭はねおき	
巧技系	平均立ち	片足平均立ち	片足正面水平立ち―――――→片足側面水平立ち 　　　　　　　＼→Y字バランス	
		倒立	倒立――――――――――→倒立ひねり	

◆ **話し合ってみよう**

器械運動が苦手で，小学校段階や中学校段階で技が十分に身に付いていない生徒がいたらどのような手立てをとったらよいだろうか。

Q4：器械運動はどのような授業づくりをしていけばよいのだろう…

1）主運動につながるアナロゴン（感覚づくり）の運動学習

　特に器械運動では，日常的にあまり運動しない運動形態を目標に学習するので感覚運動的アナロゴン*5の学習が大切になる。例としては，開脚跳びの前には，うさぎ跳びやタイヤ跳び，逆上がりでは手足のぶら下がりや足抜き回り，棒登りなどの経験が必要で，それによって系統性や段階性の学習が可能になる[11]。これらの予備的運動を，どれだけ準備できるかが教師の指導力にもつながっていくと考えられる。学習指導案の指導と評価の計画にも示すように，毎時間の最初の5〜10分程度の時間を使い，体を支える感覚，回転する感覚，体を締める感覚，腰

*5 アナロゴン：まだやったことのない運動を表象したり，投企したりするために運動経過を，臨場感をもって思い浮かべる素材として用いられる類似の運動例のこと[11]。感覚運動的に類似した予備的運動のこと[12]。

クマ歩き　　　　　　ブリッジ

ゆりかご　　　　　　背支持倒立

図5−2　感覚づくりの運動の例

が頭の高さよりも高く上がる感覚などを身に付けるための，クマ歩き，うさぎ跳び，川渡り，ゆりかご，背支持倒立，ブリッジなどを横断的に行うことがその手立ての1つである（図5−2）。1時間目のオリエンテーションにおいて，運動と身に付ける感覚について説明し実際に行い，2時間目以降は音楽に合わせて運動を行うなど，セット化してくと，マネジメントが少なく，スムーズに主運動の学習に入っていくことができる。しかし，これらの運動をただ与えるだけでなく，腕に体重をかけてしっかり支えることや，馬跳びでも体を切り返して着地することなどの指導を行うなど，技につながることを意識して指導することが重要である。

2) できる・わかるための手立て

器械運動では，3つの指導内容をバランスよく身に付けさせることが必要であるが，生徒は様々な技に挑戦していくので，「できた」「わかった」といった達成感や成就感を味わわせることで運動の特性に触れさせることが重要である。一定時間，単元として学習を行った成果として，技が身に付いた，技のポイントやコツ，課題解決の方法などがわかった，という一定の成果を保障する必要がある。そのためにも，次のような様々な手立てを講じることが重要である。

① 学習資料の活用

技の連続図や連続写真を学習カードに掲載したり，拡大して掲示したりしながら，技の一連の流れをイメージできるようにする。これらの図や写真に，最初からポイントやコツを付して提示する方法もあるが，生徒が技に取り組んだり，運動観察をしたりしながら発見したコツやポイントを書き込む方法も考えられる。図5−3に学習資料の例を示す。

② 場の設定の工夫

あまり場を多く設定しすぎると，活動場所を移動することに時間を要し，課題に集中して取り組めなかったり，教師側の目が行き届かなかったりするので注意する必要がある。基本的には，技をスモールステップで捉え，運動課題がやさし

図5−3　学習資料の例

図5−4　場の工夫の例（跳び箱運動）

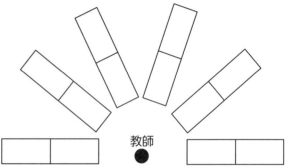

図5−5　場の工夫の例（マット運動）

くなるような場の設定（図5−4）と，安定してできるようになったか確かめる場が必要になる。また，教師が生徒の活動を把握しフィーバックしやすく，生徒が互いのグループの演技や練習の仕方を活動しながら見合えるように，図5−5のように場を工夫することも1つの方法である。

　③　ICTの活用

　タブレット等のICT（情報通信技術）は，まず，課題を見つけるときに有効に活用することができる。これについては，学習のはじめの課題を発見することと，途中段階における課題の修正が考えられる。また，動画を保存し時系列で再生し，自分の技の習得の変容について把握することができるとともに，達成感や運動有能感を味わわせることにもつながる。さらに，グループでの活動では，画像や動画を見ながら伝え合う活動を促進することにも役立てることができる。

　④　補助の指導及び活用

　体の動かし方がわからず，運動の感覚がつかめないときには，複数人で補助を行うことが有効である。図5−6は2人で足や腕を引き上げたりしている場面であるが，力を加えることで動きが容易になり，動きの感覚を体感できる。しかし力の入れ具合によってはけがにつながるので，正しい補助の指導が重要である。

3）主体的・対話的で深い学びにするために

　生徒が主体的に学ぶようにするためには，自分の課題を発見し，その課題を解

首支持から腰の屈伸動作を使って倒立

3人組ではね動作から立つ練習

図5−6　補助の例

決したい，解決できそうだといった見通しをもたせることが大変重要である。例えば，踏み切りが弱い，膝が曲がっているといった運動局面での課題は，ICT の活用や，生徒同士の運動観察による伝え合う活動によって把握することは容易かもしれない。その上で，それをどうやったら解決できるのか，どういう段階を踏めば解決につなげられるのか，見通しをもたせることで，生徒の主体的な課題解決への取り組みが期待できる。その際，先述した学習資料や ICT の活用，場の設定の工夫，生徒同士の補助といった，様々な手立てが用意されなければならない。

　また，単元の学習を進める中で，その生徒なりの「できた」状態を認めることも重要である。例えば，跳び箱運動の「頭はね跳び」を行う際に，はね動作が少しでも上達できればそれを賞賛し認めることで，生徒の意欲が高まり，次の運動へ主体的に取り組むことが期待できる。

　対話的に学ぶためには，ただ話し合いの時間を確保するだけでなく，生徒同士が話し合える材料を提供する必要がある。そのためにも，生徒が気付かない視点を与えたり，運動観察において見合うポイントを示したりといった教師の役割が大変重要である。例えば，生徒が技を行い合う活動を行う際に，ただ何となく技全体を観察させるのか，運動局面に分けてある部分を焦点化して観察させるのかでその後の話し合いの質は大きく変わってくる。

　これらの主体的・対話的な学びを前提とし，試行錯誤しながら生徒が課題解決に取り組み，技能や汎用的な知識を身に付けたりしていくことで，深い学びにつながっていく。その際，教師はただ教授するだけでなく，「ここに手をついたらど

うなる？」「何がこの技の重要なポイントかな？」といったように発問を投げかけ，生徒の思考を揺さぶり，深めていくことが重要である。

┌─◆ 話し合ってみよう─────────────────
│ 器械運動の授業を安全に行うためには，どのようなことに気を付ければよい
│ だろうか。
└──────────────────────────────

Q5：安全管理で気を付けることは何だろう ……………………………

　表5-8は，学校管理下の傷害発生件数における，中・高保健体育授業中の器械運動についての状況である[13]。これをみると，高等学校よりも中学校の方が事故件数は多く，種目ではマット運動が最も多い。中学校と高等学校の件数の違いは，中学校第1学年及び第2学年において器械運動は必修であり，高等学校では領域選択になるため，授業自体の実施率が異なるためと考えられ，マット運動が多いのは，中学校第1学年及び第2学年では種目内でもマット運動が必修であり，高等学校においては，用具設置が簡単であるといった理由で器械運動を行う学校で取り入れられていることが考えられる。器械運動では，非日常的な運動を扱うとともに，ともすると大きなけがにつながるような回転運動やダイナミックな運動を取り扱う。中学校，高等学校と発達の段階を考えると，体格も大きくなる分，事故が起きると大きなけがとなる場合もある。特に，頭部外傷，頚椎損傷等の大きな事故につながらないように安全に注意することは最重要事項である。

　マット運動では，例えば後転系の技の学習で首の筋肉を痛めることがあるが，ゆりかごの指導の際に両手のつき・押しと頭の腹屈（腹側に曲げること）を指導することにより，それを防ぐことができる。また，倒立系の技においては，手で体が支えられずに頚椎を痛めてしまうような事例もあるので，手と手の間に頭を入れ回転することや，補助の仕方をしっかりと指導する必要がある。鉄棒運動，平均台運動，跳び箱運動に共通するのは落下による事故の心配である。これについては，技につながる感覚運動的に類似した予備的運動を段階的に行うとともに，運動の場にマットを敷いたり，補助を付けたりするといった場の設定も重要である。中でも跳び箱運動については，回転系と切り返し系の両方を指導する場合，回転系を先に取り上げると，切り返し系の学習の際に回転感覚が残っていて事故

表5-8　中・高保健体育授業の器械運動における傷害発生件数　　　（件）

校種	中学校		高等学校	
年度	2017年度	2018年度	2017年度	2018年度
鉄棒運動	103	85	41	27
跳び箱	4,738	4,719	551	539
マット運動	5,620	5,506	1,352	1,306

出典）独立行政法人日本スポーツ振興センター：学校の管理下の災害〔令和元年版〕

につながることがあるので，切り返し系を先に取り上げるようにする[14]。

Q6：評価はどのようにしていけばよいだろう ……………………………

　授業内においては，教師がすべての生徒の活動を把握し評価することになるが，それには限界がある。器械運動は個人種目ではあるが，グループを作り，仲間と教え合い伝え合いながら，相互評価を行うことが，授業を円滑に進める上でも，評価をする上でも重要である。

　また，教師が行う評価としては，器械運動に特有な「技ができる」という技能のみを評価の中心とするのではなく，「知識・技能」「思考・判断・表現」「主体的に学習に取り組む態度」の3つの観点に沿って評価し，指導と評価の一体化[*6]を図ることが重要である。その際，学習指導要領に示されている器械運動のすべての内容を1つの単元で指導し評価しようとすると無理が出てきてしまうので，学年や扱う運動種目によって重点を決め，評価規準を割り振ることが考えられる。

*6　指導と評価とは別物ではなく，評価の結果によって後の指導を改善し，さらに新しい指導の成果を再度評価するという，指導に生かす評価を充実させることが大切である。

引用・参考文献

1）文部科学省：子どもの体力向上のための取組ハンドブック
　　https://www.mext.go.jp/a_menu/sports/kodomo/zencyo/1321132.htm（2020.4.3 参照）
2）文部科学省：令和元年度児童生徒の問題行動・不登校等生徒指導上の諸課題に関する調査結果について
　　https://www.mext.go.jp/content/20201015-mext_jidou02-100002753_01.pdf（2021.3.9 参照）
3）文部科学省：中学校学習指導要領（平成29年告示）解説　保健体育編．東山書房，2018
4）文部科学省：高等学校学習指導要領（平成30年告示）解説　保健体育編．東山書房，2019
5）前掲3），p.44
6）前掲3），p.51
7）前掲4），p.47
8）近藤智靖：巻末資料1「中学校での体つくり運動とは」，これだけは知っておきたい「体つくり運動」の基本（白旗和也編著）．東洋館出版社，2014
9）三木四郎，加藤澤男，本村清人：中・高校器械運動の授業づくり．大修館書店，2006
10）国立教育政策研究所：「指導と評価の一体化」のための学習評価に関する参考資料．東洋館出版社，2020
11）宇土正彦，坂田尚彦，高橋健夫他：学校体育授業辞典．大修館書店，1995
12）金子明友，吉田茂，三木四郎：教師のための運動学．大修館書店，1996，p.140
13）独立行政法人日本スポーツ振興センター：学校の管理下の災害
　　https://www.jpnsport.go.jp/anzen/kankobutuichiran/tabid/1928/Default.aspx（2020.3.27 参照）
14）文部科学省：学校体育実技資料 第10集 器械運動の手引．東洋館出版社，2015
・文部科学省：児童生徒の学習と教育課程の実施状況の評価の在り方について（教育課程審議会答申）．2000
・田村学：深い学び．東洋館出版社，2018
・高橋健夫，三木四郎，長野淳次郎他：器械運動の授業づくり．大修館書店，1992
・髙橋健夫，岡出美則，友添秀則他：新版体育科教育学入門．大修館書店，2010

領域の内容と指導2

1. 陸上競技

Q1：陸上競技の運動の楽しさや魅力は何だろう（運動の特性）……

　陸上競技は，「人間の基本的運動である歩，走，跳，投を一定のルールのもとで競いあうスポーツ」[1]と定義されている。これを現在の学校体育では，どのように取り扱っているのだろうか。

　表6−1[2)3)4)]は，小学校および中学校・高等学校における陸上競技系の運動についての記述である[*1]。小学校では，主に「走る」「跳ぶ」運動を取り上げながら，自己の能力に適した課題や記録に挑戦することや競走（争）することの楽しさや喜びを味わうことができる運動と説明されている。中学校・高等学校では，「走る」「跳ぶ」「投げる」運動で記録に挑戦することや相手と競争することの楽しさや喜びを味わうことが，この運動の特性であり魅力として位置付けられている。授業において教師は，これらの達成や喜びの姿が見られるように，計画と準備を進めることになる。

　表6−2[2)3)4)]は小学校から高等学校までの陸上競技系領域の主な内容の一覧で

*1　小学校では，低学年が「走・跳の運動遊び」，中学年が「走・跳の運動」，高学年が「陸上運動」と領域名称が異なるため，それらを総称して「陸上運動系」と呼ぶことがあるが，本書では中高の領域名称を優先させて，小学校から高等学校までの領域をまとめて「陸上競技系」と表すことにする。

表6−1　小学校・中学校・高等学校における陸上競技系領域の魅力

小学校	陸上運動系は，「走る」，「跳ぶ」などの運動で構成され，自己の能力に適した課題や記録に挑戦したり，競走（争）したりする楽しさや喜びを味わうことのできる運動である。
中学校高等学校	陸上競技は，「走る」，「跳ぶ」及び「投げる」などの運動で構成され，記録に挑戦したり，相手と競争したりする楽しさや喜びを味わうことのできる運動である。

表6−2　陸上競技系領域の領域構成

校種	小学校			中学校		高等学校	
学年	第1学年及び第2学年	第3学年及び第4学年	第5学年及び第6学年	第1学年及び第2学年	第3学年	入学年次	入学年次の次の年次以降
走種目	走の運動遊び	かけっこ・リレー		短距離走・リレー			
		−	−	長距離走			
		小型ハードル走		ハードル走			
跳躍種目	跳の運動遊び	幅跳び		走り幅跳び			
		高跳び		走り高跳び			
	−	−	−	−	−	三段跳び	
投てき種目	投の運動遊び	投の運動	投の運動	−	−	砲丸投げ・やり投げ	

ある。

　走種目では，どの学年でも短距離走（かけっこ）・リレー，及びハードル走が取り上げられ，中学校から長距離走がこれに加わる。跳躍種目は走り幅跳びと走り高跳びを中心に扱うが，高等学校では三段跳びも扱うことができるようになる。投てき種目は，高等学校に砲丸投げとやり投げが位置付けられている。しかし，近年の子どものボール投げの能力が低下している現状を踏まえて，小学校学習指導要領解説（平成 29 年告示）体育編[2]では，投の運動（小学校低学年は「投の運動遊び」）を「加えて」[*2]取り扱ってもよいことになっている。

Q2：何を指導するのだろう（指導内容及びその取扱い）……………

　ここでは，各学年の指導内容を，学習指導要領解説に例示された項目をもとに確認する。なお小学校から高等学校までの系統的な指導内容を理解するために，小学校高学年から高等学校入学年次の次の年次以降までを整理する。

1）知識及び技能

　表 6-3 [2)3)4]，表 6-4 [4]は，知識及び技能についての一覧である。

　短距離走では，小学校高学年以降はスタートダッシュと中間疾走など，短距離走の技術的課題を指導内容にして，素早さや力強さが高まるように学習を進めることになる。リレーでは，小 5 以降はバトンの受け渡し（バトンパス）をすることから減速の少ないバトンパスへと技術が高まるように内容が設定されている。

　中学校以降で行われる長距離走では，どの学年でも生徒の実態に合った1,000〜3,000m 程度の距離を走ることとされている。技術的課題としては，フォーム，ピッチ，ストライド，呼吸法などを学びながら，自分に合ったペースで走ることが目指される。

　ハードル走は，小 5 以降はバランスを崩さずに走ること，ハードリングの技術（振り上げ脚，抜き脚，腕の振り方など），第 1 ハードルの越え方，インターバルの走り方（3 歩または 5 歩[*3]。決まった足で踏み切ることを想定）の技術的課題が指導内容として示されている。

　走り幅跳びでは，小 5 以降は各局面（助走，踏み切り，空中動作，着地）の技術的課題が指導内容として設定されている。跳び方は，小 5〜中 2 は「かがみ跳び」，中 3 以降は「かがみ跳び」や「そり跳び」[*4]となっている。

　走り高跳びは，小 5 以降は各局面（助走，踏み切り，空中動作，着地）の技術的課題が指導内容として設定されている。跳び方は，小 5〜中 2 は「はさみ跳び」，中 3 以降は「はさみ跳び」や「背面跳び」[*5]（学習環境や生徒の実態及び安全対策に十分配慮した上で実施）となっている。

　表 6-5 [3)4]は知識の指導内容の一覧である。「知識」については，特に中学校・高等学校では，陸上競技の特性や成り立ちに関する知識を習得すること，技術とその動きを理解すること，陸上競技をすることによる体力向上について理解すること，合理的な動きを理解し身に付けるための運動観察の方法を知ること，他者と陸上競技に親しむための機会の設定の仕方（競技会の仕方）の知識を得ること

[*2]　「加えて」指導できるとは，学習指導要領に示された内容（例えば小学校高学年では，短距離走・リレー，ハードル走，走り幅跳び，走り高跳び）を学習することに「加えて」投の運動を指導してもよい，という捉え方である（上記 4 種目を学習せずに投の運動を行ってよいというわけではない）。

[*3]　これまでの学習指導要領では，ハードル走のインターバルは「3〜5歩」で走り越すこととされていたが，平成 29 年告示の学習指導要領では，生徒の実態に照らして「3 歩又は 5 歩」として，すべてのハードルを同じ足で踏み切って走り越えるように記述が変更された。

[*4]　『中学校解説』では，かがみ跳びについて「踏み切った後も前に振り上げた足を前方に出したままの姿勢を保ち，そのまま両足で着地する跳び方のこと」と説明されている[3]。そり跳びとは，踏み切り後，腹部から腰の部分を前方に押し出すようなイメージで，両腕を上に上げて伸び上がり，空中動作の後半では両脚を軽く曲げ，前方やや上方向に出して，両腕は大きく振り下ろして着地する跳躍方法のことをいう[5]。

表6−3　技能の学習指導内容

種目	小学校第5学年及び第6学年	中学校第1学年及び第2学年	中学校第3学年高校入学年次	高校入学年次の次の年次以降
短距離走	・スタンディングスタートから，素早く走り始める ・体を軽く前傾させて全力で走る ・テークオーバーゾーン内で，減速の少ないバトンの受渡しをする	・クラウチングスタートから徐々に上体を起こしていき加速すること ・自己に合ったピッチとストライドで速く走ること ・リレーでは，次走者がスタートするタイミングやバトンを受け渡すタイミングを合わせること	・スタートダッシュでは地面を力強くキックして，徐々に上体を起こしていき加速すること ・後半でスピードが著しく低下しないよう，力みのないリズミカルな動きで走ること ・リレーでは，次走者はスタートを切った後スムーズに加速して，スピードを十分に高めること	・高いスピードを維持して走る中間走では，体の真下近くに足を接地したり，キックした足を素早く前に運んだりするなどの動きで走ること ・最も速く走ることのできるペース配分に応じて動きを切り替えて走ること ・リレーでは，大きな利得距離を得るために，両走者がスピードにのり，十分に腕を伸ばした状態でバトンを渡すこと
長距離走		・腕に余分な力を入れないで，リラックスして走ること ・自己に合ったピッチとストライドで，上下動の少ない動きで走ること ・ペースを一定にして走ること	・リズミカルに腕を振り，力みのないフォームで軽快に走ること ・呼吸を楽にしたり，走りのリズムを作ったりする呼吸法を取り入れて走ること ・自己の体力や技能の程度に合ったペースを維持して走ること	・自分で設定したペースの変化や仲間のペースに応じて，ストライドやピッチを切り替えて走ること
ハードル走	・第1ハードルを決めた足で踏み切って走り越える ・スタートから最後まで，体のバランスをとりながら真っ直ぐ走る ・インターバルを3歩または5歩で走る	・遠くから踏み切り，勢いよくハードルを走り越すこと ・抜き脚の膝を折りたたんで前に運ぶなどの動作でハードルを越すこと ・インターバルを3歩または5歩でリズミカルに走ること	・スタートダッシュから1台目のハードルを勢いよく走り越すこと ・遠くから踏み切り，振り上げ脚をまっすぐに振り上げ，ハードルを低く走り越すこと ・インターバルでは，3歩または5歩のリズムを最後のハードルまで維持して走ること	・ハードリングでは，振り上げ脚を振り下ろしながら，反対の脚（抜き脚）を素早く前に引き出すこと ・インターバルで力強く腕を振って走ること ・インターバルでは，3歩のリズムを最後まで維持して走ること ・ハードリングとインターバルの走りを滑らかにつなぐこと
走り幅跳び	・7〜9歩程度のリズミカルな助走をする ・幅30〜40cm程度の踏み切りゾーンで力強く踏み切る ・かがみ跳びから両足で着地する	・自己に適した距離，または歩数の助走をすること ・踏切線に足を合わせて踏み切ること ・かがみ跳びなどの空間動作からの流れの中で着地すること	・踏み切り前3〜4歩からリズムアップして踏み切りに移ること ・踏み切りでは上体を起こして，地面を踏みつけるようにキックし，振り上げ脚を素早く引き上げること ・かがみ跳びやそり跳びなどの空間動作からの流れの中で，脚を前に投げ出す着地動作をとること	・加速に十分な距離から，高いスピードで踏み切りに移ること ・タイミングよく腕・肩を引き上げ，力強く踏み切ること
走り高跳び	・5〜7歩程度のリズミカルな助走をする ・上体を起こして力強く踏み切る ・はさみ跳びで，足から着地する	・リズミカルな助走から力強い踏み切りに移ること ・跳躍の頂点とバーの位置が合うように，自己に合った踏切位置で踏み切ること ・脚と腕のタイミングを合わせて踏み切り，大きなはさみ動作で跳ぶこと	・リズミカルな助走から真上に伸び上がるように踏み切り，はさみ跳びや背面跳びなどの空間動作で跳ぶこと ・背面跳びでは踏み切り前の3〜5歩で弧を描くように走り，体を内側に倒す姿勢を取るようにして踏み切りに移ること	・助走では，リズムを保ちながらスピードを高め踏み切りに移ること ・踏み切りでは，振り上げ脚の引き上げと両腕の引き上げをタイミングよく行うこと ・背面跳びでは，バーの上で上体を反らせるクリアーの姿勢をとった後，腹側に体を曲げて，背中でマットに着地すること

表6-4　技能の学習指導内容

種目	高校入学年次	高校入学年次の次の年次以降
三段跳び	・空間動作で上体を起こして，腕を振ってバランスをとること ・ステップ，ジャンプまでつながるようにホップを跳ぶこと ・空間動作からの流れの中で着地すること	・短い助走から，スピードを維持して踏み切りに移ること ・空間動作で，腕と脚を大きく動かしてバランスをとること ・空間動作からの流れの中で両脚を前に投げ出す着地動作をとること
砲丸投げ	・砲丸を投げ手の中指付け根あたりに乗せて保持し，首につけた姿勢をとること ・砲丸に効率よく力が伝わるようにまっすぐに突き出すこと ・25～35度程度の角度で砲丸を突き出すこと	・準備動作を用いる場合には，準備動作で得た勢いを投げの動作に移すこと ・足の地面への押しや上半身のひねり戻しを使って砲丸を突き出すこと
やり投げ	・柔らかくやりを握り，保持すること ・やりを後方に引いた姿勢でクロスステップを行い，投げの動作に移ること ・25～35度程度の角度でやりを投げること	・助走で得た勢いを投げの動作に移すこと ・投げの動作では，投げる側の腕を大きく振ること

表6-5　知識の学習指導内容

	中学校第1学年及び第2学年	中学校第3学年・高校入学年次	高校入学年次の次の年次以降
知識	・陸上競技の特性や成り立ち ・技術の名称や行い方 ・その運動に関連して高まる体力	・技術の名称や行い方 ・体力の高め方 ・運動観察の方法	・技術の名称や行い方 ・体力の高め方 ・運動観察の方法 ・競技会の仕方

などが位置付けられている。

2) 思考力，判断力，表現力等

　表6-6[2)3)4)]は，陸上競技系領域における思考力，判断力，表現力等の指導内容の一覧である。

　これを見ると，ここで指導する内容は，自己（や仲間）の課題を見つけること，課題解決に向けた取り組みを工夫すること，自己（や仲間）の考えたことを他者に伝えることなどが設定されている。授業では，自己や仲間の課題が明確になるような思考・判断・表現の場面をどのように設けるか，課題解決に向けた取り組みをどのように決定するか（あらかじめ教師がいくつかの解決方法を用意する，あるいは児童生徒自身が解決策を考えて決定するなど）について，効果的な教具や学習資料・カードを使用しながら児童生徒の学びを加速させることが大切になる。

3) 学びに向かう力，人間性等

　表6-7[2)3)4)]は学びに向かう力，人間性等の指導内容の一覧である。ここでは，積極的，自主的，主体的に運動に取り組むこと，公正さ，協力や責任，参画や共生，健康・安全について，運動を通して学ぶことが目指されている。特に安全な体育学習への配慮と行動は非常に重要なので，活動における安全確保は重視すべきである。

*5　『中学校解説』では，はさみ跳びについて「バーに対して斜め後方や正面から助走し，踏み切った後，振り上げ足から順にバーをまたいで越えるまたぎ跳びや，両足を交差させて大きく開き，上体を横に倒しながらバーを越える正面跳びなどの跳び方のこと」と説明されている[4)]。背面跳びは，踏み切り後，マットに背を向けるように体を回転させ，背中越しにバーを越える跳躍方法である。

表6-6 思考力，判断力，表現力等の学習指導内容

	小学校第5学年及び第6学年	中学校第1学年及び第2学年	中学校第3学年高校入学年次	高校入学年次の次の年次以降
例示	ア 自己やグループの能力に適した課題を見つけ，課題に応じた練習の場や段階を選ぶこと イ 自己の能力に適した競走（争）のルールや記録への挑戦の仕方を選ぶこと ウ 自己や仲間の動きの変化や伸びを見つけたり，考えたりしたことを他者に伝えること	・提示された動きのポイントやつまずきの事例を参考に，仲間の課題や出来映えを伝えること ・提供された練習方法から，自己の課題に応じて，動きの習得に適した練習方法を選ぶこと ・練習や競争する場面で，最善を尽くす，勝敗を受け入れるなどのよい取り組みを見つけ，理由を添えて他者に伝えること ・学習した安全上の留意点を，他の学習場面に当てはめ，仲間に伝えること ・体力や技能の程度，性別等の違いを踏まえて，仲間とともに楽しむための練習や競争を行う方法を見つけ，仲間に伝えること	・選択した運動について，合理的な動きと自己や仲間の動きを比較して，成果や改善すべきポイントとその理由を仲間に伝えること ・自己や仲間の技術的な課題やその課題解決に有効な練習方法の選択について，自己の考えを伝えること ・選択した運動に必要な準備運動や自己が取り組む補助運動を選ぶこと ・健康や安全を確保するために，体調や環境に応じた適切な練習方法等について振り返ること ・ルールを守り競争したり勝敗を受け入れたりする場面で，よりよいマナーや行為について，自己の活動を振り返ること ・体力や技能の程度，性別等の違いに配慮して，仲間とともに陸上競技を楽しむための活動の方法や修正の仕方を見つけること ・陸上競技の学習成果を踏まえて，自己に適した「する，みる，支える，知る」などの運動を継続して楽しむための関わり方を見つけること	・選択した運動種目について，自己や仲間の動きを分析してよい点や修正点を指摘すること ・課題解決の過程を踏まえて，自己や仲間の新たな課題を発見すること ・自己や仲間の課題を解決するための練習の計画を立てること ・練習や競技会の場面で，自己や仲間の危険を回避するための活動の仕方を提案すること ・練習や競技会の場面で，自己や仲間の活動を振り返り，よりよいルールやマナーについて提案すること ・体力や技能の程度，性別等の違いを超えて仲間とともに陸上競技を楽しむための調整の仕方を見つけること ・陸上競技の学習成果を踏まえて，自己に適した「する，みる，支える，知る」などの運動を生涯にわたって楽しむための関わり方を見つけること

表6-7 学びに向かう力，人間性等の学習指導内容

	小学校第5学年及び第6学年	中学校第1学年及び第2学年	中学校第3学年高校入学年次	高校入学年次の次の年次以降
例示	ア 短距離走・リレーやハードル走，走り幅跳びや走り高跳びに積極的に取り組むこと イ 短距離走やリレーなどの約束を守り，仲間と助け合うこと ウ 陸上運動をするときに用具の準備や片付け，計測や記録などで，分担された役割を果たすこと エ 短距離走やリレーなどの勝敗を受け入れること。 オ 課題を見つけたり，その解決方法を工夫したりする際に，仲間の考えや取り組みを認めること カ 短距離走の場の危険物を取り除いたり，走り高跳びの場を整備したりするとともに，用具の安全に気を配ること	・陸上競技の学習に積極的に取り組もうとすること ・勝敗などを認め，ルールやマナーを守ろうとすること ・用具等の準備や後片付け，記録などの分担した役割を果たそうとすること ・一人ひとりの違いに応じた課題や挑戦を認めようとすること ・健康・安全に留意すること	・陸上競技の学習に自主的に取り組もうとすること ・勝敗などを冷静に受け止め，ルールやマナーを大切にしようとすること ・仲間と互いに合意した役割について自己の責任を果たそうとすること ・一人ひとりの違いに応じた課題や挑戦を大切にしようとすること ・健康・安全を確保すること	・陸上競技の学習に主体的に取り組もうとすること ・勝敗などを冷静に受け止め，ルールやマナーを大切にしようとすること ・役割を積極的に引き受け自己の責任を果たそうとすること ・一人ひとりの違いに応じた課題や挑戦を大切にしようとすること ・危険の予測をしながら回避行動をとるなど，健康・安全を確保すること

◆ **話し合ってみよう**

　陸上競技の各種目のルールについて調べ，話し合ってみよう。

【参考資料】

日本陸上競技連盟公式サイト（https://jaaf.or.jp/guid/rule/）

中村敏雄，高橋健夫，寒川恒夫，友添秀則：21世紀スポーツ大事典，大修館書店，
　2015，pp.1285-1312

Q3：授業づくりでは何に気を付ければよいだろう（授業づくりの留意点）……………………………………………………………………………

1）授業づくりの基本的な考え方

　中学校・高等学校における陸上競技の授業では，中学校第1学年及び第2学年で「基本的な動きや効率のよい動きを身に付ける」技能を主として学習し，第3学年と高等学校では記録の向上や競争，及び自己や仲間の課題を解決するなどの多様な楽しさや喜びを味わうとともに，「各種目特有の技能を身に付ける」ことなどが目指される[2)3)]。

　ここでは，走・跳・投という既に習得している動きの「質を向上させること」が課題になる。そのためには生徒個人の意欲と取り組みが必要条件であることから，それらを喚起できる授業の流れや課題設定が授業づくりの要点となる[1)]。個々の技術を分析し，その習得のためのポイントを明らかにして課題解決を進める中で，全体としては技能向上や記録の向上といった統一的な方向性をもちながら，個々の生徒が意識する課題は細分化される，いわゆる「統一と分化の原理」に基づいた授業づくりの考え方が大切になる[1)]。

2）教材の例

①　動きの質を高めることを保障する場の設定～「見える化」「聞こえる化」

　陸上競技は，走・跳・投の動きを用いて，個々の動きを洗練化し，その質を高めていくことが楽しさの源泉となる。しかし生徒の動きの現状をみると，一定の動きは習得しているものの，からだ全体を素早く大きく動かせているか，思い切り，ダイナミックに，スムーズに動かせているかというと，「ぎこちない動きの子どもが増えている」といわれるように，子どもの動きの質の向上というところに課題があるように思われる。

　そこで，動きの質を高めることをねらって，目指す動きやポイントの「見える化」と「聞こえる化」の工夫が重要になる。

　例えばハードル走では，ハードリングの際の課題として，振り上げ脚がしっかりと振り上げられているか，抜き脚の膝がハードルにぶつからずに適切な高さでクリアランスできているかなどが課題としてあげられることが多いが，このようなとき，生徒は「あのあたりを越せばいいのかな」という自分なりのイメージで練習に取り組み始めることになる。何度か走ってみて，その都度，感覚を確かめるのだが，実際には，自身が考えているよりも高く，あるいは不適切に走り越し

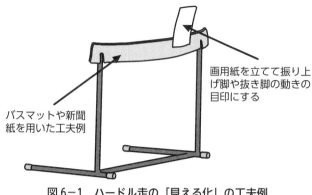

画用紙を立てて振り上げ脚や抜き脚の動きの目印にする

バスマットや新聞紙を用いた工夫例

図 6-1　ハードル走の「見える化」の工夫例

ていることも少なくない。そこで図 6-1のように，ハードル上に振り上げ脚の足部が通過するあたりと抜き脚の膝が通過するあたり（具体的には，ハードルの板の黒い帯の部分）にボール紙を貼り付けて，そこに足が当たるように練習するという，ポイントの「見える化」の工夫が考えられる。こうすると，生徒はハードルと自身の体の物理的な位置関係をより具体的に意識することが可能になる。

　また，走り高跳びの場面では，最後の 3歩のリズムを強調するために，例えば 7 歩助走の場合は，「イチ・ニ・サン・シ・レッツ・ゴー！」といったように，口伴奏で助走のリズムを生み出し，リズミカルで力強い踏み切りへとつなげていく動きの「聞こえる化」の工夫も効果的である。

　このような「見える化」「聞こえる化」の指導の工夫は，生徒の動きの習得を早めるとともに，そのリズムを少しずつ変えることで，よりダイナミックな（あるいはしなやかな）動作へとその質を変容させることができる。各種目でどのような工夫が考えられるか，アイデアを出し合い，整理する必要がある。

② チームで取り組む教材の適用～長距離走の教材例（パシュート・ラン）

　陸上競技は，基本的には個人的運動であるが，「個人運動の集団化」の考え方を取り入れて，チームで取り組む活動にすることも，生徒が楽しさを感じながら達成感を味わう上では必要な授業づくりの視点である。そこで，長距離走教材の 1つとして「パシュート・ラン」の教材を紹介する。

　一般的に長距離走の授業は，自己のペースを探り，そのペースを保ちながら記録達成を目指す授業展開が多い。しかし生徒の目線から考えると，そこでの活動は自分自身との闘いが授業中ずっと続くため，適切な課題達成により導かれなければ，学習意欲に差が出てくることもまた事実のようである。

　パシュート・ランは，チームで長距離走を行うことで学習意欲を喚起し，課題達成の喜びも仲間と共有できる，有効な教材の 1 つである。

<行い方（図 6-2 参照）>

・5～6 名を 1 グループとし，トラック上に設定されたスタートラインに並ぶ。スタート位置は，必ずしも全グループが同じ場所である必要はなく，トラックの四隅にそれぞれ数グループが分かれ，そこからスタートするのもよい。

・スタートの合図で，一定時間，グループが縦一列になってトラックを走る。走りながら，最前列の生徒が手を挙げて合図をしたら，最後尾の生徒が最前列まで走り上がる。

・ストップの合図があるまでこれを繰り返し，チームとしての目標距離を走り切れたら課題達成となる。

図6-2　パシュート・ランの場

＊課題をクリアして，目標距離よりも長く走れた場合は，その分だけ自分たち
　の走りの質が向上したことを実感することができる。

◆ **話し合ってみよう**
　陸上競技の指導における「見える化」「聞こえる化」の工夫の例を話し合って
　みよう。

2.　水　泳

Q1：水泳の楽しさや魅力は何だろう（運動の特性）

1）水泳の特性
　水泳は，運動領域の中で唯一水中という非日常の環境で行われる運動であり，
浮力や抵抗といった水の特性を理解し，その特性に応じた体の動かし方を中心に
学習する。
　水泳の"楽しさ"としては下記のようなものがあげられる。
　・水の冷たさや浮遊感といった心地よさ（感覚的）
　・できなかったことができるようになる楽しさ（克服的）
　・人と競い合う楽しさ（競争的）
　・記録（距離やタイム）を追い求める楽しさ（達成的）
　陸上と同じように水中を進もうとすれば，水の物理的な特性である抵抗や浮力
が邪魔をしてうまく進むことができない。しかし，浮力を利用して体を水平に保
ち，体を伸ばして抵抗を避ける姿勢をつくるとともに，手足の形や動かし方を工
夫して抵抗を利用して推進力を得ると，陸上よりも楽に進むことができるように
なる。その水中を進む感覚は陸上では味わえない"楽しさ"であり，こうした技能

を高める水泳特有の課題解決のプロセスも"楽しさ"である。こうした多様な"楽しさ"が水泳の魅力に直結しているといえるだろう。

高校解説[4]では，水泳領域の特性について次のように示している。

> 水泳は，クロール，平泳ぎ，背泳ぎ，バタフライなどから構成され，浮く，呼吸をする，進むなどの技能の組合せによって成立している運動で，それぞれの泳法を身に付け，続けて長く泳いだり，速く泳いだり，競い合ったりする楽しさや喜びを味わうことのできる運動である。

この記述から，近代泳法と呼ばれる 4 つの泳法が学ぶ内容の中心に据えられていることがわかる。しかし，生涯スポーツとしての水泳は，泳ぐだけにとどまらない。水中ウォーキングやアクアビクス[*6]など，水の抵抗や浮力を利用したトレーニングやリハビリテーションも普及している。学齢期に身に付けた水中運動の知識や泳力は，マリンスポーツをはじめとする水に関係する様々なスポーツの基礎となりうるし，水の特性を利用して呼吸を確保することができれば，いざというときのサバイバルテクニックとして活用するなど，水の事故を防止することにもつながる。保健体育科の方向目標は"生涯スポーツ"である。泳法を学びつつも，卒業後の豊かなスポーツライフを見据えて，高校の最終段階では多様な水泳活動が選択できるような，系統的かつ発展的な知識が身に付く学習を構想する必要があると考えられる。

*6　アクアビクス：水中で行うエアロビックダンス。有酸素トレーニングとして行う。

Q2：何を指導するのだろう（指導内容）

前述の楽しさや魅力を味わい，豊かなスポーツライフにつなげることが方向目標であることをおさえた上で，学習指導要領解説を紐解き，指導内容を確認してみよう。指導計画を立案するには，その前後の学習（前の学年・校種でどこまで学習し，何が身に付いているのか。そして，次の学年・校種で何をねらうのか）を確認することが重要であるため，小学校高学年の指導内容も適宜触れていく。

1）知識及び技能

2017（平成 29）年告示の学習指導要領より知識と技能が同一の項目で表記されることとなり，知識と技能をより一層関連させて指導することが求められるようになった。

① 知 識

中学校及び高等学校学習指導要領に示されている知識の内容で，中学校から高校まで統一的に記述されているのは「技術の名称や行い方」である。小学校で学ぶ知識にも「運動の行い方」が示されており，この内容は技能の内容に直接関連して系統的に指導することとなる。

また，「その運動に関連して高まる体力（中学校第 1・2 学年）」，「体力の高め方（中学校第 3 学年以降）」についても技能と密接に関連しているため，これらはセットで効果的に指導することになる。

●技能との関連で指導する知識

　「技術の名称や行い方」の内容は，中学校では各種目において用いられる技術の名称や，運動局面の名称と動きを高めるための技術的なポイント，すなわち各泳法に応じた手のかき（プル）・キック・呼吸動作を合わせた一連の動き（コンビネーション），背骨を軸とした肩の回転（ローリング）や進行方向に身体を伸ばして惰性で進む姿勢（グライド姿勢）などである。

　高校では，水泳の各種目や局面で用いられる技術に関する名称や用語（頭の前方で最初に水をとらえる「キャッチ」や，かいた腕を前に戻す「リカバリー」など），記録の向上につながる重要な動きのポイント（例えば，肘を高く保って腕全体で水をとらえるハイエルボーという技術など），それらを高めるための安全で合理的な練習の仕方（水泳の全習法や分習法[*7]など）について指導する。

　「関連して高まる体力」では，中学校ではそれぞれの種目で主として高まる体力要素が異なることを指導する。体力の高め方では，泳法と関連させた補助運動や部分練習を取り入れ，繰り返したり，継続して行ったりすることで，結果として体力を高めることができることを指導する。

　「体力の高め方」では，それぞれの種目に必要な体力を技能に関連させながら，高めることが重要であることを指導する。

*7　全習法は一連の動きをひとまとまり（コンビネーション）として学習する方法。分習法は，「プル」や「キック」など，動きを部分ごとに分けて学習する方法である。

●学習の土台となる知識

　4つの泳法を本格的に学び始める中学校第1・2学年では学習の土台となる「水泳の特性や成り立ち」を指導する。そして，中学校第3学年〜高校入学年次では，泳ぎの効率性を高める学習の中で「運動観察の方法」を，その次の年次以降では，「課題解決の方法」，「競技会の仕方」を指導する。このような知識は，技能学習と関連させながら系統的に指導することとなる（表6−8）。

　「水泳の特性や成り立ち」は，水泳の技術構造（浮く・呼吸をする・進む）や多様な楽しみ方，近代泳法への発展の歴史などを，「運動観察の方法」では，自己観察や他者観察などの具体的方法やその意義について指導する。「課題解決の方法」は，自己に応じた目標の設定，目標を達成するための課題の設定，課題解決のための練習法などの選択と実践，記録会などを通した学習成果の確認，新たな目標の設定といった過程を指導する。「競技会の仕方」は，リレーや複数の泳法で泳ぐ際のルール，競技会や記録会の仕方，運営の仕方や役割に応じた行動の仕方などを指導する。

表6−8　学習指導要領に示されている「知識及び技能（知識）」の指導内容の系統

	小学校第5学年及び第6学年	中学校第1学年及び第2学年	中学校第3学年高校入学年次	高校入学年次の次の年次以降
指導内容	運動の行い方	水泳の特性や成り立ち，技術の名称や行い方，その運動に関連して高まる体力	技術の名称や行い方，体力の高め方，運動観察の方法	技術の名称や行い方，体力の高め方，課題解決の方法，競技会の仕方

表6-9　学習指導要領に示されている「知識及び技能（技能）」の指導内容の系統

年次	泳法等	指導内容（技能）
小学校 （高学年）	クロール・平泳ぎ	手足の動きに呼吸を合わせて長く泳ぐこと
	安全確保につながる運動	背浮きや浮き沈みをしながら続けて長く浮くこと
中学校 第1・2学年	クロール	手と足の動き，呼吸のバランスをとり**速く泳ぐ**こと
	平泳ぎ	手と足の動き，呼吸のバランスをとり**長く泳ぐ**こと
	背泳ぎ・バタフライ	手と足の動き，呼吸のバランスをとり**泳ぐ**こと
中学校 第3学年・ 高校 入学年次	クロール・平泳ぎ	手と足の動き，呼吸のバランスを保ち，**安定したペースで長く泳いだり速く泳いだりすること**
	背泳ぎ・バタフライ	手と足の動き，呼吸のバランスを保ち，**安定したペースで泳ぐ**こと
	複数の泳法・リレー	複数の泳法で泳ぐこと，またはリレーをすること
高校 入学年次の 次の年次 以降	クロール・平泳ぎ	手と足の動き，呼吸のバランスを保ち，<u>伸びのある動作</u>と安定したペースで長く泳いだり速く泳いだりすること
	背泳ぎ・バタフライ	手と足の動き，呼吸のバランスを保ち，**安定したペースで長く泳いだり速く泳いだりすること**
	複数の泳法・リレー	複数の泳法で長く泳ぐこと，またはリレーをすること

（太字・下線筆者）

②　技　能

　表6-9は，学習指導要領に示されている「技能」の指導内容の系統である。

　小学校（高学年）では，クロール及び平泳ぎ，安全確保につながる運動（背浮きや浮き沈みなどで呼吸を確保しながら一定時間浮く）で，続けて泳ぐ（浮く）ことや記録を達成したりする楽しさや喜びを味わうことを目指している。

　中学校では記録の向上や競争の楽しさを求めつつ，1・2学年では，プル，キックの動作と呼吸のタイミングを合わせた一連の動き（コンビネーション）をしっかりと身に付ける中で，クロールでは"速く"，平泳ぎでは"長く"，新たに学ぶ背泳ぎとバタフライでは"泳法を身に付ける"ことを目指す。

　高校では，記録の向上や競争及び自己や仲間の課題を解決するなどの多様な楽しさを味わいつつ，入学年次では，中学校第3学年までに学習したことを確実に定着できるように，引き続き効率的に泳げるよう指導する。

　その次の年次以降では，中学校第3学年，高校入学年次の学習を受けて，自己に適した泳法の効率をさらに高めて泳ぐことを目指す。

●中学校で学ぶ技能

　学習指導要領には，クロールは"速く"，平泳ぎは"長く"泳ぐことが示されている。長く泳ぐためには，リラックスした大きなストロークで泳ぐこと，速く泳ぐためには，それに加えてテンポを上げて力強く泳ぐことなどが必要になる。しかし，速く泳ごうとしてテンポのみが速くなると空回りするような泳ぎになる。いずれにしても，体を水平に浮かせる基本姿勢を維持して，ゆっくりと大きなストロークを行い，水をとらえる感覚を大切にさせながら望ましい動きを指導していくとよいであろう。

　背泳ぎとバタフライは，中学校で初めて学ぶ泳法である。背泳ぎでは，まず小学校で学習した初歩的な泳ぎや安全確保につながる運動で身に付けた動き（ビー

ト板を使った背浮きやエレメンタリーバックストローク*8など）をもとに，大ま
かな動きの獲得を目指すとよい。

バタフライでは，体幹の動作とキックがベースになるので，壁につかまっての
キックや"気を付け姿勢"でのキックで体のうねりとキックのタイミングなどを指
導する。

第3学年では，これまで学習した泳法を効率的に泳げるようにする。泳ぎの効
率性を求めるには，流線型の姿勢を維持して抵抗を減らす，手・腕や足・脚で水
を効果的にとらえて推進力に変えるといった動きによって，1ストロークで進む
距離を伸ばす（学習指導要領では「伸びのある動作」と表現している）。こうした
学習によって，複数の泳法が安定したペースで泳げるようになれば，「複数の泳法
の組合せ（2〜4種目）」や「リレー」を取り入れ，記録（泳距離やタイム）の向上
や競争の楽しさが味わえるような学習が可能となる。

●高等学校で学ぶ技能

高校では，泳ぎの効率をさらに高めることが主な学習課題となる。泳ぎの効率
を高めるには，各泳法に応じた手や足の動きの局面ごとの要点をおさえる，その
動きを組み合わせた中でも抵抗の少ないフォームで泳ぎ，1回のストロークでよ
り大きな推進力を得られるようにする。速く泳ぐためには力強いプルとキックで
推進力を高めることも必要だが，全力で泳いでも，ただがむしゃらに手足を動か
すのではなく，学習した知識（水をとらえるプルとキックの動きと呼吸動作のタ
イミングなど）をしっかりとおさえ，水平姿勢を保ち，"伸びのある"大きな泳ぎを
崩さないようにして泳ぎのテンポを上げる必要がある。このような練習をするこ
とで，どのような速さの泳ぎでも安定したペースで泳げることを目指す。

「複数の泳法」は，中学校と同様，競泳の正式種目である「個人メドレー*9」
にこだわらず，できる泳ぎを2から4種目の組合わせ，さらに種目の数を増やし
たり，泳ぐ距離を長くしたりして楽しめるようにする。

「リレー」は個人種目といわれる競泳の団体競技であり，チームで協力する楽
しさが味わえる。

競泳の正式種目である「フリー（自由形）リレー」や「メドレーリレー*10」に
こだわらず，共生の視点を大切にして，個々の技能レベルに合わせて，様々な泳
法の組合せを工夫する。

こうした学習を通して，固定化しやすい水泳の楽しさの幅を広げたい。

「スタート」や「ターン」も泳法との関連で学習することになっているが，安
全面に留意する必要があり，こちらはQ3で後述（授業づくりの留意点）する。

2) 思考力，判断力，表現力等

学習指導要領を紐解くと，この項目での指導の要点は「課題発見」，「解決に向
けた取り組み方の工夫」，「表現」の3つである。課題発見については，生涯スポー
ツにつなげる最終段階であることから「自己→自己や仲間」，「泳法などの→生涯
にわたって運動を豊かに継続するための」と表現を変えている。解決に向けた取
り組み方の工夫については「合理的→合理的，計画的」，表現については「自己の

*8 エレメンタリー
バックストローク：背浮
きの姿勢で手をひらひら
と動かし，脚は平泳ぎの
キックやばた足を行う初
歩の背泳ぎ。蝶々泳ぎと
も呼ばれる。

*9 個人メドレー：1人
でバタフライ—背泳ぎ—
平泳ぎ—自由形の順で泳
ぐ競泳種目。

*10 メドレーリレー：
背泳ぎ—平泳ぎ—バタフ
ライ—自由形の順で泳ぐ
リレー種目。

表6-10 学習指導要領に示されている「思考力, 判断力, 表現力等」の指導内容の系統

	小学校第5学年及び第6学年	中学校第1学年及び第2学年	中学校第3学年高校入学年次	高校入学年次の次の年次以降
指導内容	自己の能力に適した課題の解決の仕方や記録への挑戦の仕方を工夫するとともに, 自己や仲間の考えたことを他者に伝えること	泳法などの自己の課題を発見し, **合理的な**解決に向けて運動の取り組み方を工夫するとともに, **自己の考え**たことを他者に伝えること	泳法などの**自己や仲間の課**題を発見し, **合理的な解決**に向けて運動の取り組み方を工夫するとともに, **自己の考え**たことを他者に伝えること	生涯にわたって運動を豊かに継続するための自己や仲間の課題を発見し, **合理的, 計画的な**解決に向けて取り組み方を工夫するとともに, **自己や仲間の考えたことを**他者に伝えること

（太字・下線筆者）

表6-11 学習指導要領に示されている「学びに向かう力, 人間性等」の指導内容の系統

	小学校第5学年及び第6学年	中学校第1学年及び第2学年	中学校第3学年高校入学年次	高校入学年次の次の年次以降
指導内容	運動に積極的に取り組み, 約束を守り, 助け合って運動をしたり, 仲間の考えや取り組みを認めたり, 水泳運動の心得を守って安全に気を配ったりすること	水泳に**積極的**に取り組むとともに, 勝敗などを**認め,** ルールやマナーを**守ろうと**すること, **分担した役割**を果たそうとすること, 一人ひとりの違いに応じた課題や挑戦を**認めようとするこ**となどや, 水泳の事故防止に関する心得を遵守するなど健康・安全に**気を配る**こと	水泳に**自主的**に取り組むとともに, 勝敗などを**冷静に受け止め,** ルールやマナーを**大切にしようとする**こと, **自己の責任**を果たそうとすること, 一人ひとりの違いに応じた課題や挑戦を**大切にしようとする**ことなどや, 水泳の事故防止に関する心得を遵守するなど健康・安全を**確保すること**	水泳に**主体的**に取り組むとともに, 勝敗などを**冷静に受け止め,** ルールやマナーを**大切にしようとする**こと, **役割を積極的に引き受け自己の責任**を果たそうとすること, 一人ひとりの違いに応じた課題や挑戦を**大切にしようとする**ことなどや, 水泳の事故防止に関する心得を遵守するなど健康・安全を**確保すること**

（太字著者）

考えたこと→自己や仲間の考えたこと」とそれぞれ高まりを表現している。これらの高まりは, 発達・学習段階はもとより, 中学校から高校での学習が, 各泳法を高める学習から, 生涯スポーツとしての関わり方を学ぶ系統になっていることを示している。

中学校で指導する場合は小学校からの系統も確認しておきたい（表6-10）。

3) 学びに向かう力, 人間性等

学習指導要領には, 学ぶ要素として,「学習への取り組み」,「勝敗」,「ルール・マナー」,「責任」,「共生（一人ひとりの違いに応じた課題や挑戦）」,「健康・安全（心得の遵守）」が示されている。学習の取り組みでは「積極的に→自主的に→主体的に」, 勝敗などは「認める→冷静に受け止める」, ルールやマナーは「守る→大切にする」, 責任は「分担した役割を果たす→自己の責任を果たす→役割を積極的に引き受け自己の責任を果たす」, 共生は「認める→大切にする」, 健康・安全は「気を配る→確保する」, というように2年または4年スパンで表現を変え, 高まりを表現している（表6-11）。このことは, その学年の学習の状況や発達の段階に応じて系統的に指導することを意味している。

こうした態度面の学習を意欲的かつ効果的に行うために, 単元のまとめの段階で記録会や競技会[*11]などを計画するとよい。中学校では配当可能な時間から簡易な記録会程度のものでよいであろう。

*11 記録, 順位を求める個人戦はもとより, 種目の順位に得点を付けて行う, チーム対抗戦もある。

◆ 話し合ってみよう

これまで自分が受けてきた水泳の授業は，どのように行われていただろうか。

Q3：授業づくりでは何に気を付ければよいだろう（授業づくりの留意点）

　これまで受けてきた水泳の授業を振り返ってみよう。水泳の能力が高まる楽しい授業であったという人もいれば，苦手意識があり，水泳の時間になると憂鬱になったという人もいるのではないだろうか。前で述べたように，水泳には学ぶ意義や魅力があり，海に囲まれ，河川の多い国土に住む日本人にとって，"身を守る"という意味でも大切な領域である。では，どのような授業を行えばよりよい授業を展開できるだろうか。以下に，授業づくり留意点をいくつかあげる。

1）特性の体験重視と学習機会

　地域・学校によっては，適切な水泳場の確保が困難などの理由で水泳の授業を実施していないところもある。しかし，学習の系統性，安全確保，学習保障，生涯スポーツにつなげる観点からも，地域の水泳場等を利用したり，夏季の集中授業を実施するなどして可能な限り実施したい。実施できない場合，事故防止に関する心得は必ず取り上げることになっているが，安全に関する知識も体験がなければ活用可能な知識となりづらい。

　非日常である水中では浮力が生じるため，体勢を安定させるのが難しい上，自分の体の状態を認識するのは容易ではない。しかし，水中における自己の体との対話（筋感覚や皮膚感覚など）を通して，筋肉の緊張や弛緩をうまくコントロールできるようになる。すなわち体験，しかも継続的・系統的な体験が重要なのである。体験によって知識を使えるものとするとともに，水泳に対する価値観を高め，豊かなスポーツライフにつなげられるよう，水泳の授業をぜひ実施したいものである。

2）安全面への配慮

　水泳はけが等が少ない領域であるが，ひとたび事故が起こると生命に危険が及ぶ可能性があり，安全指導・安全管理が大変重要になる。

環境管理

　□コースロープ，5m フラッグ*12，ビート板など，使用する用具等に欠陥がないか

　□更衣室，シャワー，プールサイド等に危険な箇所はないか

　□気温，水温，日照，風力，水質（残留塩素濃度・pH 値*13）は活動に適しているか

　□水中・水底に異物等はないか，濁度（水の濁りの程度）は適切か

人的管理

　□生徒及び指導者の体調は水泳に適しているか

---

*12　5m フラッグ：プール両端から 5m のラインに合わせて旗を設置し，背泳ぎのゴールタッチやターンの目安にする。

*13　水泳プールに係る学校環境衛生基準では，遊離残留塩素 0.4mg/L 以上 1.0mg/L 以下であることが望ましいとされている。pH 値は 5.8 以上 8.6 以下であることとされている。

> □入水者，見学者，欠席者の人数は正確に把握されているか

　上記は最低限必要な日常点検であり，指導前に万全な体制を整えておく必要がある。さらに，各校においては，万が一の事故発生に備えて，緊急時のマニュアルを作成し，共通理解を図っておくことも大切である。

　生涯スポーツの観点から，これらの項目は可能な範囲で生徒自身にも学習（確認）させるとよい。

　また，指導中の安全については次のような内容が重要項目としてあげられる。

□活動のルールを決め，そのルールをしっかりと守るよう，導入段階で丁寧に指導する

□指導の前，中，後は確実に人数確認，健康観察を行う（バディシステムの活用）

□適する水深で指導する（プールの底の傾斜，プールフロア*14等の利用）

□活動場所を限定し，生徒全員を視野に入れて指導する
　（指導者の連携による死角のカバーや，専従監視者の配置）

□泳法指導の場面では，泳ぐ方向や順序や間隔などを工夫する

□水中からのスタートを原則とし，段階的な指導*15は条件が全て整ってから実施する（高等学校入学年次までは水中からのスタートを指導する）

---

*14　プールフロア：水深を調節する台。プール内に沈めて使用する。

*15　段階的な指導：「水中から」，「プールサイドで座位から」，「プールサイドでしゃがんだ姿勢や立て膝から」，「プールサイドで中腰から」など，生徒の体力や技能の程度に応じて段階的に発展させる指導[4]。

　泳法指導の場面では，背泳ぎのターンやタッチの際に頭頂部を強打する可能性がある。5mフラッグを確実に設置し，壁までの距離感をつかむ学習や，ストロークの動きに合わせて頭部を動かし，壁までの距離を目視する方法を身に付けたりする学習が必須である。

　スタートについては，安全確保の面から水中からのスタートを指導することになっているが，高校入学年次の次の年次以降では安全を十分に確保した上で，学校や生徒の実態に応じて段階的指導を行うことできるとされている。これを実施するかどうかの判断は，水深やプールサイド等の環境面，指導する教員に段階的な指導方法や補助方法などの知識と実践能力が十分にあるか，生徒のレディネス（体力・運動能力の程度や学習段階）が十分かなどを確認する必要があり，これらが整っていない場合は行うべきではない。

　また，指導に当たって"寒さ"にも留意したい。水は空気よりはるかに熱伝導率が高く，待ち時間が長くなると，学習に従事する時間が少なくなるだけでなく体温が奪われ，意欲低下はもちろん体調不良に陥ることもある。気温・水温低下の際は入水時間や活動内容に十分配慮するとともに，時には入水しないという選択肢も必要となる。

3）技能の評価の指標

　泳げる距離やタイムなどの量的な成果に目が行きがちだが，目標に準拠した評価では"質的な評価"が原則である。目標を具体化し，評価規準を動きの質で示す

ことにより，指導内容が明確になり，生徒の目標に対する実現状況の把握が可能
になる。生徒が行う自己評価や相互評価は学習活動であり，教員が行う評価活動
ではないが，生徒が自身のよい点や可能性に気付くことを通じ，主体的に学ぶ意
欲を高めること等，学習のあり方を改善していくことに役立つことから積極的に
取り入れたい。生徒自身が効率的な泳ぎを分析する指標として有効なのは，視覚
的な動作（プル・キック・呼吸とこれらのリズム，タイミング）はもとより，泳
距離，泳時間，ストローク数，自覚的な運動強度[*16]，心拍数などである。これらは
量的なものだが，生徒自身が自分の成果を個人内評価という形で確かめるには大
切な指標となる。

4) 学習効果を高める工夫

　泳ぎが身に付いた状態とはどのような状態であろうか。考えなくとも自然に体
が動くようになった状態（自動化の段階）と捉えるならば，そのような段階に到
達するには正しい動きで何度も繰り返す必要がある。反復を数多く行うために
は，待ち時間の少ない効率的な学習を行う必要がある。泳ぎは比較的単純な動作
の繰り返しであるため，習得段階で間違った動きを身に付けてしまうと修正が困
難になる。これまでの学習で間違った動きが身に付いてしまっている場合には，
正しい動きを学び，それをある程度繰り返して修正する必要がある。

　指導形態等の工夫も重要である。バディ（2人組）やトリオ（3人組）などのグ
ループ学習は，安全確保，生徒同士の相互作用の促進といった意味で有効である。
グルーピングの方法は，学習内容やねらいによってうまく使い分ける必要がある。
技能レベルが同質のグループでは，同課題の練習ができるため，効率的な指導を
展開しやすい反面，それぞれのグループごとに指導が必要になる。一方，異質（異
能力）のグループでは，生徒同士の教え合い・学び合いを促すことで，生徒同士
の関わり合いを通して，課題解決に向けた学習を行うことができる。

◆ **話し合ってみよう**
　水が怖く苦手意識が強い生徒がいたらどのような手立てが有効だろうか。

---

5) 水に対する恐怖心を取り除く

　水泳は，経験による能力差が生じやすい領域であり，小学校の頃から4泳法が
上手に泳げる生徒もいれば，中高生になっても顔を水につけることすら嫌がる生
徒もいる。その理由としては，小学校までの水泳経験（学校の授業，スイミング
スクールなど）も考えられるが，溺れた経験がトラウマになっている生徒もいる
かもしれない。こうした状況への配慮として考えられることをあげてみたい。

　学習初期の段階で生徒の能力差を見極め，その差を埋める復習的な時間は重要
である。特に，苦手意識をもっている生徒には，まず十分水に慣れ，水泳の楽し
さや学ぶ価値を認識させることが大切である。水に対する恐怖心が残っている
と，不安感や不快感を生じやすく，心身が過度に緊張してしまい，うまく動く
ことができない。伏し浮きや背浮きで頭部が上がり，脚が沈んでうまく浮けない生

*16　自覚的運動強度
（RPE）：運動時の主観的
な負担の度合いを数値で
示したもので，Borg
Scale がよく利用される
（数字を10倍すると心拍
数にほぼ当てはまる）。

徒は，水に対する恐怖心や顔に水がかかることへの嫌悪感が残っていることが多い。こうした場合には，導入段階で"水の中は楽しい！"と思えるようなゲーム的な要素のある活動の中で，自然に顔に水がかかるなどの工夫をしたり，様々な浮き方やけ伸びなどの学習を復習的に行うなど，より細やかなスモールステップが必要である。

　恐怖心を取り除く要点に，呼吸法の習得がある。"水中では呼吸ができない"，"鼻に水が入ると激痛が走る"ということは嫌悪感をもつ要因となる。水泳では口での呼吸が中心となること，息を吸う前にしっかり吐かないと呼吸ができないことなど，日頃の生活で行っている呼吸とは異なる呼吸法をしっかりと身に付ける（考えずにできるようになる）ことが安心感につながる。

6）水泳に直接関連しない部分の配慮

　思春期の時期は，急激な心身の成長に伴い，これまでできていた運動がうまくできなくなったり，水着になって泳ぐということに抵抗感を覚えたりする時期であることから，必ずしも小学校のときのように多くの生徒が楽しみにしているというわけではなくなる。

　したがって，活動内容によってはバディの性別に配慮したり，指定水着を生徒が恥ずかしいと感じないものにするといった，きめ細やかな配慮が大切になる。

　また，性別や障害の有無など様々な違いを超えて水泳を楽しむことは生涯スポーツの大切な理念であり，学習指導要領でも重視されている視点である。各種泳法の習得が身体的に困難な生徒には，泳法にこだわらず補助具の利用を認めたり，個々ができる技能や泳力を生かして競い合えるようなルールを工夫したりするといった配慮も必要になる。

引用・参考文献

1) 岩田靖（中村敏雄，高橋健夫，寒川恒夫，友添秀則　編集主幹）：21世紀スポーツ大事典　陸上運動（陸上競技）．大修館書店，2015，p.538
2) 文部科学省：小学校学習指導要領（平成29年告示）解説　体育編．東洋館出版社，2018
3) 文部科学省：中学校学習指導要領（平成29年告示）解説　保健体育編．東山書房，2018
4) 文部科学省：高等学校学習指導要領（平成30年告示）解説　保健体育編　体育編，東山書房，2019
5) 日本陸上競技連盟：中学校部活動における陸上競技指導の手引き．日本陸上競技連盟，2018
　https://www.jaaf.or.jp/development/jhs（2021.2.15 参照）
・日本体育学会：最新スポーツ科学事典．平凡社，2006，pp.837-839
・文部科学省：学校体育実技指導資料第4集　水泳指導の手引（三訂版）．アイフィス，2014
　https://www.mext.go.jp/a_menu/sports/jyujitsu/1348589.htm（2021.3.15 参照）
・日本学校保健会：学校における水泳プールの保健衛生管理．日本学校保健会，2017
　https://www.gakkohoken.jp/books/archives/202（2021.3.15 参照）
・2019年度体育保健体育指導力向上研修指導要項．スポーツ庁，2019

領域の内容と指導3

1. 球　技

Q1：球技って，何を指導するのだろう（指導内容）……………………

1）3つの指導内容及び内容の取り扱い（小・中・高の系統性）

　球技系領域は，小学校ではボール運動系として低・中学年では「ゲーム」，高学年では「ボール運動」で構成され，中学校及び高等学校では「球技」で構成されている。学習指導要領では系統性を踏まえて，小学校低学年では「ボールゲーム」と「鬼遊び」に分類され，小学校中学年から高等学校では，ゴール型，ネット型，ベースボール型の3つの型に分類される。これは，児童生徒が生涯にわたって様々なスポーツに触れることを想定し，攻守の特徴を踏まえた「型」に分類することで，それぞれに共通する動きや技能を系統的に身に付ける視点から整理されたためである[1]。

　加えて，2017（平成29）年，2018（平成30）年に改訂された学習指導要領では，「知識及び技能」「思考力，判断力，表現力等」「学びに向かう力，人間性等」の3つの資質・能力をバランスよく身に付けることが求められている[2][3][4]。以下では，この3つの観点から球技領域の内容を整理する。

2）知識及び技能の系統性

　表7−1は，2017（平成29）年，2018（平成30）年に改訂された小学校から高等学校までの学習指導要領解説（体育編，保健体育編）に示されているボール運動・球技における「知識及び技能」の内容である。この改訂により，これまでの「技能」の指導内容が「知識及び技能」で示され，知識と技能をより一層関連させて学習することが求められている。また，技能の内容は「ボール操作」と「ボールを持たないときの動き」で構成されている。

　中学校では，発達の段階を考慮して，第1学年及び第2学年と第3学年に分けて内容が示されている。第1学年及び第2学年では，小学校までの簡易化されたゲームでの学習の取り組みを踏まえ，「基本的な技能や仲間と連携した動きを発展させて，作戦に応じた技能で仲間と連携したゲームが展開できるようにすること」が求められている。また，中学校では知識の内容がより具体化され，球技の特性や成り立ち，技術の名称や行い方，その運動に関連して高まる体力，試合の行い方を理解することが求められている[3]。

　高等学校の入学年次では，中学校までの学習を踏まえ，「勝敗を競ったりチームや自己の課題を解決したりして，『作戦や状況に応じた技能で仲間と連携しゲームを展開する』こと」が求められている。その次の年次以降では，知識の内容として新たに競技会の仕方の理解，運動を継続するための方法の理解が求められている[4]。

表7−1　小学校から高等学校までの「知識及び技能」の指導内容

学校種	小学校			中学校		高等学校	
学年	第1・2学年	第3・4学年	第5・6学年	第1・2学年	第3学年	入学年次	次の年次以降
知識（下線は知識の内容部分）	次の運動遊びの楽しさに触れ，その行い方を知るとともに，易しいゲームをすること	次の運動の楽しさや喜びに触れ，その行い方を知るとともに，易しいゲームをすること	次の運動の楽しさや喜びを味わい，その行い方を理解するとともに，その技能を身に付け，簡易化されたゲームをすること	次の運動について，勝敗を競う楽しさや喜びを味わい，球技の特性や成り立ち，技術の名称や行い方，その運動に関連して高まる体力などを理解するとともに，基本的な技能や仲間と連携した動きでゲームを展開すること	次の運動について，勝敗を競う楽しさや喜びを味わい，技術の名称や行い方，体力の高め方，運動観察の方法などを理解するとともに，作戦に応じた技能で仲間と連携しゲームを展開すること	次の運動について，勝敗を競う楽しさや喜びを味わい，技術の名称や行い方，体力の高め方，運動観察の方法などを理解するとともに，作戦に応じた技能で仲間と連携しゲームを展開すること	次の運動について，勝敗を競ったりチームや自己の課題を解決したりするなどの多様な楽しさや喜びを味わい，技術などの名称や行い方，体力の高め方，課題解決の方法，競技会の仕方などを理解するとともに，作戦や状況に応じた技能で仲間と連携しゲームを展開すること
ゴール型	ボールゲームでは，簡単なボール操作と攻めや守りの動きによって，易しいゲームをすること	基本的なボール操作とボールを持たないときの動きによって，易しいゲームをすること	ボール操作とボールを持たないときの動きによって，簡易化されたゲームをすること	ボール操作と空間に走り込むなどの動きによってゴール前の攻防をすること	安定したボール操作と空間を作りだすなどの動きによってゴール前への侵入などから攻防をすること	安定したボール操作と空間を作りだすなどの動きによってゴール前への侵入などから攻防をすること	状況に応じたボール操作と空間を埋めるなどの動きによって空間への侵入などから攻防をすること
ネット型	鬼遊びでは，一定の区域で，逃げる，追いかける，陣地を取り合うなどをすること	基本的なボール操作とボールを操作できる位置に体を移動する動きによって，易しいゲームをすること	個人やチームによる攻撃と守備によって，簡易化されたゲームをすること	ボールや用具の操作と定位置に戻るなどの動きによって空いた場所をめぐる攻防をすること	役割に応じたボール操作や安定した用具の操作と連携した動きによって空いた場所をめぐる攻防をすること	役割に応じたボール操作や安定した用具の操作と連携した動きによって空いた場所をめぐる攻防をすること	状況に応じたボール操作や安定した用具の操作と連携した動きによって空間を作りだすなどの攻防をすること
ベースボール型		蹴る，打つ，捕る，投げるなどのボール操作と得点をとったり防いだりする動きによって，易しいゲームをすること	ボールを打つ攻撃と隊形をとった守備によって，簡易化されたゲームをすること	基本的なバット操作と走塁での攻撃，ボール操作と定位置での守備などによって攻防をすること	安定したバット操作と走塁での攻撃，ボール操作と連携した守備などによって攻防をすること	安定したバット操作と走塁での攻撃，ボール操作と連携した守備などによって攻防をすること	状況に応じたバット操作と走塁での攻撃，安定したボール操作と状況に応じた守備などによって攻防をすること

（下線筆者）

3）思考力，判断力，表現力等の系統性

　　表7−2は「思考力，判断力，表現力等」の系統性であり，子どもたちが決める規則や攻め方を選んだりする課題解決に向けた取り組み方の工夫とともに，自分や仲間の考えたことを他者に伝えることが指導内容として明記されている。な

表7−2　ボール運動・球技領域の「思考力，判断力，表現力等」の内容

学校種	小学校			中学校		高等学校	
学　年	第1・2学年	第3・4学年	第5・6学年	第1・2学年	第3学年	入学年次	次の年次以降
思考力，判断力，表現力等	簡単な規則を工夫したり，攻め方を選んだりするとともに，考えたことを友だちに伝えること	規則を工夫したり，ゲームの型に応じた簡単な作戦を選んだりするとともに，考えたことを友だちに伝えること	ルールを工夫したり，自己やチームの特徴に応じた作戦を選んだりするとともに，自己や仲間のの考えたことを他者に伝えること	攻防などの自己の課題を発見し，合理的な解決に向けて工夫するとともに，自己や仲間の考えを他者に伝えること	攻防などの自己やチームの課題を発見し，合理的な解決に向けて運動の取り組み方を工夫するとともに，自己や仲間の考えたことを他者に伝えること	攻防などの自己やチームの課題を発見し，合理的な解決に向けて運動の取り組み方を工夫するとともに，自己や仲間の考えたことを他者に伝えること	生涯にわたって運動を豊かに継続するためのチームや自己の課題を発見し，合理的，計画的な解決に向けて取り組み方を工夫するとともに，自己やチームの考えたことを他者に伝えること

表7−3　ボール運動・球技領域の「学びに向かう力，人間性等」の内容

学校種	小学校			中学校		高等学校	
学　年	第1・2学年	第3・4学年	第5・6学年	第1・2学年	第3学年	入学年次	次の年次以降
学びに向かう力，人間性等	運動遊びに進んで取り組み，規則を守り誰とでも仲よく運動したり，勝敗を受け入れたり，場や用具の安全に気を付けたりすること	運動に進んで取り組み，規則を守り誰とでも仲よく運動をしたり，勝敗を受け入れたり，友だちの考えを認めたり，場や用具の安全に気を付けたりすること	運動に積極的に取り組み，ルールを守り助け合って運動をしたり，勝敗を受け入れたり，仲間の考えや取り組みを認めたり，場や用具の安全に気を配ったりすること	球技に積極的に取り組むとともに，フェアなプレイを守ろうとすること，作戦などについての話合いに参加しようとすること，一人ひとりの違いに応じたプレイなどを認めようとすること，仲間の学習を援助しようとすることなどや，健康・安全に気を配ること	球技に自主的に取り組むとともに，フェアなプレイを大切にしようとすること，作戦などについての話合いに貢献しようとすること，一人ひとりの違いに応じたプレイなどを大切にしようとすること，互いに助け合い教え合おうとすることなどや，健康・安全を確保すること	球技に自主的に取り組むとともに，フェアなプレイを大切にしようとすること，作戦などについての話合いに貢献しようとすること，一人ひとりの違いに応じたプレイなどを大切にしようとすること，互いに助け合い教え合おうとすることなどや，健康・安全を確保すること	球技に主体的に取り組むとともに，フェアなプレイを大切にしようとすること，一人ひとりの違いに応じたプレイなどを大切にしようとすること，互いに助け合い高め合おうとすることなどや，健康・安全を確保すること

お，2017（平成29）年，2018（平成30）年改訂の学習指導要領では，「考えたことを他者に伝える」といった表現力が求められている。

4）学びに向かう力，人間性等の系統性

　表7−3は「学びに向かう力，人間性等」の系統性であり，生涯にわたる豊かなスポーツライフの実現に向けた体育学習に関わる態度に対応した，意欲，公正，協力，責任，参画，共生及び健康・安全の具体的な指導内容が示されている。なお，2017（平成29）年，2018（平成30）年改訂の学習指導要領では，スポーツとの多様な関わり方を楽しむことができるようにする観点から，体力や技能の程度，性別や障害の有無等にかかわらず，運動やスポーツの多様な楽しみ方を共有する

表7-4 ボール運動・球技領域で示されている例示並びに主として扱う素材

学校種	小学校			中学校	高等学校
学　年	第1・2学年	第3・4学年	第5・6学年	第1・2学年	入学年次
ゴール型	ボールゲーム的当てゲーム，シュートゲーム，相手コートにボールを投げ入れるゲーム，攻めがボールを手などで打ったり蹴ったりして行うゲーム	攻守が入り混じるゲーム ハンドボール，ポートボール，ラインサッカー，ミニサッカーをもとにした易しいゲーム 陣取りゲーム タグラグビー，フラッグフットボールなどをもとにした易しいゲーム	攻守が入り混じるゲーム バスケットボール，サッカー，ハンドボールをもとにした簡易化されたゲーム 陣取りゲーム タグラグビーやフラッグフットボールをもとにした簡易化されたゲーム	バスケットボール，ハンドボール，サッカー	バスケットボール，ハンドボール，サッカー，ラグビー
ネット型		ソフトバレーボール，プレルボール，バドミントンやテニスをもとにした易しいゲーム，天大中小など子どもの遊びをもとにした易しいゲーム	連携プレイ型ゲーム ソフトバレーボールやプレルボールをもとにした簡易化されたゲーム 攻守一体型ゲーム バドミントン，テニスをもとにした簡易化されたゲーム	バレーボール，卓球，テニス，バドミントン	バレーボール，卓球，テニス，バドミントン
ベースボール型	鬼遊び 一人鬼，手つなぎ鬼，子増やし鬼，宝取り鬼，ボール運び鬼	攻める側がボールを蹴って行う易しいゲーム，手や用具を使って打ったり，静止したボールを打ったりして行う易しいゲーム	ソフトボール，ティーボールをもとに簡易化されたゲーム	ソフトボール	ソフトボール

ことができるように，「友だちの考えを認める」などといった「共生」の視点が新たに明記されている[4]。

5) 内容の取り扱い

　表7-4は，2017（平成29）年，2018（平成30）年改訂の学習指導要領に示されている小学校から高等学校までの内容の取扱いである。小学校では低学年（1, 2学年），中学年（3, 4学年），高学年（5, 6学年）の2学年ごとに内容が示されている。低学年ではゲームの中で競い合う楽しさに触れるようにする運動遊びを取り扱う。また，技能面では型を超えて幅広くボール運動系の技能の基礎を培うことが求められている。中学年では，型に応じたゲームの導入期として基本的なボール操作とボールを持たないときの動きによって「易しいゲーム」をすることとされている。高学年では，ルールや教具を工夫し学習課題を追求しやすくした「簡易化されたゲーム」をすることとされている。また，高学年では，ゴール型はバスケットボール及びサッカーを，ネット型はソフトバレーボールを，ベースボール型はソフトボールを主として取り扱うものとするが，これらに替えてハンドボール，タグラグビー，フラッグフットボールなど型に応じたその他のボール運動を指導することもできるとされている[2]。

　中学校では，第1, 2学年のうちに，3つの型全てを履修できるようにし，第3学年では，自己に適した2つの型を選択させることとされている。なお，学校や地域の実態に応じて，タグラグビーなどの運動については各運動種目に加えて履修させることとされている[3]。

　高等学校では入学年次において3つの型から2つの型を，その次の年次以降において，1つの型を選択して履修できるようにすることとされている。その際，

指導内容の習熟を図ることができるよう十分な時間を配当し，その他の型や運動を加えたり替えたりして履修できることとされている[4]。

Q2：球技の楽しさや魅力は何だろう（運動の特性） ⋯⋯⋯⋯⋯⋯⋯⋯

　球技の楽しさや魅力は，対戦相手と得点を競い合うところにあり，加えて，それぞれの型に共通する楽しさや魅力がある。ここでは，型に共通した特性と楽しさについて整理する[5]。

1) ゴール型の特性と楽しさ

　ゴール型はドリブルやパスなどのボール操作で相手コートに侵入しシュートをすること，一定時間内に相手チームより多くの得点を競い合うことに楽しさや喜びを味わうことのできる運動である。ゴール型は固定されたゴールにシュートをするシュート型と，一定の範囲内にボールを運んでゴールとする陣取り型に分類でき[6]，ドリブルやパスなどの個人技能と，チーム内で協力し合って攻撃や守備を行うなどの集団的技能からなる運動である。2つのチームがコート内で入り混じりながらゲームを展開するため，ボールをコントロールすることや，相手や味方の動きを把握し，それらに対応した素早い身のこなしが必要となるため，巧緻性，敏捷性，瞬発力，全身持久力を高めることのできる運動である。

2) ネット型の特性と楽しさ

　ネット型はコート上でネットをはさみ相対し，体や用具を操作してボールを空いている場所に返球すること，一定の得点に早く到達することを競い合うことに楽しさや喜びを味わうことのできる運動である。1回の触球で返球する攻守一体型と，自チーム内で守備から攻撃へとつなぐ連携プレイ型に分類でき[7]，サービスやパス，アタック，ストローク，スマッシュなどの個人技能と，チームによる作戦や練習，連携プレイなどの集団技能からなる運動で，相手の打球に応じた動きが必要とされるため，敏捷性や巧緻性，瞬発力などを高めることができる。

3) ベースボール型の特性と楽しさ

　ベースボール型は，集団対集団の攻防から得点を競い合うところに楽しさや喜びを味わうことのできる運動である。また，ボールを投げる，打つ，捕るなどのボールや用具の操作，塁間を走るなどの個人技能と，チームによる作戦や守備などの集団的技能からなる運動である。ボールや用具を操作して攻守を展開する動きを通して，瞬発力，敏捷性，巧緻性を高めることができる運動である。

Q3：球技の授業づくりの留意点とは ⋯⋯⋯⋯⋯⋯⋯⋯⋯⋯⋯⋯⋯⋯

　中学校，高等学校における授業づくりでは，これまでの学習経験を踏まえて生徒が基本的な技能や仲間と連携した動きを発展させて，作戦に応じた技能で仲間と連携しゲームが展開できるようにすることが求められる[2]。また，球技の授業では，学習させたい内容を明確にし，その内容を習得しやすいようにプレイヤーの人数やコート，用いる用具等を子どもの発達段階の視点から修正する工夫されたゲームを取り入れることが大切である[8] [*1]。以下では，球技における授業づく

＊1　ゲーム修正の論理は，「理解のためのゲーム指導」論（TGfU：Teaching Games for Understanding）の中で示されている。戦術学習モデルでは，発達段階や学習内容に応じた修正されたゲームを提供することが提案されている。

りの留意点について，3つの型ごとに整理する。

1) ゴール型の授業づくりの留意点

　ゴール型は，コート内で攻守が入り交じり手や足を使ってボールを操作し，攻防を組み立てゴールにボールを運び一定時間内での得点数で勝敗を決めるゲームである。ゴール型の戦術的課題は，相手に防御されないように有効な空間を生み出しながら，ボールをキープし，ゴールにボールを持ち込むことにある[9]。

　中学校のゴール型では，主にボール操作（手や足を使ってシュート，パス，キープする）と，空間に走りこむなどの動き（ゴール前に走りこむ，ボールを持っている相手をマークする），空間を作り出す動き（味方から離れる，人のいない場所に移動する，相手をマークする，空間をカバーする）が求められている。

　上記の内容から生徒に学習させたい内容を焦点化し，発達段階と指導内容の系統性を踏まえた上で，ゲームの工夫を行うことが求められる。ゴール型のゲームでは，ボール保持者がボールを保持する時間がわずかであるため，ボールを持たないときの動きやゲーム中の状況判断が重要である。そのため，ボールを持たないときの動きや状況判断を学習内容として取り上げ，攻撃側の人数を多くすること（アウトナンバー）でフリーになる味方を作り出したり，パスを出しやすくしたりすること，また，ボール保持者がどこへパスを出せばよいか判断すること，ディフェンスにマークされずにパスやシュートをしたりすることが含まれるルールの工夫が求められる。

2) ネット型の授業づくりの留意点

　ネット型は，ネットで区切られたコートの中で連携プレイをしたりして攻撃を組み立て，一定の得点に早く達することを競い合うゲームである。連携プレイ型（バレーボール）では，意図的なセットからの攻撃を軸にした役割行動と技能的発展が中心的な戦術的課題とされている[10]。攻守一体型（テニス，バドミントン，卓球）では，相手にボールをコントロールされないように攻撃したり，自チームのコートを守ったりすることが戦術的課題となる。

　特に，中学校や高等学校で多く実践されている連携プレイ型のバレーボールでは，ゲームを楽しめるようになるまでの技能の習得が困難であること，コート内の人数が多くボールに触る機会が少ないなどの問題点が指摘されている。そのため，バドミントンコートを使って人数を少なくし（3～4人），軽量のレクリエーションボールなどを使ってゲームをすること，レシーブ技能の緩和のためにワンバウンドレシーブを取り入れたり，セッターがボールをキャッチしてトスを上げること，サーブはコート内から打つことなど，期待する学習成果に即したルールの工夫や，技能の緩和を図ることが大切である。

　一方，攻守一体型では，2017（平成29）年改訂の小学校学習指導要領において中学年からバドミントンやテニスを基にした易しいゲームを取り扱うことができるようになった。バドミントンやテニスではラケット操作が難しいため，まず中学年でラケット操作のないゲーム（手でボールを打つなど）を取り入れ，高学年から中学校にかけてラケットを用いたゲームができるようにするとよいだろう。

3) ベースボール型授業づくりの留意点

　ベースボール型は，攻守交代しながら一定の回数内で得点を競い合うゲームである。攻撃側はボールを打ったり走塁したりして攻め，守備側は捕球や送球などによって特定の塁上で走塁を阻止し，攻撃側の走者と守備側の阻止のどちらが早いかを競うことが戦術的な課題となる。また，ボール操作技能は，打つ，投げる，捕る技能が必要となり，ボールを持たないときの動きとして走塁や定位置での守備などがある。加えて，ゲーム状況に応じた戦術的な状況判断が必要である[11]。

　攻撃側は打者がどの方向へ打つと走者が進塁しやすいか，また，走者は進塁すべきかその塁に留まるか，といった状況判断が必要である。一方で守備側は，相手チームの走者の進塁を防ぐため，どの塁でアウトにするかの状況判断が必要になる。ベースボール型では，ゲーム中に求められる状況判断が多く，守備側のボールをつなぐ中継プレイや進塁を阻止するベースカバー，仲間のボール操作をバックアップする動きといったボールを持たないときの動きが難しいとされている[11]。このような難しさを緩和するためには，ゲーム人数を少なくしたり，走者よりも先のアウトゾーンに送球したりするなどのルールの工夫が求められる[9]。

　また，全員がゲームに参加できるよう，走者より先回りした守備チームが塁に集まり協同的に進塁を阻止するゲームや全員が打席に立ったら攻守交代する打者一巡制のルールを用いることで，ゲーム参加の機会を保障することができる。

Q4：球技ではどんな授業づくりをするのだろう ……………………………

　ここでは，中学校3年生のネット型のバレーボール単元を対象に，ゲーム中の役割行動に重点を置いた授業づくりを取り上げる。

1) 学習内容の設定

　中学1，2年までの授業内容を踏まえ学習内容を設定する。ここでは，中学2年生までの学習で，キャッチを入れた3人対3人でのソフトバレーボールの授業を実施したと想定し，3年生では全てのプレイでキャッチを不可とし，相手からの返球やサーブの際にワンバウンドを可としたメインゲームを行うこととする。

　連携プレイ型ゲームでは，レシーブ－トス－アタックの3段攻撃が必要となり，それを成立させるためには，それらをいつ，誰が行うのかをゲーム状況によってコート内のプレイヤーが判断して役割を実行する「役割行動」が必要となる。この課題は，「意図的なセットからの攻撃」とされ，それを軸にした役割行動と技能的な発展が連携プレイ型のゲームの中心的な課題とされている[10]。

　そのため，本単元ではレシーバー，セッター，アタッカーの役割が明確化しやすいようにコート内の人数を3人とし，レシーバーはワンバウンドでレシーブし，セッターはネット際でアタッカーにトスを上げ，レシーバーではないもう1人がアタッカーとなる「意図的なセットからの攻撃」を成立させることを主な学習内容とした。その際，役割を固定しつつ，ゲーム中の状況によっては役割を交代することも学習する。ゲーム中，セッターが1本目のレシーブ時に捕球してしまうことや，レシーブがセッターに返球されないケースがあるが，そういった場面で

役割行動の転換ができるように，ポジションチェンジなども学習する。

　メインゲームのためのタスクゲームでは，レシーブを正確にセッターへ返球することを主なねらいとした攻守交代制ゲームを実施する。攻撃チームと守備チームに分かれ，守備チームから投げ入れられたサーブを，レシーブを正確にセッターへ返球し，アタックにつなげることができるかを相手チームと競い合う。

2）チーム編成と場の設定

　練習や活動の場所，欠席者などを考慮し，3人制のゲームを行う場合は，プラス1，2人の人数編成でグループを設定する。メンバーは技能の偏りや人間関係，特別な配慮を要する生徒等を考慮して決める。また，単元を通してチームを固定し，2チームを1つのグループとして活動すると，活動が行いやすい。加えて，チーム内での役割（キャプテン，審判，記録，用具）をもたせるとチームへの帰属意識が高まるだろう。

3）ゲーム得点の工夫

　ゲームの得点に「役割行動を意識した3段攻撃をする」という学習内容に対する成果を反映させるため，「3段攻撃で得点が決まったら＋2点」，「3段攻撃で相手コートに返球したら＋1点」とする。通常の得点以外にも，ボーナス点を入れると得点が多く入ることになり，達成感が生まれる。ただし，得点の数え方が煩雑になりすぎると理解に時間がかかることもあるので注意する。

4）教材，教具の作成

　通常のバレーボールを使うと，腕や手が痛いという子も少なくない。そこで，通常よりも軽量なボールや，表面がソフトな素材でできているボールを使うと運動が苦手な子も授業に参加しやすい（図7-1）。また，コートはバドミントンコートやバレーボールコートの半面などを使用する。ネットの高さを調整する場合は，補助支柱や塩ビ管を使った補助支柱を利用する。これらがない場合でも，竹竿2本を支柱とし2リットルのペットボトル4本を組み合わせた土台に，水や砂を入れて簡易支柱を作成することも可能である。また，ネットは防護ネットを使ったり，ゴムにスズランテープを垂らすなどして作成可能である（図7-2）。

図7-1　ボールの工夫

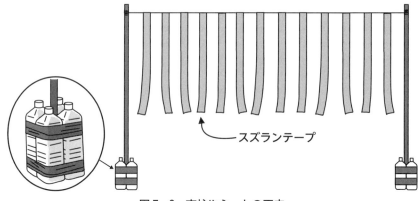

スズランテープ

図7-2　支柱やネットの工夫

5) ゲームの進め方

●メインゲーム（図7-3）

＜ゲームのねらい＞

ワンバウンドレシーブ，トス，アタックの3段攻撃を成立させ，ラリーが続く楽しさを味わいながら，連携した動きにより空いた場所をめぐる攻防をすること。

＜ゲームの進め方＞

- ・3人対3人でバトミントンコート（外側ライン）を使用し，ネットの高さは1.8〜2mとする。
- ・点数が入るごとにローテーションを行う。
- ・ラリー中は，1人1回必ずボールに触れる。
- ・ゲームの始まりは，①のポジションの人がアンダーハンドサービスで打つ（レシーブできないときはやり直し）。
- ・ファーストタッチ（1本目）のみワンバウンドあり。
- ・ボールに触れるのは3回まで（3回で相手コートに返す）。
- ・レシーブ，トス，アタックの3段攻撃が成功した+1点（相手コート内に返球できればOK），それが決まった（得点）+2点。
- ・単元前半では相手チームとラリーを続ける協同的ラリーゲームを行い，単元後半では空いたスペースをねらって返球する競争的ゲームを行う。

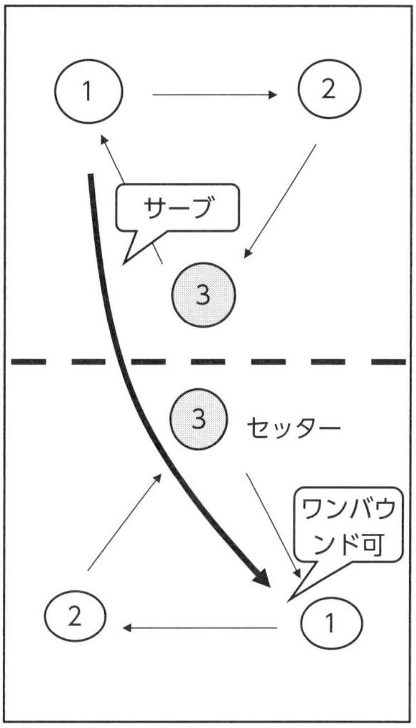

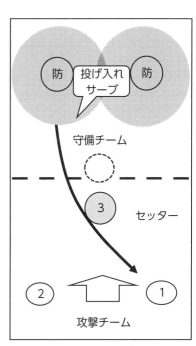

図7-3　メインゲーム

●タスクゲーム（図7-4）

＜ゲームのねらい＞

相手からの投げ入れサーブから，自チーム内で3段攻撃を組み立てる。その際，役割行動や役割の転換（ポジションチェンジ），相手コートの空いた場所に返球することをねらいとする。

＜ゲームの進め方＞

- ・攻撃チーム3人対守備チーム2人（単元後半は3人）で行い，2〜3分で攻守を交代する。
- ・攻撃チームはレシーブからトス，アタックをして相手コート内に返球する。
- ・守備チームは投げ入れサーブからスタートし，相手から攻撃を受けたら，それを防御（レシーブ）する。
- ・単元前半では，攻撃チームは守備チームにキャッチされずコート内にアタックが入れば得点。守備チームが攻撃をノーバウンドでキャッチできれば防御成功で守備チームの得点とする。
- ・単元後半では，相手チームにレシーブされずコート内に入れば攻撃チームの得点。守備チームは攻撃をワンバウンドレシーブし，セッターがそれをキャッチできれば防御成功とする。

図7-4　タスクゲーム

```
◆ 話し合ってみよう
○自分が中学生のとき，バスケットボールの授業はどのように行われていた
　だろうか。
　例）コート内のプレイヤーの人数や，コート形式（ハーフコート，オールコート）
　　　はどうだったか。
　例）ゲームのための練習は何をしていたか。シュート練習やドリブル練習だった
　　　か。
○バレーボールのゲーム中に，全くボールに触れない生徒がいた。どのよう
　な手立てをしたらよいだろうか。
　例）コート内の全員がボールに触ることができたら，ボーナス点を与える等の
　　　ルールの工夫をする。
　例）ボールが怖いなどの理由であれば，柔らかいボールを使用する等の工夫をす
　　　る。
○ベースボール型ゲームで，全員がゲームに関わることのできるルールの工
　夫にはどのようなものがあるだろうか。
　例）攻撃は打者が一巡したら攻守を交代する。
　例）守備はアウトにする場合，守備全員がアウトベースに集合してアウトとする。
```

2. ダンス

Q1：ダンスの楽しさや魅力は何だろう（運動の特性）··················

1) ダンスの成り立ち

　様々なダンスが世界中で多くの人々に親しまれている[*2]。人類は，原始時代から狩りや戦いへの祈りなどとして踊ることで人々や神との交流をしてきており，ダンスは言葉の発生以前から存在した最古の文化の 1 つであるともいえる。"desire of life（生命の欲求）"とは様々あるダンスの語源に関する説の 1 つであるが，「人々は生きることにまつわる様々な思いや欲求を身体で語りかけ，生きる証として踊ってきた」[12]といえよう。時代の長さだけ，民族の数だけダンスは存在するといわれ，時代に応じて変容しながら人々の生活と結びついてきた。

　そして，人間は本来，律動の快感，踊る欲求をもっている[*3]。つまり，人は踊る存在であるともいえ，ダンスは世代や人種などを越え「誰でも・どこでも・いつでも」取り組むことができるものである。多様化する現代社会の中で，誰もがそれぞれの価値観で楽しめるダンスは重要な存在だと捉えられる。

2) ダンスの特性

　ダンスは，世代や人種，障害の有無などを越えて世界中の人々に親しまれており，勝敗や記録にこだわらない，身体を通した他者とのコミュニケーションを豊かにする運動である。全てのダンスに共通する特性は，心身を解放し，仲間とと

[*2] 代表的なものでも，クラシックバレエ，モダンダンス，コンテンポラリーダンス，日本舞踊，フラメンコ，フラダンス，ストリートダンス，ジャズダンス，フォークダンスなど。他にも数多くのダンスがある。

[*3] 幼い子どもは，自然とリズムに乗って踊る。なぜ人は踊るのだろうか。それは，誰もが「踊りたい」「変身したい」という欲求を内にもっているからであり，「踊るのが楽しい」からである[13]。

もに感じを込めて踊ったり，イメージを捉えて自己を表現したりすることに楽しさや喜びを味わえることである*4。

　ダンスの授業は毎時間，非現実，非日常の中で，なりきって動きを工夫して踊る，創る，仲間と見せ合うといったダンスの「踊る・創る・観る」楽しさを全て経験することで，ダンスの特性に触れることができる。また「リズムに乗る」という本来誰もがもっている律動の快感を感じることにより，踊ることのおもしろさを味わうことができる。このように，ダンスの特性や動きのおもしろさに触れることは学びの深まりと，自発的・自主的な学習へと導くことにつながる。

　そして，学習者である子どもたちは，それぞれが違う思いや感情をもっており，それを伝える方法も異なる。つまり，同じテーマから捉えるイメージも，それをどのように表現するのかも各々違い，それぞれによさがある。このように表現の仕方が自由であり，正解が1つではないところがダンスのおもしろさでもある。金子みすゞの詩に「みんなちがってみんないい」という一節があるが，その言葉の通り，「一人ひとりの子どもの力や感じ方の違いに応じて誰とでも楽しめる可能性をダンスは多く潜在させている」[14]のである。「みんなと違っていいんだ」「自分のこんな思いをこうやって体で表現できるんだ」と子どもたち自身が思えるようにすることが，自由で自発的な活動に導いていくための第一歩であろう。

3) 各内容の特性

　「ダンス（小学校：表現運動）」は，それぞれ特性の異なる「創作ダンス（小学校：表現）」「フォークダンス」「現代的なリズムのダンス（小学校：リズムダンス）」の3つで構成されている。

　創作ダンスは「表したいイメージを，自由に動きを工夫して踊り表現すること」が特性であり，文化の創造を担うダンスである。現代的なリズムのダンスは「ビートが主体のリズムに乗って自由に友だちと関わって踊ること」が特性であり，人間に内在する根源的な律動（リズム）の生成を担う。そしてフォークダンスは「日本や外国の伝承された踊りを身に付けてみんなで一緒に踊って交流すること」が特性であり，世界各国・各地域で自然発生し，伝承されてきた地域固有のダンスで，決まった様式や動きには国や地域の風土や文化が反映されている，文化伝承を担うダンスである[15]。

　創作ダンスと現代的なリズムのダンスは，手がかりとしては「イメージ」と「リズム」とで異なるが，捉えた特徴を自由に身体で表現するダンスであるという点が共通する「自由に踊る創造的な学習」である[16]。つまり，子どもたちそれぞれの踊りが異なり，正解は1つではない。そこが，創作ダンス・現代的なリズムのダンスの楽しさにつながる指導内容といえる[17]。

　一方，フォークダンスは，伝承されてきた踊りを「再現して踊る定型の学習」である。そのため，取り扱うフォークダンスの由来や踊りの特徴を捉えたり，仲間で教え合ったりしながら交流して踊る楽しさを味わえるような学習を展開する。

*4　リズムに乗って踊る楽しさ，何かになりきって踊る楽しさ，自分の思いを自由に体で表現する楽しさ，工夫して創り上げる楽しさ，他者と見せ合う楽しさや踊りを通して他者と交流する楽しさなど，多様な楽しさがある。

＊5　創作ダンスでは，表したいことをひと流れやひとまとまりの動きにして表現すること，フォークダンスでは，伝承されてきた踊りの特徴を捉えて踊ること，現代的なリズムのダンスでは，軽快なリズムに乗って全身で弾みながら自由に踊るなどの身体を使った表現の仕方があることを理解できるようにする。

　3つとも，「何を」「どのように表現する」というようにして技能を捉えるとわかりやすい。

＊6　ひと流れの動きとは，快い連続をもった一息で踊れるような動きのまとまり[18]。動きの誇張や対極の動きを含む「メリハリのあるひと流れの動き」が表現的な動きの核となる。

　ひとまとまりの動きとは，表したいイメージを変化と起伏のある「はじめ―なか―おわり」の構成を工夫したもの[18]。

＊7　リズムのテンポ：ロックは BPM〔1分間のビート（拍）〕120～150の速いテンポ。

　ヒップホップは，BPM 80～120のややゆっくりのテンポ。BPM120前後が歩く速さ，130～150がスキップで弾んで踊れる速さ。

　ロックは，体幹部を中心に全身でリズムを捉え，その場で弾んだりスキップしながらリズムに乗ったりいろいろな動きで変化をつけて踊る。ヒップホップは，1拍ごとアクセントのある強いビートを体幹部で捉え，「縦ノリ」のリズムで踊る。

Q2：ダンスでは何を指導するのだろう（指導内容） ……………………

1) ダンスの指導内容

①　知識及び技能の指導内容

　ダンスの特性は，仲間とともに感じを込めて踊ったり，イメージを捉えて自己を表現したりすることに楽しさや喜びを味わうことのできる運動であり，それを理解できるように指導する。特に，取り扱う創作ダンス，現代的なリズムのダンス，フォークダンスは，それぞれ運動の特性（表現の仕方）が異なることを理解させたい[＊5]。つまり，教師自身が3つの運動の特性を理解し，特性を味わわせるような授業を展開することが重要となる。また，ダンスの由来（成り立ち）や，ダンスがリズミカルな全身運動であることから，その動きに関連した体力（柔軟性や平衡性，全身持久力など）が高まることも理解させる。

　創作ダンスの技能（表7−5[2)3)4)]）は，様々なテーマ（学習指導要領からテーマを選定する）から表したいイメージ（何を）を捉え，ひと流れの動きにして即興的に表現したり，ひとまとまりの動きによる構成や作品にまとめて踊ること（どのように）である[＊6]。即興表現の動きの工夫のポイントは，①動きを誇張すること，②動きを連続させること，③動きに変化をつけることである。

　現代的なリズムのダンスの技能（表7−6[2)3)4)]）は，ロックやヒップホップなどの現代的なリズム[＊7]（何を）に乗り，リズムの乗り方や動きを工夫して全身で弾みながら仲間と自由に関わって踊ること（どのように）である。決められた振り付けを覚えて踊るのではなく，リズムの特徴を捉えて体幹部を意識して全身でリズムに乗って踊り，リズムによって乗り方が違うことを理解し，それを発展させた段階として変化とまとまりをつけて踊る。

　フォークダンスの技能（表7−7[2)3)4)]）は，伝承されてきた日本の民踊や外国のフォークダンス（何を）の踊り方の特徴を捉え，音楽の特徴的なステップや隊形変化や組み方などの踊り方を踏まえて踊ること（どのように）である。このとき，踊りの背景（日本や外国の風土や習慣，歴史などの文化的背景や情景）を理解し，思い浮かべながら踊るようにする。

②　思考力・判断力・表現力等の指導内容

　友だち同士で動きを見せ合う活動を通して友だちの良い動きや表現をみつけ，それを伝え合うことで自分の動きの良いところや改善するポイントを確認して，より良くしていくための方法を考えられるようになることを求めていく。その際，振り返りの視点として，学習した内容，動きをみることが重視される[＊8]。

　さらに，作品創作の過程，発表会や交流会の開催に向けて計画するために仲間と話し合いをする場面では，1つのものを創り上げていくため（合意形成）の仲間との関わり方をみつけ，仲間に伝えることができるように指導する[＊9]。

③　学びに向かう力，人間性等の指導内容

　ダンスの学習に主体的に取り組み，互いの表現を認め合って，教え，高め合って取り組む姿勢を求めていく。特にダンスは，一人ひとりから生まれる多様な表

現を認めていくことに運動のおもしろさがあることから，全員が積極的に取り組むことができる授業の雰囲気を創ることができるよう，一人ひとりの違いに応じた表現や役割を大切にして，全員が楽しんだり達成感を味わったりするための工夫や調整が求められる。

　また，発表会や交流会などでも積極的に仲間と意見を伝え合ったりして協力して取り組み，分担した役割（音響，小道具などの準備・片付けを含む）にも積極的に取り組むようにしたい。加えて，健康・安全を確保するように指導する。

Q3：ダンスではどんな授業づくりをするのだろう

　ダンス授業の指導では，教師の目の前で創り出された子どもたちの表現（動き）に対し，教師自身の思う「よい動き」をイメージしながらすぐその場で言葉をかけたり教師の示範を見せる即興的・即時的な指導が行われていくことが特徴である。

　そのために，ダンスの授業づくりでは，子どもと教師との間にやりとりがある

*8　このように，これまでに学んだ知識・技能を活用し，学習課題，そして自己の課題への取り組み方に工夫できるようにする。

*9　特に高等学校では，生涯にわたって豊かなスポーツライフを継続するために，ダンスを「する・みる・支える・知る」の視点から，自己や仲間の課題を発見したり，誰とでも楽しむための活動の方法や修正の仕方をみつけることができるように発展させることも重要である。

表7-5　創作ダンス「知識・技能」の指導内容の系統表

	小学校	中学校・高等学校		
	5・6年	1・2年	3年・入学年次	その次の年次以降
題材・テーマ	・激しい感じの題材 ・群（集団）が生きる題材 ・多様な題材	・身近な生活や日常動作 ・対極の動きの連続 ・多様な感じ ・群（集団）の動き ・もの（小道具）を使う	・身近な生活や日常動作 ・対極の動きの連続 ・多様な感じ ・群（集団）の動き ・もの（小道具）を使う ・はこびとストーリー	・身近な生活や日常動作 ・対極の動きの連続 ・多様な感じ ・群（集団）の動き ・もの（小道具）を使う ・はこびとストーリー
即興的な表現 （ひと流れの動きで表現）	○題材の特徴を捉えて，表したい感じやイメージを，動きに変化をつけたり繰り返したりして，メリハリ（緩急・強弱）のあるひと流れの動きにして即興的に踊る	○多様なテーマからイメージを捉える ○イメージを即興的に表現する ○変化をつけたひと流れの動きで表現する ○動きを誇張したり繰り返したりして表現する	○表したいテーマにふさわしいイメージを捉える ○変化をつけたひと流れの動きで即興的に表現する ○主要場面を中心に表現する ○個や群で，緩急強弱のある動きや空間の使い方で変化をつけて表現する	○多様なテーマから表現にふさわしいテーマを選び，中心となるイメージを捉え，即興的に表現する ○個や群で，イメージを強調する緩急強弱を最大限に強調した対極の動きと空間の使い方で，変化をつけて表現する
簡単な作品創作 （ひとまとまりの動きで表現）	○表したい感じやイメージを「はじめ―なか―おわり」の構成や群の動きを工夫して簡単なひとまとまりの動きで表現する	○変化と起伏のある「はじめ―なか―おわり」のひとまとまりの動きで表現する	○表したいイメージを一層深めて表現する ○変化と起伏のある「はじめ―なか―おわり」の簡単な作品にして表現する	○表したいテーマにふさわしいイメージを深め，中心となるイメージを強調した「はじめ―なか―おわり」の構成で表現する ○特徴的な動きや構成を強調した盛り上がりのある起伏をつけて，個性を生かした作品にまとめて踊る
発表の様子	○感じを込めて通して踊る	○動きを見せ合って発表する	○踊り込んで仕上げて発表する	○発表の形態や衣装などをテーマに応じて選び，発表する

表7-6　現代的なリズムのダンス　「知識・技能」の指導内容の系統表

	小学校	中学校・高等学校		
	3・4年	1・2年	3年・入学年次	入学年次の次の年次以降
リズムの例	・軽快なテンポやビートの強いロックのリズム ・陽気で小刻みなビートのサンバのリズム	・シンプルなビートのロックのリズム ・一拍ごとにアクセントのあるヒップホップのリズム	・軽快なロック ・ビートのきいたヒップホップ	・ロック ・ヒップホップ
リズムに乗って全身で即興的に踊る	○ロックやサンバなどのリズムの特徴を捉えて踊る ○おへそ（体幹部）を中心にリズムに乗って全身で即興的に踊る ○動きに変化をつけて踊る ○友だちと関わり合って踊る	○リズムの特徴を捉え，軽快なリズムに乗って体幹部を中心に全身で自由に弾んで踊る ○ロックはシンプルなビートを強調して踊る ○ヒップホップは一拍ごとにアクセントのある細分化されたビートを強調して踊る ○簡単な繰り返しのリズムで踊る	○リズムの特徴を捉え，リズムに乗って体幹部を中心に全身で自由に弾んで踊る ○ロックは全身でビートに合わせて弾んで踊る ○ヒップホップは膝の上下に合わせて腕を動かして踊る	○リズムの特徴を捉えたステップや体幹部を中心とした弾む動きで全身を使って自由に踊る ○ロックやヒップホップのリズムの特徴を捉えて，重心の上下動や非対称の動きを強調して踊る ○仲間といろいろな対応をして踊る
まとまりをつけて踊る	○動きに変化をつけて踊る	○リズムに変化をつけて踊る ○仲間と動きを合わせたりずらしたりして踊る ○変換のある動きを組み合わせて続けて踊る	○踊りたいリズムや音楽の特徴を捉えて踊る ○動きの変化や，個と群の動きを協調してまとまりをつけて連続して踊る	○選んだリズムや音楽の特徴を捉えて踊る ○短い動きの連続と対立する動きの組合せなどでダイナミックな変化をつけて踊る ○個や群の動きを強調してまとまりをつけて連続して踊る
発表や交流	○踊りで交流する	○動きを見せ合って交流する	○簡単な作品を見せ合う	○変化とまとまりをつけて発表する ○簡単な作品にして発表したり交流したりする

表7-7　フォークダンス「知識・技能」の指導内容の系統表

	小学校	中学校・高等学校		
	5・6年	1・2年	3年・入学年次	入学年次の次の年次以降
踊りと特徴	・日本の民踊：軽快なリズムの踊り，力強い踊り ・外国のフォークダンス：シングルサークルで踊る力強い踊り，パートナーチェンジのある軽快な踊り，特徴的な隊形と構成の踊り	・日本の民踊の特徴（手や足の動き・低く踏みしめる足どりや腰の動き・ナンバ・小道具の操作・輪踊り・男踊りや女踊りなど）を捉えて踊る ・外国のフォークダンスの踊り方の特徴を捉え，音楽に合わせて特徴的なステップや動きと組み方で踊る	・日本の民踊の中から，軽快なリズムの踊りや力強い踊りを難易度を踏まえて選び，その特徴を捉えて踊る ・外国のフォークダンスの代表的な曲目から，曲想を捉えて，踊り方（複数のステップの組合せ，隊形，組み方など）の特徴を捉えて踊る	・日本の代表的な民踊や地域に伝承されてきた民踊から，優雅な踊りや力強い踊りなどを，難易度を踏まえて選び，その特徴を協調して踊る ・外国のフォークダンスの代表的な曲目から，曲想，隊形や組み方などが異なる踊りを，難易度を踏まえて選び，踊り方（複数のステップのつなぎ方，組み方など）の特徴を捉えて踊る
発表や交流	○踊りで交流する	○仲間と楽しく踊って交流する	○仲間と楽しく踊って交流する	○仲間と対応して楽しく踊って交流する

「双方向の授業」を目指したい。

1) 心と体を弾ませて，その気にさせる「ほぐしの活動」

　授業の冒頭で，子どもたちの心も体にも踊るスイッチが入っていないにもかかわらず，いきなり「○○をテーマにして踊ろう」「このリズムに乗ってみよう」と促されても，なかなか子どもたちは取り組むことができない。まずは子どもたちをその気にさせ，本気にさせていくように学習の流れを考えたい。

　授業の始めに，心と体を解放させられるような「ほぐしの運動」を取り入れる。その際は，簡単な動きで全身を弾ませて，律動的に踊ったり，「走る―止まる」「跳ぶ―転がる」などの反対の動きの連続によって，リズムを崩すように動いたりすることで非日常の体になり，いつの間にか踊っている状態にしていきやすくなる[19]。一曲の中[*10]で様々な動きを2人組[*11]で行い，短時間で踊る相手を変えると多くの仲間との関わり合いを促すこともでき，仲間同士の関係もほぐれてくる。

2) 動きをイメージさせるための教師のリード

　教師も積極的に子どもたちの中に入り，動きをリードしながら一緒に踊ることも緊張をほぐすことにつながる。教師自身がリズムに乗って弾んで自由に楽しく踊っている姿を見ると，子どもたちもそれにつられて自然と体が動き出していくだろう。また，子どもたちが恥ずかしがったり動きが止まってしまう要因の1つに，「どうやって動いたらいいのかわからない」ということがある。そのため，教師のリードを真似することで「こうやって動けばいい」ということがわかり，そこから自分たちなりに工夫していくことができる。

　このように，踊るための心と体の準備をし，やることが明確になることで，子どもたちは非日常の世界，リズムの世界に没入し，"その気"から"本気"になって学習に取り組むことができる。

3) 「大事なことをおさえる時間」を確保しよう

　創作ダンス，現代的なリズムのダンスでは，それぞれの多様な動きを引き出したり，より動きを高められるような授業を展開する。決まった1つの動きを求めないゴールフリーな学習ではあるが，「重要な技能をおさえる」ことは大切である。設定した学習課題を習得するための技能の中核となるポイント（共通の手がかり）を全員が理解することで，それぞれが捉えた題材・テーマのイメージを，自分なりの工夫の仕方で表現することができる[*12]。

　そのためには，教師自身がテーマのイメージを捉えて，イメージと動きをつなげた具体的な動きを伝える「教師の示範」が，子どもたちにとってとてもわかりやすい。教師自らが示範をすることで，例えば「体をねじるって，極限まで体幹部をねじることなんだ」「タタタタッと動いてピタッと止まるとメリハリが生まれるんだ」のように，子どもたちに「今日はこういう表現の仕方を学ぶ」という動きのゴールのイメージができ，子どもたち自身が捉えたイメージと掛け合わせたオリジナルの動きを生み出すことができる。

4) 2つの教師の関わり方を大切に

　ダンスの授業では，教師が動きをリードしながら大事なことをおさえて子ど

*10　音楽は切らず，一曲そのまま踊ってみるとよい。一曲踊りきったという達成感も味わうことができる。

*11　はじめの活動や即興的に踊る段階では，2人組で相手の動きを真似したり対応させたりして，気軽に踊れる人数でどんどん動きを生み出していくと，動きの幅が広がる。見せ合いも2人組と2人組でグループになり，お互いに見合うようにする。作品創作の段階では，個から多人数と，表したいことや群構成の工夫に合わせて人数を子どもたち自身で考える。

*12　技能の中核となるポイントと，それぞれが捉えたイメージが掛け合わさることにより，そのテーマだから生まれる動きにつながる[20]。

　たちの動きを引き出す場面と，子どもたち同士が関わり合いながら動きを広げているところへ教師が動きを評価しながら高めていく場面がある。2つの場面では，教師の指導性が異なることを注意する。

①　動きを引き出す場面

　教師のリードや示範，言葉がけをもとに，技能の中核となるポイントを全員で共有する。ここでの教師は，子どもたちの動きを引き出す指導を行うため，押さえるポイントを明確にし，教師自身の動きでしっかりと押さえられるように指導したい。

②　動きを高める場面

　子どもたち主体で自由に工夫している動きに対し，「こうしたらもっとよくなる」といった，動きを評価しながらさらに本時の学習課題に迫るような動きを高めていく指導をする。ここでの教師は，子どもたちの動きを受け入れながら，その動きが本時の学習課題に迫っているかを見極め，個々（ペア，グループ）への言葉がけなどを通して指導する。このように，子どもたちと指導者の間の指導が一方通行にならず，子どもたちの動きと教師の指導がキャッチボールのように双方向に行われていくようにする。子どもたちの動きを高めていく際は，次のような視点で動きをみてみるとよい。

〈動きを見るポイント〉

●全身を使っているかな

●時間を変化させてみよう

●空間を変化させてみよう

●1人ではできない動きはないかな

```
◆ 話し合ってみよう
「みんな違っていい」と思える授業にするには，どのような工夫をすればよい
だろうか。以下を参考にして考えてみよう。
```

ダンスでは，非日常の中で新しい自分，いつもと違う自分を表現することが求められる[21]。子どもたちが自分の表現ができるようにするには，子どもたちが安心して学習に取り組むことができるように，教師は意図的にいつもとは違う場や授業の雰囲気を創ることが重要である。

①　言葉がけの工夫

自分の思ったことや感じたことを，自分なりの身体の動きで表現するダンスの授業では，一つひとつの動きが子どもたちからのメッセージと捉えたい。子どもたちにメッセージを存分に発信させるために，教師は「ダメ」「できていない」といった言葉がけは絶対に避け，子どもたちの動きを認めることが大切である。

さらに，人と違う動きをしている子やいつもとは違う一面を見せている子[*13]に目を向けて賞賛の言葉がけをすることで，その動きがクラス全体で共有される。「ありのままの自分を受け入れられた」という安心感が，次の多様な表現の創出につながる。その上で，よりよい動きに導くことができるよう，「もっとこうしたらいい」と動きを工夫するポイントを具体的に助言する。

また，全身で踊らせたいときは「髪の毛まで踊って」[*14]など，子どもたちにわかりやすい言葉や表現方法を用いると，教師の意図したことが子どもたちの印象に残り動きにつながりやすい。また，オノマトペ（擬音語・擬態語）やリズム言葉も大切にしたい。オノマトペは「スーピタッ，ダダダダ，ふわっふわっ，ポーン…」のように動きの感じを説明することができ，それにより子どもたちはリズムや質感を感じることができる。フォークダンスの指導においても，「1・2・3・4」とカウントを数えるのではなく，歌いながら指導したり音楽にリズムに合わせながら動き方を指導するとよい。

ダンスの授業では，目の前の踊りに対して即座に言葉をかける。即興表現は生まれた動きがすぐに消えてしまうため，子どもたちの心と体によい動きが残るよう，よい動きをその場で賞賛して価値づけることが大切である。これを繰り返していくことで，子どもたちには動きのストックが増え動きの幅が広がるとともに，それが作品創作（ひとまとまりの表現）につながる。

②　見せ合いの活動

ペアやグループ同士の見せ合いの活動の際には「お互いのよいところを具体的に伝え合う」ことが大切である。他者に自分（たち）の伝えたいことが伝わっているのかという確かめと，どういう動きが印象に残るのかを客観的に知ることは，先述した動きの価値づけとなり，次の工夫の仕方につながって学習者の動きの幅を広げる一助になる。また，特に単元前半の見せ合いの仕方には工夫が必要である。はじめから「見る一見られる」の関係をつくると，恥ずかしがったりしてよい動きが見られないことがある。その際は，「参加型見せ合い」[*15]などを取り入

*13　なんでもありではなく，学習課題に迫っていることが大切である。

*14　その他にも，即興表現の動きの新鮮さをたとえた「動きにも賞味期限がある」や，現代的なリズムのダンスでは体幹部からリズムに乗って踊るというリズムの乗り方の核を捉えた，また創作ダンスでは体幹部を中心にして全身を使って極限まで踊ることを意味した「へそで踊る」なども子どもたちの印象に残る[22]。

*15　参加型見せ合い：主役（2人組）と脇役（2人組）に分かれ，脇役は主役を盛り上げるように一緒に踊りながら主役の動きをみる。

れ,「見る―見られる」の関係をはっきりと区別しないようにする。授業が進むにつれ,徐々に見る人と踊る人の距離を広げていくことがよいであろう。

引用・参考文献

1) 文部科学省:学校体育実技資料第 8 集ゲーム及びボール運動. 東洋館出版社, 2010
   https://www.mext.go.jp/a_menu/sports/jyujitsu/1294600.htm (2020.8.11 参照)
2) 文部科学省:小学校学習指導要領 (平成 29 年告示) 解説　体育編. 東洋館出版社, 2018
3) 文部科学省:中学校学習指導要領 (平成 29 年告示) 解説　保健体育編. 東山書房, 2018
4) 文部科学省:高等学校学習指導要領 (平成 30 年告示) 解説　保健体育編　体育編. 東山書房, 2019
5) 千葉県教育委員会:新しい体育の展開 (中学校) ※指導計画等 (6) 球技＜中学校＞. 2015
   https://www.pref.chiba.lg.jp/kyouiku/taiiku/gakutai/jugyou/tenkai/c06kyuugi.html (2020.8.11 参照)
6) 鬼澤陽子:ゴール型ゲームの教材づくり・授業づくり. 新版体育科教育学入門 (高橋健夫, 岡出美則, 友添秀則他). 大修館書店, 2010, pp.187-196
7) 荻原朋子:ネット型ゲームの教材づくり・授業づくり. 新版体育科教育学入門 (高橋健夫, 岡出美則, 友添秀則他). 大修館書店, 2010, pp.197-209
8) Thopre, R., Bunker, D., & Almond. L.:A Change in Focus for the Teaching of Games. In Pieron, M. & Graham, G. (Eds.) Sport Pedagogy: The 1984 Olympic Congress Proceeding, Vol.6. Champaign, IL. Human Kinetics., 1986, pp.163-169
9) 鬼澤陽子:ボール運動系領域. 初等体育授業づくり入門 (岩田靖, 吉野聡, 日野克博他). 大修館書店, 2018, pp.126-133
10) 岩田靖:改訂学習指導要領で求められる体育授業づくり. スポーツ教育学研究, 28 (2), 2009, pp.59-63
11) 南島永衣子:ベースボール型ゲームの教材づくり・授業づくり. 新版体育科教育学入門 (高橋健夫, 岡出美則, 友添秀則他). 大修館書店, 2010, pp.210-218
12) 片岡康子:舞踊の意味と価値. 舞踊学講義 (片岡康子編著). 大修館書店, 1991, pp.2-11
13) 村田芳子:最新楽しい表現運動・ダンス. 小学館, 1998, p.6
14) 村田芳子:表現運動. 小学校新しい体育の考え方・進め方 (宇土正彦編). 大修館書店, 1987, pp.287-311
15) 文部科学省:学校体育実技指導資料第 9 集　表現運動系及びダンス指導の手引き. 東洋館出版社, 2013, pp.5-6
16) 前掲15), p.9
17) 相馬秀美:月刊誌『体育科教育』から探る今日の舞踊教育の現状. 舞踊学の現在 (遠藤保子・細川江利子・高野牧子, 打越みゆき編著). 文理閣, 2011, p.267
18) 村田芳子:表現運動・表現の最新指導法. 小学館, 2011, p.13
19) 安江美保:体育の授業づくり Q&A　表現. 小学校体育はじめの一歩～主体的・対話的で深い学びを考える～ (白旗和也編著). 光文書院, 2019
20) 山崎朱音:「なりきる子ども」の姿を目指す表現系ダンスの授業. 体育科教育, 66 (12). 大修館書店, 2018, pp.38-42
21) 村田芳子:必修化をチャンスに, 今こそ面白いダンス授業を!. 体育科教育 66 (2). 大修館書店, 2012, p.9
22) 前掲18) p.7
・山崎朱音・村田芳子:ダンス授業における指導言語と発言に至る思考の特徴に関する研究―学習者・逐語記録・指導者の側面から―. スポーツ教育学研究, 30 (2), 2011, pp.11-25
・山崎朱音・村田芳子・朴京眞:創作ダンス指導時の指導言語の意味と動きをみる観点:教材「新聞紙を使った表現」を対象に. 体育学研究, 59 (1), 2014, pp.203-226

領域の内容と指導4

1. 武 道

Q1：武道の魅力は何だろう（運動の特性）……………………………

　武道は，武技，武術などから発生した我が国固有の文化であり，相手の動きに応じて，基本動作や基本となる技を身に付け，相手を攻撃したり相手の技を防御したりすることによって，勝敗を競い合い互いに高め合う楽しさや喜びを味わうことのできる運動である。2017（平成29）年，2018（平成30）年告示の学習指導要領では，中学校から高等学校へのつながりを見通し，中学校では技ができる楽しさや喜び，技を高め勝敗を競う楽しさや喜びを，高等学校では攻防を展開することを通して得られる楽しさや喜びに加えて，「する，みる，支える，知る」などの武道の多様な楽しさや喜びを味わわせることが求められている。また，武道を継続することで，瞬発力，筋持久力，巧緻性などの体力を高めることに効果がみられるとともに，相手を尊重し，礼法などの伝統的な行動の仕方を大切にするなど，公正・協力・責任・参画・共生などの態度や健康・安全に関する態度，自分で自分を律する克己の態度などを養うことができるとしている。このように，武道には，技等の習得を通して人間形成を図るという，伝統的な考え方があることに留意する必要があろう[*1]。

*1　日本武道協議会では武道の定義や武道憲章等を定めているので，参考にされたい。

Q2：武道では何が変わったのだろう（学習指導要領改訂のポイント）…

　2017（平成29）年及び2018（平成30）年の学習指導要領改訂において，我が国固有の伝統と文化への理解を深め，日本固有の武道の考え方に触れることができるよう「内容の取扱い」を中心に改善が図られた。従前どおり，中学校では「柔道」，「剣道」及び「相撲」の中から，高等学校は「柔道」または「剣道」のいずれかから選択して履修できるようにすることとしている。

　なお，地域や学校の実態に応じて，中学校では従前から示されているなぎなた（高等学校では相撲，弓道を含む）に加えて空手道，弓道，合気道，少林寺拳法，銃剣道などについても履修させることができることが新たに示された。

　ただし，これらの武道は，原則として柔道，剣道または相撲（中学校の場合）に加えて履修させることとし，学校や地域の特別の事情がある場合には，"替えて"履修させることができることとする，としている点に留意する（高等学校においても同じ考え方）。「加えて」あるいは「替えて」履修させる際には，各学校で効果的，継続的な学習ができるよう，中学校・高校解説より以下の要件等を整えることが求められる。

表 8-1　中学校第 3 学年及び高等学校の学習指導要領の「内容」

中学校第 3 学年	高等学校入学年次の次の年次以降
武道について，次の事項を身に付けることができるよう指導する。 （1）次の運動について，技ができる楽しさや喜びを味わい，武道の特性や成り立ち，伝統的な考え方，技の名称や行い方，その運動に関連して高まる体力などを理解するとともに，基本動作や基本となる技を用いて簡易な攻防を展開すること。 ア　柔道では，相手の動きに応じた基本動作や基本となる技を用いて，投げたり抑えたりするなどの簡易な攻防をすること。 イ　剣道では，相手の動きに応じた基本動作や基本となる技を用いて，打ったり受けたりするなどの簡易な攻防をすること。 ウ　相撲では，相手の動きに応じた基本動作や基本となる技を用いて，押したり寄ったりするなどの簡易な攻防をすること。 （2）攻防などの自己の課題を発見し，合理的な解決に向けて運動の取り組み方を工夫するとともに，自己の考えたことを他者に伝えること。 （3）武道に積極的に取り組むとともに，相手を尊重し，伝統的な行動の仕方を守ろうとすること，分担した役割を果たそうとすること，一人ひとりの違いに応じた課題や挑戦を認めようとすることなどや，禁じ技を用いないなど健康・安全に気を配ること。	武道について，次の事項を身に付けることができるよう指導する。 （1）次の運動について，勝敗を競ったり自己や仲間の課題を解決したりするなどの多様な楽しさや喜びを味わい，伝統的な考え方，技の名称や見取り稽古の仕方，体力の高め方，課題解決の方法，試合の仕方などを理解するとともに，得意技などを用いた攻防を展開すること。 ア　柔道では，相手の動きの変化に応じた基本動作から，得意技や連絡技・変化技を用いて，素早く相手を崩して投げたり，抑えたり，返したりするなどの攻防をすること。 イ　剣道では，相手の動きの変化に応じた基本動作から，得意技を用いて，相手の構えを崩し，素早くしかけたり応じたりするなどの攻防をすること。 （2）生涯にわたって運動を豊かに継続するための自己や仲間の課題を発見し，合理的，計画的な解決に向けて取り組み方を工夫するとともに，自己や仲間の考えたことを他者に伝えること。 （3）武道に主体的に取り組むとともに，相手を尊重し，礼法などの伝統的な行動の仕方を大切にしようとすること，役割を積極的に引き受け自己の責任を果たそうとすること，一人ひとりの違いに応じた課題や挑戦を大切にしようとすることなどや，健康・安全を確保すること。

> ㋐　指導するための施設・設備が整備され指導者が確保されていること。
>
> ㋑　指導内容及び方法が体系的に整備されていること。
>
> ㋒　当該校の教員が指導から評価まで行うことができる体制が整備されていること。
>
> ㋓　生徒の自発的，自主的な学習を重視する観点から，その前提となる生徒の興味・関心が高いこと。
>
> ㋔　安全を確保する観点から，学習段階や個人差を踏まえ，段階的な指導を行うことができる体制などが整備されていること。また，指導内容は，柔道及び剣道に示された指導内容を踏まえたものであること。例えば，柔道においては，生徒の心身の発達の段階から，固め技では抑え技のみを扱うこととしていること，剣道においては，段階的な指導の関連から突き技を扱わないこととしていることなどを踏まえたものであること。

＊2　各領域の学習指導においては学習指導要領の「2 内容」が領域や単元の目標として取り扱われることとなる。
（1）は「知識及び技能」，（2）は「思考力，判断力，表現力等」（3）は「学びに向かう力，人間性等」の内容である。以下同様。

Q3：武道の学習指導の目標はなんだろう ……………………………………

　表 8-1 は，中学校学習指導要領，高等学校学習指導要領に示された，武道の「内容」＊2 の一部である。中学校では第 1 学年及び第 2 学年と第 3 学年に，高等学校では入学年次と入学年次のその次の年次以降に分けて示されている（高校は解説において）。中学校第 1 学年及び第 2 学年から，高等学校その次の年次以降の内

表8-2　中学校保健体育科「3つの資質・能力」とは

	内　容
(1)[*4]	○知識については，体の動かし方や用具の操作方法などの具体的な知識と，運動の実践や生涯スポーツにつながる概念や法則などの汎用的な知識で示している ○技能については，運動を通して各領域の特性や魅力に応じた楽しさや喜びを味わうことを示すとともに，各領域における技能や攻防の様相，動きの様相，さらに，運動種目等の技能や攻防の様相，動きの様相などを示している
(2)	○「思考力，判断力，表現力等」については，自己（や仲間）の課題を発見し，合理的な解決に向けて運動の取り組み方を工夫するとともに，自己（や仲間）の考えたことを他者に伝えることを示している なお，ここで示す「表現力」とは，運動の技能に関わる身体表現や表現運動系及びダンス領域における表現とは異なり，思考し判断したことを他者に言葉や文章及び動作などで表現することである
(3)	○「学びに向かう力，人間性等」については，公正に取り組む，互いに協力する，自己の役割（責任）を果たす，一人一人の違いを認めよう（大切にしよう）とするなどの意欲を育てることを示している

表8-3　中学校解説　柔道第1学年及び第2学年の例示（一部）

	内　容
(1)	○知識 ・武道には技能の習得を通して，人間形成を図るという伝統的な考え方があること，他 ○技能 ・取は膝車をかけて投げ，受は受け身をとること，他
(2)	・提示された動きのポイントやつまずきの事例を参考に，仲間の課題や出来映えを伝えること，他
(3)	・相手を尊重し，伝統的な行動の仕方を守ろうとすること ・禁じ技を用いないなど健康・安全に留意すること，他

容の系統性を確認しておくことが大切である[*3]。

Q4：武道の具体的な指導内容は何だろう

2017（平成29）年，2018（平成30）年の改訂において，全ての教科等の目標や内容が「知識及び技能」，「思考力，判断力，表現力等」，「学びに向かう力，人間性等」の3つの柱で再整理された。

では，保健体育科では「3つの資質・能力」をどのように捉えられているのか。中学校解説に示された，資質・能力の説明（表8-2[1]）や，具体的な授業づくりの参考となる例示（表8-3[1]）の記述とを比較するなどして理解を進めたい。

この改訂においては，指導と評価の一体化の推進や資質・能力の3つの指導内容を一層明確にすることを目的に，中高ともに解説において，全ての指導内容に例示が示され，指導内容の具体例が示されている[*5]。「技能」の内容に偏ることなく，「思考力，判断力，表現力等」や「学びに向かう力，人間性等」の内容をバランスよく学習させることが求められている点に留意する。

Q5：武道の学習評価はどのように進めればよいか

学習評価は，学校における教育活動に関して生徒の学習状況を評価するものであり，「生徒に何が身に付いたのか」という学習の成果を的確に捉えることが重要である。また，評価の機能として，教師が指導の改善を図るとともに，生徒自身が自らの学習を振り返って次の学習に向かうことができるようにすることが重視

*3　高校解説 p.313～327参照。

*4　(1)「知識及び技能」(2)「思考力，判断力，表現力等」(3)「学びに向かう力，人間性等」を指す。表8-3も同じ。

*5　従前は「技能」「態度」「知識，思考，判断」の指導内容のうち「技能」と「思考，判断」にのみ例示が示されていた。

表8-4　各観点と文末表現の対応

観　点		文　末
「知識・技能」	○知識	「～について，言ったり書き出したりしている」 「～について，学習した具体例をあげている」
	○技能	「～できる」
「思考・判断・表現」		「～している」
「主体的に学習に取り組む態度」		「～しようとしている」「～に留意している」 「～を確保している」

出典）国立教育政策研究所：「指導と評価の一体化」のための学習評価に関する参考資料．2020，pp.44-45改変

表8-5　武道の第1学年及び第2学年（例示の一部を使用）

	知識・技能		思考・判断・表現	主体的に学習に 取り組む態度
単元の評価規準（一部）	○知識 ・武道は対人的な技能を基にした運動で，我が国固有の文化であることについて，言ったり書き出したりしている。 ・武道には技能の習得を通して，人間形成を図るという伝統的な考え方があることについて，言ったり書き出したりしている。 ・武道の技には名称があり，それぞれの技を身に付けるための技術的なポイントがあることについて，学習した具体例をあげている。	○技能 ア　柔道 ・取は大外刈りをかけて投げ，受は受け身をとることができる。 ・受はけさ固めや横四方固めで抑えられた状態から，相手を体側や頭方向に返すことができる。	・提示された動きのポイントやつまずきの事例を参考に，仲間の課題や出来映えを伝えている。 ・提供された練習方法から，自己の課題に応じた練習方法を選んでいる。 ・学習した安全上の留意点を，他の学習場面に当てはめ，仲間に伝えている。	・相手を尊重し，伝統的な行動の仕方を守ろうとしている。 ・用具等の準備や後片付け，審判などの分担した役割を果たそうとしている。 ・一人ひとりの違いに応じた課題や挑戦を認めようとしている。 ・禁じ技を用いないなど健康・安全に留意している。

（下線筆者）

されている。そのため，教育課程の編成や学習・指導方法の改善と一貫性のある取り組みが求められている。

　各学校で指導計画を作成するに当たっては，学習指導要領の目標や内容等の考え方を踏まえながら，「内容のまとまりごとの評価規準」とともに，生徒や各学校の実態に応じて実際の授業を構想し，「単元の評価規準」を作成し，指導と評価の一体化を図っていく必要がある。

　ここでは，中学校の柔道を例に中学校解説の例示を活用した「単元の評価規準」の作成の手順とポイントについて説明する。

　・各学校の実際の授業にあわせて，中学校解説の例示を選択したり，より具体的な内容にしたりして規準を作成する*6。
　・例示の文末を変えるなどして単元の評価規準を作成する（表8-4，8-5[1]）。
　・指導と評価の計画を作成する（図8-1参照）。

指導と評価の計画を作成する際には，評価のみを単独で捉えるのではなく，「何を教えるのか」「どのように教えるのか」といった，指導する内容や指導方法等と関連付けて検討する。また，適切な評価場面や，具体的な評価方法が，計画に可

*6　従前，「学習活動に即した評価規準」を別途作成していたが，今次改訂とともに，「単元の評価規準」と「学習活動に即した評価規準」が一体とされ，単元の評価規準（学習活動に即した評価規準）として示されるようになった。

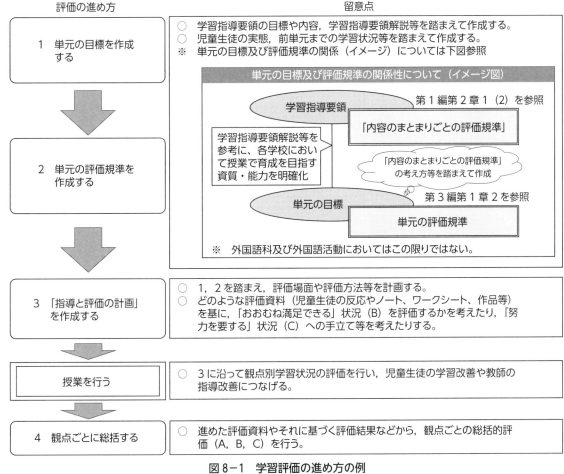

評価の進め方 / 留意点

1 単元の目標を作成する
- ○ 学習指導要領の目標や内容，学習指導要領解説等を踏まえて作成する。
- ○ 児童生徒の実態，前単元までの学習状況等を踏まえて作成する。
- ※ 単元の目標及び評価規準の関係（イメージ）については下図参照

単元の目標及び評価規準の関係性について（イメージ図）

学習指導要領 — 第1編第2章1（2）を参照
「内容のまとまりごとの評価規準」

学習指導要領解説等を参考に，各学校において授業で育成を目指す資質・能力を明確化

「内容のまとまりごとの評価規準」の考え方等を踏まえて作成

単元の目標 — 第3編第1章2を参照
単元の評価規準

※ 外国語科及び外国語活動においてはこの限りではない。

2 単元の評価規準を作成する

3 「指導と評価の計画」を作成する
- ○ 1，2を踏まえ，評価場面や評価方法等を計画する。
- ○ どのような評価資料（児童生徒の反応やノート，ワークシート，作品等）を基に，「おおむね満足できる」状況（B）を評価するかを考えたり，「努力を要する」状況（C）への手立て等を考えたりする。

授業を行う
- ○ 3に沿って観点別学習状況の評価を行い，児童生徒の学習改善や教師の指導改善につなげる。

4 観点ごとに総括する
- ○ 進めた評価資料やそれに基づく評価結果などから，観点ごとの総括的評価（A，B，C）を行う。

図8−1 学習評価の進め方の例

出典）国立教育政策研究所：「指導と評価の一体化」のための学習評価に関する参考資料 中学校 保健体育．2020．p.41

視化できるようにすることが大切である。

◆ **話し合ってみよう**

武道（柔道）の授業づくりの留意点について，以下の1）～5）を参考にして話し合ってみよう。

1）技の系統性を生かした指導計画の作成 ―投げ技を例に―

指導計画の作成に当たっては，生徒の技能の程度や学習経験等を踏まえ，どの技を，どの段階で扱うかを計画することが重要となる。その際，技を個別に扱うのではなく，投げる動作と受け身のとり方が同じ系統の技をまとめて扱うようにする。これにより，投げられたときの受け身を習熟させたり，技を発展させながら身に付けさせたりすることが効率的，効果的に進めることができる。

例えば，比較的低い位置から衝撃の少ない順に，支え技系→まわし技系→刈り技系の順番で学習する技を計画していくことが考えられる（表8−6[1]）。

表8-6　中学校解説に示された技の系統表（一部）

系		中学1・2年	中学3年
投げ技	支え技	膝車	
		支え釣り込み足	
	まわし技系	体落とし	
		大腰	
			釣り込み腰
			背負い投げ
	刈り技系	大外刈り	
			小内刈り
			大内刈り

2) 相手の動きとの関連を重視した基本動作や技の習得

　例えば，投げ技の習得に際しては，相手の体勢を不安定にし，技をかけやすい状態をつくる「崩し」から「体さばき」，「技のかけ」をまとまった一連の動作として捉え，基本動作や技の動きを，一体的な対人的な技能として扱うようにする。そのため，取には崩しの方向，引手や釣り手の動作，足の運び方など，合理的な動きや体の使い方の知識を十分指導することが重要となる。また，受は技に対応した即座の受け身大切であるため，形式的な受け身の反復練習にとどまらず，技の崩しや体さばきに応じた受け身の習熟が重要である。

3) 安全確保に向けた取り組み

①　受け身

　投げ技の学習の前提として，その技で投げられても一定程度の受け身をとれることが担保されなければ，安全に練習は進められない。受け身の習熟は投げ技の学習にとって重要な内容といえよう。その際，取と受の双方の立場から，相手にけがをさせないための合理的で適切な投げ方と自分の身を守るための受け身とを指導しておくことが重要である。特に，「頭を打たせない」，「頭を打たない」ようにするための，段階に応じた受け身をしっかりと身に付けさせたい。

○取は，安定した姿勢から，正しい崩しや体さばきを行い，引き手（受の袖）を引いて投げること（図8-2）。

○受は，潔く自分から受け身をとる習慣を付けること。投げられまいと，無理な体制で転がったり，手をついたりして防ぐことを避けること。

　安全を確保する取と受の関係性を理解させる上でも，初歩的な受け身の練習から，2人1組で受け身の練習を繰り返し，「頭を打たせない」ための取の姿勢や動作，「頭を打たない」ための受の姿勢や動作を習熟することが効果的である。

　また，受が安全に受け身をとれるようになるまで，膝をついた姿勢で技を受けたり，ゆっくりした動作から始めたりするなどの段階的な指導や投げ込みマットを活用するなどの工夫が有効である。初歩の段階では，扱う技との関連から，横

図8-2　引手を引く　　　　　　　　　図8-3　2人1組の横受け身の練習例

表8-7　柔道の練習方法

練習方法	実施の目的や留意点等
かかり練習	打ち込みとも呼ばれ，主に投げ技に入るまでの動き（崩し，体さばき，かけ）を繰り返し反復して正しい技の形を身に付ける。 初歩の段階では，技をかけやすいように身長や体重などの体格を考慮した組み合わせを工夫する。進んだ段階では，技に入るスピードや強さ，本数を増しながら，その場だけでなく1歩，2歩の動きや前後左右の移動を使ったかかり練習を工夫する。
約束練習	取と受の約束した動きの中で投げるタイミングや受け身のとり方，または抑え技への入り方などを練習しながら実際の攻防の感覚を身に付けるもの。 投げ技の初歩の段階では，受が安心して受け身をとりやすい低い姿勢から段階的に高い姿勢に移るようにする。進んだ段階では，1，2歩の動きや前後左右の移動を使ったり，交互に投げたりするなど約束（動きの条件）を工夫して，実際の攻防に近づけていく。
自由練習	乱取りとも呼ばれ，かかり練習や約束練習で身に付けた投げ技や抑え技を，実際の攻防で試し合うもの。 投げ技の自由練習を行う場合は，学習段階に応じて使用する技を限定したり，適切な時間や回数，活動場所の広さ，となりの組との間隔を設定したりするなど，生徒の技能の程度に十分配慮する必要がある。また，技能や体力，体格が同程度の生徒同士を組ませるなど，安全面の約束事項を徹底するように教師が十分配慮して安全を確保することが大切である。

受け身と後ろ受け身を中心に習熟させるようにする（図8-3）。

②　安全を考慮した段階的な練習法の活用

安全を確保しながら，投げる，抑えるなどの対人的技能を高めるためには，かかり練習，約束練習，自由練習などの伝統的な練習方法を段階的に取り扱う方法が考えられる（表8-7）。そのため，練習の目的や実施方法について指導し，生徒の技能の程度や学習の段階に合わせた方法を選択して取り扱うことが重要である。

4）情報活用能力の育成　—ICTの活用を通して—

学習指導要領では情報活用能力を，情報及び情報技術を適切かつ効果的に活用して，問題を発見・解決したり自分の考えを形成したりしていくために必要な資質・能力としている。中・高校での授業においては，例えば，実技の学習において，学習に必要な情報の収集やデータの管理・分析，課題の発見や解決方法の選択などにおけるICT（情報通信技術）の活用が考えられる（図8-4）。また，動画や写真などの情報をグループで共有しながら話し合ったり，動画や写真などを用いて課題や成果や根拠などの意見交換をしたりすれば，「主体的・対話的で深い学びの促進にも効果があると考えられる。

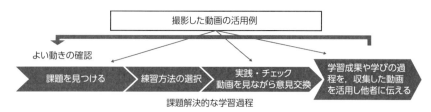

図 8-4　2 人 1 組の横受け身の練習例

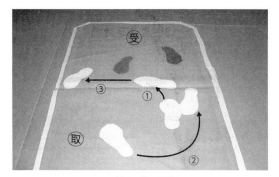

図 8-5　体さばき習得シート

なお，実際の授業においては，補助的手段として活用するとともに，効果的なソフトやプログラムの活用を図るなどして活動そのものの低下を招かないよう留意が必要である。

5）苦手意識や意欲的でない生徒への対応

生徒一人ひとりの可能性を最大限に伸ばすためにも，個に応じた指導を推進する必要がある。特に，運動に苦手意識をもつ生徒や運動に意欲的でない生徒への対応を丁寧に行いたい。

ともすると，基本動作や受け身，技などの反復練習など単調な活動になりやすい。そのことが，学習意欲の減退につながったり苦手意識をもたせたりすることにつながることも多い。そのため，生徒にとって易しく，魅力のある教材や教具を提供し，どの生徒にも技能の高まりが実感できるようにすることが重要である（図 8-5）。例えば，柔道の固め技の学習で「抑え込みの条件」を示して，生徒に効果的な抑え方を試行錯誤させるなど，生徒が主体的に技を工夫する場面を設ける実践は，意欲を高める上で効果的である。その経験を踏まえた上で，抑え技の学習に入り，技のポイントや体の使い方について知識と技能を関連させ，興味や関心を一層高める学習につなげることが考えられる。

また，生徒の心理的不安を取り除くことも大切にしたい。格闘的な要素をもつ領域であるため，投げられたり，打突されたりするなどの活動から，けがや事故の心配が生じる場合が少なくない。安全な場や痛くない用具等（例えば，柔道の投げ込みマット）を準備し，心理的な不安を軽減させ，学習課題に取り組むことができるよう工夫する。

さらに，苦手意識をもつ生徒は，周りの生徒の視線が気になり，動きが消極的になったり，運動が嫌いになったりする場合も考えられる。そのため，学習集団に受容的で肯定的な雰囲気をつくることも，苦手意識を払拭し学習意欲を向上させることに影響することを理解しておきたい*7。

生徒が，安全に安心して授業に取り組めるようにするためには，武道が，技能の習得などを通して人間形成を図るという考え方を大切にした領域であることを強調した授業づくりも大切である。相手と直接的に攻防し互いに高め合うという特徴があるため，相手をお互いに尊重し合うための独自の作法，所作を守ろうと

*7　「小学校学習指導要領（平成 29 年告示）解説体育編」には，運動領域の種目ごとに「運動が苦手な児童への配慮の例」や「運動に意欲的でない児童への配慮の例」が示されている。これらを参考に，中学校や高等学校においても，発達の段階を踏まえ，運動が苦手と感じている生徒や運動に意欲的に取り組まない生徒への指導に応用したい。

することや，自分や仲間の安全に留意することなどの指導を充実させたい。特に，伝統的な行動の仕方の指導については，単に形の指導に終わるのではなく，相手を尊重する気持ちを込めて行うことが求められる。こうした，武道の特性の視点から，学びに向かう力，人間性等に関する指導内容の意義や価値について，繰り返し指導することが求められる。

2.　体育理論

Q1：なぜ体育理論を学ぶ必要があるのか ……………………………………

　中学校で学ばせる体育分野，高等学校で学ばせる体育科には体育理論という領域がある。それぞれ必修の領域とされ，取り扱う単位時間数も定められている。中学校解説によれば，体育理論とは「運動やスポーツに関する科学的知識等」とされている。はたして運動を中心とする体育において，知識を中心とする理論を学ばせる必要はあるのであろうか。ここではその必要性について考える。

　体育理論そのものについて議論する前に，「知識を習得することの意義」について他教科を参考に考えてみる。例えば算数。2+2が4となる知識や100−80が20となる知識など，加算・減算の知識は学ばせる必要があるか。あるとするならば，なぜ学ばせる理由があるのか。皆さんはどのように考えるであろうか。英語でもよい。What time is it?　と読めたり話せたりすることは重要か。重要だとすれば，なぜ重要なのであろうか。

　筆者は次のように考える。先に示した加算・減算は，例えば買い物をしているときに自分が使えるお金から，これが欲しいあれが欲しいと考えてモノの値段を把握したとき，今自分は幾ら分のモノを購入しようとしているのか，あるいは使えるお金から欲しいモノを買うだけの余裕があるのかを計算できるか否かで生活力が変わる。英語の場合は，外国人に「What time is it?」と聞かれ，何と言われたかわかったり「It's seven.」などと答えたりすることができる力があれば，英語が話せる人たちとコミュニケーションをとることができる。

　加算・減算や英会話のどちらについても，わからなければ生きていけないというわけではない。しかし，わかることで「生きていく上での豊かさ」が変わるのは自明のことである。つまり，「知識を習得することは，生活の質を豊かにする上で重要である」ということになる。

　では，体育において運動やスポーツに関する「科学的知識を学ぶこと」にはどのような意義があるであろうか。体育理論で取り扱う詳細な内容は次の項で説明するとして，ここでは中学校や高等学校で示されている保健体育科の目標との関係から説明したい。本書第4週で学んだように，保健体育科は生涯にわたって心身の健康を保持増進し豊かなスポーツライフを実現するための資質・能力を育成することを目標とする。とりわけ体育理論は，豊かなスポーツライフを実現するための資質・能力を育成することに資する内容で構成されている。であるならば，

単に運動の実践を繰り返すばかりではなく，豊かなスポーツライフの実現に資する知識を習得したり，そのための学力（資質・能力）を育んだりすることは極めて重要といえる。中学校解説には具体的に体育理論で学習したことを基に「体育の見方・考え方を育み，現在及び将来における自己の適性等に応じた運動やスポーツとの多様なかかわり方を見付けること」と記されている。大切なことは，運動やスポーツに関する科学的知識を基にした中学校あるいは高等学校のそれぞれの時期に合った知識を学び，それを自身に落とし込みながら活きた形で体育的な力を高めることにある。そうすることでより「生きていく上での豊かさ」が変わり「生活の質を豊かにする」ことに資する学びが形成されていく。そのような意味で，体育理論は学ばせる必要があるといえるのである。

Q2：体育理論では何を学ぶのか ……………………………………………

　先述した通り，体育理論とは体育に関する科学的知識をもとに発達段階に応じた知識などを身に付けさせる保健体育科における1つの領域である。他の領域あるいは他教科同様，①知識，②思考力，判断力，表現力等，③学びに向かう力，人間性等によって身に付けさせる資質・能力が設定されている。体育理論は運動領域以上に知識の獲得が中心となることから学習指導要領では「知識・技能」ではなく「知識」と表記されている。では，具体的にどのような内容が位置付けられているか確認したい。

1）知　識

　体育理論で取り扱う知識の内容を表に整理した。表8-8[1]は中学校で取り扱う内容を，表8-9[2]は高等学校で取り扱う内容を示している。

　表8-8に示す通り，中学校で位置付けられている領域の内容は①運動やスポーツの多様性，②運動やスポーツの意義や効果と学び方や安全な行い方，③文化としてのスポーツの意義である。①は運動やスポーツの必要性と楽しさ，運動やスポーツへの多様な関わり方，運動やスポーツの多様な楽しみ方で構成される。②は運動やスポーツが心身及び社会性に及ぼす効果，運動やスポーツの学び方，安全な運動やスポーツの行い方で構成される。また③は現代生活におけるスポーツの文化的意義，国際的なスポーツ大会などが果たす文化的な意義や役割，人々を結び付けるスポーツの文化的はたらきで構成される。

　他方，表8-9で示すように，高等学校における領域の内容は①スポーツの文化的特性や現代のスポーツの発展，②運動やスポーツの効果的な学習の仕方，③豊かなスポーツライフの設計の仕方が位置付けられている。①はスポーツの歴史的発展と多様な変化，現代のスポーツの意義や価値，スポーツの経済的効果と高潔さ，運動やスポーツが環境や社会にもたらす影響で構成され，②は運動やスポーツの技能と体力及びスポーツによる障害，スポーツにおける技術と技能及びその変化，運動やスポーツの技能の上達過程，運動やスポーツの活動時の健康・安全の確保の仕方で構成される。また③はライフステージにおけるスポーツの楽しみ方，ライフスタイルに応じたスポーツへの関わり方，スポーツを推進するための

表8−8　中学校における体育理論の内容（知識・技能）

学年	領域の内容	項目	主な具体的内容
中1	運動やスポーツの多様性	運動やスポーツの必要性と楽しさ	運動やスポーツは，体を動かしたり，健康を維持したりする必要性や，競技に応じた力を試したり，記録等を達成したり，自然と親しんだり，仲間と交流したり，感情を表現したりするなどの多様な楽しさから生み出されてきたことを理解できるようにする
		運動やスポーツへの多様な関わり方	運動やスポーツには，「する，みる，支える，知る」などの多様な関わり方があることを理解できるようにする
		運動やスポーツの多様な楽しみ方	世代や機会に応じて，生涯にわたって運動を楽しむためには，自己に適した運動やスポーツの多様な楽しみ方を見つけたり，工夫したりすることが大切であることを理解できるようにする
中2	運動やスポーツの意義や効果と学び方や安全な行い方	運動やスポーツが心身及び社会性に及ぼす効果	運動やスポーツは，心身両面の効果が期待できることを理解できるようにする
		運動やスポーツの学び方	運動やスポーツの課題を解決するための合理的な体の動かし方などを技術といい，技能とは，合理的な練習によって身に付けた状態であること，技能は個人の体力と関連していることについて理解できるようにする
		安全な運動やスポーツの行い方	安全に運動やスポーツを行うためには，特性や目的に適した運動やスポーツを選択し，発達の段階に応じた強度，時間，頻度に配慮した計画を立案すること，体調，施設や用具の安全を事前に確認すること，準備運動や整理運動を適切に実施すること，運動やスポーツの実施中や実施後には，適切な休憩や水分補給を行うこと，共に活動する仲間の安全にも配慮することなどが重要であることを理解できるようにする
中3	文化としてのスポーツの意義	現代生活におけるスポーツの文化的意義	現代生活におけるスポーツは，生きがいのある豊かな人生を送るために必要な健やかな心身，豊かな交流や伸びやかな自己開発の機会を提供する重要な文化的意義をもっていることを理解できるようにする
		国際的なスポーツ大会などが果たす文化的な意義や役割	オリンピック・パラリンピック競技大会や国際的なスポーツ大会などは，世界中の人々にスポーツのもつ教育的な意義や倫理的な価値を伝えたり，人々の相互理解を深めたりすることで，国際親善や世界平和に大きな役割を果たしていることを理解できるようにする
		人々を結び付けるスポーツの文化的なはたらき	スポーツには民族や国，人種や性，障害の有無，年齢や地域，風土といった違いを超えて人々を結び付ける文化的なはたらきがあることを理解できるようにする

施策と諸条件，豊かなスポーツライフが広がる未来の社会で構成されている。

　これら位置付けられている知識からもわかる通り，体育理論で取り扱う知識の内容はスポーツ全般に関わるような知識が中心であり，種目特有の知識（例えばバスケットボールやサッカーの歴史やルールなど）は各運動領域の授業で取り扱うこととされている。中学，高校共に必修扱いであり，中学校は学年ごとに3単位時間以上，高等学校は6単位時間以上取り扱うこととされている。

　図8−6に中学，高校に位置付けられている領域の内容の系統性を示した。中学1年で学ぶ運動やスポーツの多様性は，最終的に高校3年で学ぶ豊かなスポーツライフの設計の仕方へと系統付けられている。また，中学2年で学ぶ運動やスポーツの意義や効果と学び方や安全な行い方は高校2年で学ぶ運動やスポーツの効果的な学習の仕方に対応しており，中学3年で学ぶ文化としてのスポーツの意義は高校1年で学ぶスポーツの文化的特性と多様な変化に結び付けられている。

　中学と高校の大きな違いは，中学では生徒が個人的な視点から運動やスポーツに関わる知識を学習するのに対し，高校ではそれらをより社会的な視点から学習

表8-9 高等学校における体育理論の内容（知識・技能）

学年	領域の内容	項目	主な具体的内容
高1	スポーツの文化的特性や現代のスポーツの発展	スポーツの歴史的発展と多様な変化	スポーツは人類の歴史とともに世界各地で日常の遊びや生活などから生まれてきており，その理念が時代に応じて多様に変容してきていることを理解できるようにする
		現代のスポーツの意義や価値	現代のスポーツは，国際親善や世界平和に大きな役割を果たしており，その代表的なものにオリンピックやパラリンピック等の国際大会があることを理解できるようにする
		スポーツの経済的効果と高潔さ	現代のスポーツの経済的効果には，スポーツの実施による直接的な効果のみならず，経済活動に大きな影響を及ぼしていることを理解できるようにする
		スポーツが環境や社会にもたらす影響	スポーツに関わる人々の増加は，地域の人々の生活や社会環境にも様々な影響をもたらすようになっていることを理解できるようにする
高2	運動やスポーツの効果的な学習の仕方	運動やスポーツの技能と体力及びスポーツによる障害	運動やスポーツの技能は，体力と相互に関連しており，技能は，身長や体重などの体格や巧みさなどの体力との関連で発揮されることを理解できるようにする
		スポーツの技術と技能及びその変化	個々の運動やスポーツを特徴づけている技術は，練習を通して身に付けられた合理的な動き方としての技能という状態で発揮されること，技能にはクローズドスキル型とオープンスキル型の技能があることを理解できるようにする
		運動やスポーツの技術の上達過程	運動やスポーツの技能の上達過程を試行錯誤の段階，意図的な調整の段階及び自動化の段階の3つに分ける考え方があることを理解できるようにする
		運動やスポーツの活動時の健康・安全の確保の仕方	運動やスポーツを行う際は，気象条件の変化など様々な危険を予見し，回避することが求められること，けがや事故につながりそうな体験から行動や活動環境の修正を図ることが有効であることを理解できるようにする
高3	豊かなスポーツライフの設計の仕方	ライフステージにおけるスポーツの楽しみ方	スポーツには，乳・幼児期から高齢期に至るライフステージごとに，体格や体力の変化などに見られる身体的特徴，精神的ストレスの変化などに見られる心理的特徴，人間関係や所属集団の変化などに見られる社会的特徴に応じた多様な楽しみ方があることを理解できるようにする
		ライフスタイルに応じたスポーツとの関わり方	生涯にわたって「する，みる，支える，知る」などのスポーツを多様に継続するためには，ライフステージに応じたスポーツの楽しみ方を見つけることに加え，それぞれの生き方や暮らし方といったライフスタイルに応じた無理のないスポーツへの関わり方が大切であることを理解できるようにする
		スポーツ推進のための施策と諸条件	国や地方自治体は，スポーツの推進のために様々な施策を行っており，人や財源，施設や用具，情報などを人々に提供するなどの条件整備を行っていることなどを理解できるようにする
		豊かなスポーツライフが広がる未来の社会	スポーツを，人生に潤いをもたらす貴重な文化的財産として未来に継承するためには，スポーツには健康で生き生きとした生活をもたらしたり，様々な人々とつながったりするなどの可能性があることなどを理解できるようにする

するように構成されているところである。重要なことは，6学年間の学習を通して最終的に生徒個々人が卒業後も自分に適したスポーツとの関わり方を見つけられるようにすることである。

2）思考力，判断力，表現力等

　表8-10は中学校及び高等学校の体育理論で学習する思考力，判断力，表現力等の内容を示したものである。ここに示される通り，学年毎の思考力，判断力，表現力等の内容は基本的に各学年で学ぶ知識の内容について①課題を発見すること，②よりよい解決に向けて思考し判断すること，③他者に伝えることの3つの

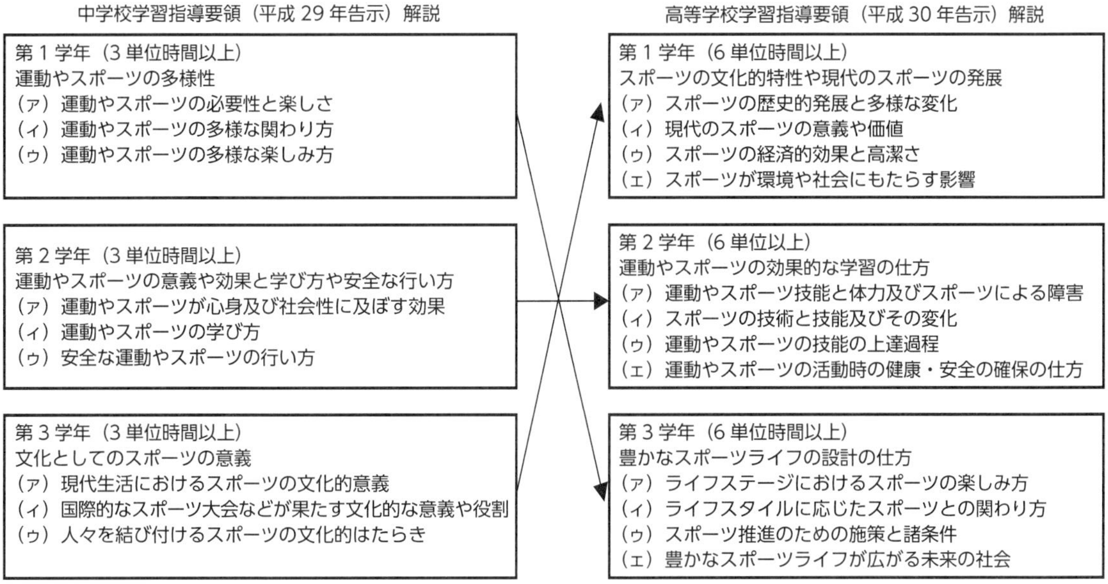

中学校学習指導要領（平成 29 年告示）解説　　　　　　高等学校学習指導要領（平成 30 年告示）解説

第 1 学年（3 単位時間以上）
運動やスポーツの多様性
（ァ）運動やスポーツの必要性と楽しさ
（ィ）運動やスポーツの多様な関わり方
（ゥ）運動やスポーツの多様な楽しみ方

第 1 学年（6 単位時間以上）
スポーツの文化的特性や現代のスポーツの発展
（ァ）スポーツの歴史的発展と多様な変化
（ィ）現代のスポーツの意義や価値
（ゥ）スポーツの経済的効果と高潔さ
（ェ）スポーツが環境や社会にもたらす影響

第 2 学年（3 単位時間以上）
運動やスポーツの意義や効果と学び方や安全な行い方
（ァ）運動やスポーツが心身及び社会性に及ぼす効果
（ィ）運動やスポーツの学び方
（ゥ）安全な運動やスポーツの行い方

第 2 学年（6 単位以上）
運動やスポーツの効果的な学習の仕方
（ァ）運動やスポーツ技能と体力及びスポーツによる障害
（ィ）スポーツの技術と技能及びその変化
（ゥ）運動やスポーツの技能の上達過程
（ェ）運動やスポーツの活動時の健康・安全の確保の仕方

第 3 学年（3 単位時間以上）
文化としてのスポーツの意義
（ァ）現代生活におけるスポーツの文化的意義
（ィ）国際的なスポーツ大会などが果たす文化的な意義や役割
（ゥ）人々を結び付けるスポーツの文化的はたらき

第 3 学年（6 単位時間以上）
豊かなスポーツライフの設計の仕方
（ァ）ライフステージにおけるスポーツの楽しみ方
（ィ）ライフスタイルに応じたスポーツとの関わり方
（ゥ）スポーツ推進のための施策と諸条件
（ェ）豊かなスポーツライフが広がる未来の社会

図 8-6　体育理論の系統性（知識・技能）

表 8-10　思考力，判断力，表現力等の内容

学年	内　　容
中 1	運動やスポーツが多様であることについて，自己の課題を発見し，よりよい解決に向けて思考し判断するとともに，他者に伝えること
中 2	運動やスポーツの意義や効果と学び方や安全な行い方について，自己の課題を発見し，よりよい解決に向けて思考し判断するとともに，他者に伝えること
中 3	文化としてのスポーツの意義について，自己の課題を発見し，よりよい解決に向けて思考し判断するとともに，他者に伝えること
高 1	スポーツの文化的特性や現代のスポーツの発展について，課題を発見し，よりよい解決に向けて思考し判断するとともに，他者に伝えること
高 2	運動やスポーツの効果的な学習の仕方について，課題を発見し，よりよい解決に向けて思考し判断するとともに，他者に伝えること
高 3	豊かなスポーツライフの設計の仕方について，課題を発見し，よりよい解決に向けて思考し判断するとともに，他者に伝えること

内容で構成されている。中学と高校の違いをみると，発見する課題に自己が付されているか否かである。中学校の内容には自己が付されているのに対し，高等学校のそれには自己が付されていない。これは中学の内容が個人的な視点からの学習が強調されるのに対し，高校のそれは社会的な視点からの学習が強調されるためである。

3）学びに向かう力，人間性等

　表 8-11 は中学校及び高等学校の体育理論で学習する学びに向かう力，人間性等の内容を示している。ここには学びに向かう力，人間性等においても学年毎の領域の内容を対象にした取り組みが学習内容として示されている。発達段階的な違いをみると，中学校第 1 学年及び第 2 学年，中学校第 3 学年及び高等学校第 1

表8−11　学びに向かう力，人間性等の内容

学年	内　　　容
中1	運動やスポーツが多様であることについての学習に積極的に取り組むこと
中2	運動やスポーツの意義や効果と学び方や安全な行い方についての学習に積極的に取り組むこと
中3	文化としてのスポーツの意義についての学習に自主的に取り組むこと
高1	スポーツの文化的特性や現代のスポーツの発展についての学習に自主的に取り組むこと
高2	運動やスポーツの効果的な学習の仕方についての学習に主体的に取り組むこと
高3	豊かなスポーツライフの設計の仕方についての学習に主体的に取り組むこと

学年,高等学校第2学年及び第3学年の3段階で取り組みの様相が異なっている。中学校第1学年及び第2学年では「積極的に」，中学校第3学年及び高等学校第1学年には「自主的に」，高等学校第2学年及び第3学年には「主体的に」という言葉が用いられている。「積極的に」は教師や仲間からの関わりを伴いながらも意欲的に取り組んでいるか否かが問われるのに対し，「自主的に」あるいは「主体的に」ではそのような他者との関わりなどは関係なく自ら課題に取り組むか否かが問われる点で積極的とは様相を異にする。また自主的と主体的の違いはやるべきことが決まっている中で自ら学習に取り組むのか，あるいは取り組む課題の価値がわかり，やるべきこと自体を自ら判断しながら課題に取り組んでいるのかが異なっている。前者は自主的で後者は主体的となる。

◆ 話し合ってみよう

生徒たちに十分に理解させるためには，どうすればよいだろうか。
生徒たちには各々の授業で「わかった！」とか「なるほど！」と思ってもらいたいものである。どのようなことに心がければ，生徒たちはそのような深い理解を得られるであろうか。

　まずは生徒に問いをもたせること。次に，生徒たちの既有の知識や想像しやすい内容を具体例として想起させながら明確に物事を区別させたり，関連付けさせたりすることが重要である。以下に例をあげる。
　「スポーツの文化的な意義」について考えさせ，理解させたいとする。ここで「スポーツには文化的な意義があります」とただ説明しても，ほぼ生徒の頭に残ることはない。生徒たちに深く理解させるためには，例えばまず「文化とは何か」と尋ね，野に自生している状態の芝とサッカーコートの芝を見せ，あるいは川とプールを見せどちらが"文化"であるかを問う。自ずとサッカーコートやプールは文化の産物で，野生の芝や川は自然のそれと気付く生徒が出てくるし，文化とは人間の知恵によって生み出されたものと集約できよう。
　その上でスポーツは文化か文化ではないかと問えば，すぐに文化であると理解できる。
　次に「意義」とは何かを問い，インターネットや辞書で調べさせて自分の言葉

で言い換えができるようにすれば，生徒たちに理解させたいのは「人間の知恵に
よって生み出されたスポーツの価値とはどのようなものであるか」というところ
に自らの力でたどり着き，それにより理解が深まっていく。

　生徒たちには獲得した知識をもとにそれらを活用して思考，判断，表現したり，
それらの学習に主体的に取り組む態度を育成することが求められる。しかし，ま
ずは獲得すべき知識の十分な理解を保障すべきであり，その上で獲得した知識を
十分活用する力が身に付くようにしたい。

参考文献

1）文部科学省：中学校学習指導要領（平成29年告示）解説 保健体育編. 東山書房, 2018
2）文部科学省：高等学校学習指導要領（平成30年告示）解説 保健体育編 体育編. 東山書房, 2019
・文部科学省：学校体育実技指導資料第2集　柔道指導の手引（三訂版）. 2013
　https://www.mext.go.jp/a_menu/sports/jyujitsu/1334217.htm（2021.3.15 参照）
・文部科学省：柔道指導のための映像参考資料. 2012
・文部科学省：柔道の授業の安全な実施に向けて. 2012
　https://www.mext.go.jp/a_menu/sports/judo/1318541.htm（2021.3.15 参照）
・国立教育政策研究所：「指導と評価の一体化」のための学習評価に関する参考資料 中学校 保健体育. 2020
　https://www.nier.go.jp/kaihatsu/pdf/hyouka/r020326_mid_hokent.pdf（2021.3.15 参照）
・高橋健夫，岡出美則，友添秀則他：体育科教育学入門. 大修館書店, 2010
・佐藤豊，友添秀則：楽しい体育理論の授業をつくろう. 大修館書店, 2011

よい体育授業とは

1. よい体育授業の条件

Q：よい体育の授業とは，どのような授業だろうか……………………

(1) よい体育授業の条件とは

体育の授業では，楽しく運動やスポーツに取り組みながら技能を高めたり，練習方法を工夫したり，仲間と協力したりすることなどを学習する。マット運動の学習で，初めてハンドスプリングができたとき。バスケットボールのゲームで，シュートを決めて仲間たちから称賛されたとき。いずれの場合も，生徒の表情は喜びに満ちあふれ，「次はもっと難しい課題に挑戦してみよう」と学習の意欲が喚起される。このように，生徒たちが学習の成果を得ることができるような授業こそ，よい体育の授業であるといえよう。

では，このような授業は，生徒たちにただ運動やスポーツを経験させるだけで果たして実現できるものなのか。その答えは「ノー」である。よい体育の授業を実現していくためには，様々な条件を整えなければならない。図9-1は，よい体育の授業を成立させるための条件を示したものである。

よい体育の授業の条件は，授業の目標や指導内容，それを具体化した教材（教具を含む），そして教材に取り組む学習方法などの「内容的条件」と，学習の勢いを保つための学習規律やマネジメント，さらには肯定的な人間関係や情緒的な解放がみられる授業の雰囲気などの「基礎的条件」に分けられる。例えば，教師が，生徒たちが意欲的に取り組めるように教材（練習やゲーム）を工夫したとしても，用具の準備などに時間がかかり過ぎてしまい，教材に取り組む時間が少なくなってしまえば，生徒たちは物足りなさを感じ，学習の成果も上がらない。つまり，上記の「内容的条件」と「基礎的条件」の双方が整ってはじめて，よい体育の授

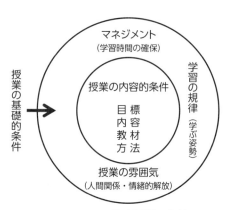

図9-1 よい体育授業の条件

出典）高橋健夫，岡澤祥訓：よい体育授業の構造，体育の授業を創る．大修館書店，1994，p.17

業が実現可能となる。

◆ **話し合ってみよう**

自分が中学生（または高校生）のとき，どのような体育の授業が行われていただろうか。思い出してみよう。

---

(2) よい体育の授業づくりの主なポイント

1) 授業の目標ならびに指導内容を明確に設定する

体育の授業は，決して生徒たちにとっての"息抜き"の場ではない。体育は国語や数学，英語などと同様に，教科の1つである。ゆえに，授業には明確な目標があり，それを達成するために具体的な指導内容が設定されなければならない。逆に，明確な授業の目標や指導内容がなければ，授業は「活動あって学びなし」となり，単なる"息抜き"になってしまうだろう。

体育授業の目標や内容は，中学校及び高等学校学習指導要領に基づいて設定される。中学校学習指導要領では，生涯にわたって豊かなスポーツライフを実現するための資質・能力を育成することができるよう，「知識及び技能」，「思考力，判断力，表現力等」，「学びに向かう力，人間性等」の3つの柱で目標ならびに内容が示された。例えば，中学校解説[1]には，中学校3年生，球技・ゴール型の「知識及び技能」の目標として以下のように示されている。

次の運動について，勝敗を競う楽しさや喜びを味わい，技術の名称や行い方，体力の高め方，運動観察の方法などを理解するとともに，作戦に応じた技能で仲間と連携しゲームを展開すること。

ア　ゴール型では，安定したボール操作と空間を作りだすなどの動きによってゴール前への侵入などから攻防をすること。

そして，この目標の達成に向けて，ゴール前に広い空間を作りだすために，守備者を引きつけてゴールから離れることや，ボール保持者が進行できる空間を作りだすために，進行方向から離れることなどのボールを持たないときの動きが指導内容として設定される。

このように授業の目標や学習の内容が明確に設定された授業は，学習者による授業評価が高いといわれている[2]。「何のためにバスケットボールを学ぶのか」や，「今日のバスケットボールの授業では何を学ぶのか」など，何のために，何を学ぶのかが明確になることで，生徒たちはより主体的に学ぶことができるようになる。

2) 学習者にとって魅力的な教材を提供する

体育の授業では，他の教科と異なり教科書を使いながら学習を進めていくことはほとんどない。そのため，生徒たちは，教師によって提供される教材を通して学習を進めていく。そのような意味では，教材づくりはまさに体育の授業づくり

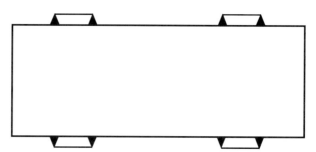

図 9-2　横長のフィールドを使った 2 ゴールサッカー（※コーンゴールを使用）

の生命線であるといえよう。

　例えば，中学校 2 年生のサッカーの授業で，公式ルールに基づいて，オフサイドありの 11 対 11 のゲームを行うとする。果たしてすべての生徒たちが，サッカーの楽しさや喜びを味わうことができるだろうか。サッカー部に所属している生徒や運動が得意な生徒であれば，巧みなドリブルあるいはパスをつないでゴール前までボールを運び，シュートを決めることができるかもしれない。しかし，運動が苦手な生徒にとっては，それは決して容易なことではない。なかには中学校（または高校）の 3 年間で，ゲームで一度もシュートを打つことさえなく卒業していく生徒もいるだろう。そのような生徒を含め，全ての生徒たちが運動やスポーツの楽しさや喜びを味わうことができるよう，教師は教材を工夫しなければならない。中学校解説[1]には，球技・ゴール型の指導に際して，ゴール前の空間をめぐる攻防についての学習課題を追求しやすいようにプレイヤーの人数，コートの広さ，用具，プレイ上の制限を工夫したゲームを取り入れることが明記されている。このようなプレイヤーの人数やコートなどの工夫によってゲームにおける戦術的課題が誇張され，その解決方法が学習として焦点化される。上記のサッカーのゲームを例にあげれば，ゲームの人数を 8 対 8 に修正することで，1 人のプレイヤーがボールに触れる回数を増やすことができる。また，サッカーの場合，守備プレイヤーの頭上を越えるようなパス（いわゆる，ループパス）を出すことは難しいため，ボールを持っていないプレイヤーは左右に動いてパスコースを作らなければならない。そのようなサポート（味方からパスをもらうための動き）を学習させたい場合には，使用するフィールドを通常の縦長から横長へと修正することが効果的である（図 9-2）。

　このように教師が教材を工夫することによって，生徒たちがその運動，スポーツの楽しさや喜びを味わうことができるようになる。また，生徒たちにとって魅力的な教材は，主体的な学びを促すことにもなる。よい体育の授業の実現に向けては，生徒たちの実態に応じた教材づくりがカギを握っているといえる。

3) 授業のマネジメントを工夫する

　「もう一度集合」という教師の指示が多い授業。用具の準備や場の移動に多くの時間が費やされる授業。

　このような授業では学習の勢いが失われ，生徒たちが練習やゲームなどに取り

組む時間も少なくなってしまう。その結果，生徒たちの学習意欲は低下し，学習の成果もなかなか上がらない。体育の授業場面は主に，教師の指示や説明などの「インストラクション場面」，移動や待機，用具の準備や後片付けなどの「マネジメント場面」，準備運動や練習，ゲームなどの「運動学習場面」，グループでの話し合いや学習カードの記入などの「認知学習場面」に区分される[2]。なかでも，運動学習場面に関しては，授業全体の50％以上確保することが望ましいとされている。他方で，マネジメント場面については，20％を超えないようにすべきとされている[3]。したがって，生徒たちに練習やゲームなどに取り組む時間を十分に保障するためには，用具の準備や場の移動などの授業のマネジメントを工夫することが重要なのである。

　では，どのように授業のマネジメントを工夫すればよいのか。

　まず，用具の準備ならび後片付けに関しては，誰が，何を，どこに（どのように）準備するのか（片付けるのか）を明確にすることがあげられる。これらがはっきりしていないと，生徒たちもどのように行動すればいいのかがわからない。そのため，教師は授業ごとに，「○○グループは，体育倉庫からラインカーを持って来て，コートのラインを引いてください」や「○○さんは，学習カードを全員に配布してください」などといった指示を出さなければならなくなる。しかし，単元初めのオリエンテーションで，どのグループがコートを作るのか，誰が学習カードを配布するのかなどを決めておけば，それ以降の時間は教師からの指示がなくとも，生徒たちは自主的に用具の準備（後片付け）に取り組むようになり，マネジメント場面の時間量も減らすことができる。

　次に，場の移動に関しては，次の学習の場（例えば，グループの練習場所やゲームが行われるコートなど）へ素早く移動することを促す教師の声かけも重要ではあるが，生徒たちの主体的な行動を引き出すためには，事前に学習の流れを把握させることがポイントとなる。本時の学習がどのような流れで展開されていくのかということが明確になっていれば，生徒たちは教師からの指示がなくとも，次の学習の場へと素早く移動することができるだろう。

　球技の授業では，グループ練習が終わった後に一度クラス全体を集合させて，ルールや対戦相手の確認などを行ってから再度コートに移動させ，ゲームを開始するという場面をしばしば見かける。しかし，本時の指導内容を確認する際に，ゲームのルールや組合せを提示することによって，練習とゲームの間の集合は省略することはできる。このように，教師が授業のマネジメントを工夫することで，生徒が運動学習に従事する時間を十分に確保することが可能となり，学習成果の向上にもつながっていく。

2. 学習集団づくり

Q：体育の授業を効率よく進めていくためには，どのような学習の形態がよいだろうか ……………………………………………………………………

(1) 生徒による主体的・対話的で深い学びを促す学習の形態

これまで，国語や数学など教室で行われる授業では，教師が生徒全員に対して指導内容を伝える，「一斉学習」が一般的であった。しかし，2017（平成29）年に改訂された学習指導要領において，生徒の主体的・対話的で深い学びを促す授業改善が強調されたことから，これからの授業では，一斉学習だけでなく，生徒同士が協力し合いながら自己や仲間の課題を解決していく，グループを基礎とした学習も採用していくことが求められる。

しかし，体育の授業では，以前より複数の学習形態が取り入れられてきた。本時の指導内容の確認や学習のまとめなどは一斉学習で行われてきたが，グループごとに分かれてゲームの作戦について話し合ったり，課題を解決するための練習方法を選んだりする場合にはグループを基礎とした学習が用いられてきた。つまり，体育では，授業を効率よく進めていくために，指導内容などに応じた学習形態が採用されてきたのである。

このように，体育の授業において，生徒同士が関わり合いながら学習を進めていく形態が取り入れられてきた背景には，体育の主要な目標の1つに社会性の育成が位置付けられてきたことがある。中学校学習指導要領においても，例えば，1・2年生の器械運動領域では，「学びに向かう力，人間性等」の内容が以下のように示されている。

> 器械運動に積極的に取り組むとともに，よい演技を認めようとすること，仲間の学習を援助しようとすること，一人一人の違いに応じた課題や挑戦を認めようとすることなどや，健康・安全に気を配ること。

器械運動のような個人種目であっても，技能を身に付けることだけが目標になるのではなく，仲間の試技を補助したり，課題の解決に向けて仲間に助言したり，仲間の挑戦を称賛したりするなど，他者との関わり合いを通して社会性を身に付けていくことも重要な目標として位置付けられる。

◆ 話し合ってみよう
生徒同士が協力して学習を進めていくためには，どのようなアイデアがあるだろうか。

(2) 生徒同士が積極的に関わり合う学習集団づくり
最初の授業からグループを基礎とした学習が有効に機能するかというと，決し

てそうではない。「同じグループの仲間同士で積極的に関わり合いながら学習を進めよう」と言っても，生徒同士の信頼関係が構築されていない状況下では，そのように学習は進まない。そのため，最初は教師主導による一斉学習や班別学習[*1]で進めていきながら，徐々に生徒主導のグループ学習へと移行していくことが重要である。相手のことを知り，相手に認められ，相手のことも認めてあげる。それらの活動を通して，仲間との連帯感が醸成されていき，"準拠集団[*2]"としての学習集団が形成されていく。

このようなプロセスにより，グループを基礎とした学習が有効に機能するようになっていくわけであるが，教師の取り組みとしては，以下のものがあげられる。

① 単元前のグルーピング（グループ分け）は，生徒一人ひとりの実態（技能のみならず，学力や性格，人間関係も含めて）を十分に考慮した上で行うこと。

② グループのメンバー一人ひとりに役割をもたせること。

③ 準備運動などにおいて，生徒同士が肯定的な相互依存関係を生み出す教材を提供すること。

④ 円陣やハイタッチなど，スポーツ特有の儀式形式を取り入れること。

⑤ グループによる学習のまとめでは，仲間を称賛する機会を設定すること（例えば，仲間のよかった点を付箋紙に書いて渡す，「プレゼントカード」方式など）。

このように，生徒同士が関わり合う機会を意図的に設定することで，仲間との連帯感が高まり，グループを基礎とした学習も有効に機能するようになっていく。ただ，思春期にある中学校段階において，男女共修で体育の授業を行う場合には，身体接触（例えば，手をつなぐことなど）に対して抵抗感を示す生徒もいることから，決して無理に行わせるのではなく，工夫をしながら取り組ませること（例えば，ハンドサインなど）も大切である。

3. 教師の関わり

Q：体育の授業中，教師は生徒たちとどのように関わればよいだろうか……

(1) 四大教師行動とは

よい体育授業の条件の1つに「授業の雰囲気」があげられる。雰囲気が暗かったり，教師が威圧的に指示を出したりするような授業では，生徒たちは思い切り運動やスポーツを楽しむことができない。そのため，教師は，よい授業の雰囲気づくりを行うために，肯定的な言葉がけをたくさん行うことが求められる。「ナイスシュート」や「今の動きはよい動きだったよ，○○さん」などといったような言葉をかけることで，生徒たちは運動に対する有能感[*3]高め，より意欲的に学習に取り組むようになっていく。

体育の授業中の教師の行動は主に，「インストラクション（直接的指導）」，「マネジメント」，「モニタリング（観察）」，「相互作用」の4つに分けられる。インス

*1 班別学習：学習者をいくつかの集団に分けて，教師がそれぞれの集団に応じて指導する形態のことである。一斉学習の能率のよさが取り入れられているが，子ども相互の教え合いを強く求めないため，受動的な学習態度を生じさせやすいとされる[4]。

*2 準拠集団：個人が意思決定をしたり，評価したりする場合などに拠り所とする集団のこと[5]。ここでは，仲間同士で協力して達成を目指す目標をもった集団のことを意味する。

*3 運動有能感：「身体的有能さの認知」，「統制感」，「受容感」の3因子によって構成されることが明らかにされている[6]。そのため，運動有能感を高めるためには，自らの技能や記録が高まったと感じさせるだけでなく，教師や仲間から肯定的に評価される機会も必要とされる。

*4 授業終了後に学習
者による授業評価を行
い，平均値より高い得点
をあげた「評価の高い授
業」（上位群33授業）と
平均値以下の「評価の低
い授業」（下位群33授業）
の2群に分けて，教師行
動がどのように異なるか
を示している。

表9-1　授業評価（上位群・下位群）別にみる教師行動 **4*

教師行動	授業評価		
	($n=33$)	($n=33$)	
インストラクション（直接的指導）	20.61%	21.98%	
マネジメント	23.83%	30.24%	*
モニタリング（観察行動）	26.70%	25.03%	
相互作用	23.78%	19.18%	**
その他	5.08%	3.57%	

（**p < 0.05*，***p < 0.01*）
出典）高橋健夫他：体育授業における教師行動に関する研究. 体育
学研究，第36巻第3号，1991　より一部改変

　トラクションとは，クラスの生徒全員に対して指導内容に関わる説明を行ったり，演示（デモンストレーション）したりする行動のことである。また，マネジメントとは，出席をとったり，用具の準備を行ったりする管理的な行動を意味する。そして，モニタリングとは，生徒たちの学習行動や学習環境（例えば，危険な場所の有無など）を観察する行動，相互作用とは，発問や受理，フィードバックなど，教師と生徒との間で双方向的に情報交換がなされる行動のことを指す[7]。これらは「四大教師行動」と呼ばれ，なかでもマネジメントと相互作用については，学習者の授業評価に影響を与えるといわれている（表9-1）。

（2）教師による相互作用の重要性

　教師による相互作用には，「発問」，「受理」，「フィードバック」，「励まし」などがある。

　発問には，「価値的」，「創意的」，「分析的」，「回顧的」なものがあげられる。これからの体育では，先述したような資質・能力を育成するために，課題解決的な学習を位置付けていくことが求められる。そのため，教師の側から一方的に課題やその解決方法を提示するのではなく，最初に発問を行い，生徒自らが思考し，判断する機会を提供する。それによって，生徒たちの主体的な学びも促されていく。

　さらに，フィードバックは，生徒のパフォーマンスを肯定的に評価する言葉がけや称賛（例えば，「うまい」，拍手する）などの「肯定的」フィードバックと，生徒のパフォーマンスを改善するための助言（例えば，「膝をまっすぐ伸ばして」）などの「矯正的」フィードバック，そして生徒のパフォーマンスを否定する言葉がけ（例えば，「だめだ」）などの「否定的」フィードバックに分けられる。なかでも，肯定的フィードバックと矯正的フィードバックに関しては，生徒たちの技能的成果を保障する上で重要とされている。例えば，バスケットボールの授業でシュート練習に取り組んでいるとき，ボールが（ゴールの）リングまで届かない生徒に対して，「もっとがんばれー！」（励まし）という声かけを行っても，シュートが入るようにはならない。このような場合は，「シュートを打つときは，膝を軽

く曲げて，それを伸ばすときの力を使って打ってみよう」などといった矯正的フィードバックを与えることで，その生徒は教師からの情報をもとにパフォーマンスを修正し，リングまでボールが届くようになっていく。実際，教師による声かけの中で，学習者が「役に立った」と回答したものはフィードバックが最も多く（73.8%），なかでも，技能的学習に関わる矯正的かつ具体的フィードバックが多いこと（41.5%）が明らかになっている[8]。

　このような有効なフィードバックを提供していくためのポイントとしては，以下の2点があげられる。

　まず1点目は，生徒の学習行動を適切にモニタリング（観察）することである。生徒たちの学習の様子をただ何となく観ているだけでは，生徒たちが抱えている課題を見つけることは難しい。生徒たちの学習状況を適確に把握できるよう，教師には積極的な観察が求められる。また，モニタリングの際には，生徒が課題を解決した（すなわち，「できた」）瞬間に称賛したり，生徒の危険行為に対してすぐさま否定的フィードバックを提供したりすることができるよう，可能な限りブラインドサイド（死角になる部分）を作らないような観察のルートを確保することも大切である。

　2点目は，技能的学習に関わるフィードバックを提供するために必要な専門的知識を身に付けることである。「伸膝前転で上体をうまく起こすことができない」，「平泳ぎで力いっぱいキックをしているが，なかなか前に進まない」，「バットにボールが当たらない」などといったように，生徒たちは様々な技術的課題を抱えている。このような課題を解決する（つまり，「できるようになる」）ためには，教師による有効なフィードバックが求められるわけであるが，それには，生徒が抱えている技術的課題を適確に把握し，それを解決するための方法に関する知識を，教師自らが備えていなければならないのである。

◆ **話し合ってみよう**

　運動が苦手な生徒がいた場合，どのような声をかけるだろうか。

---

4. 安全への配慮

Q：体育の授業で，生徒がけがをしないようにするためには，教師はどのようなことに注意する必要があるだろうか ……………………………

(1) 体育の授業で起きる事故やけがの危険性

　「バレーボールの授業中，ある生徒がスパイクを打って着地をしようとした瞬間，足元に転がってきたボールの上に乗って転倒し，足首の靭帯を損傷してしまった」

　「ソフトボールの授業中，打者が振ったバットが手から滑って飛んでしまい，後方で見ていた生徒にバットが当たり，骨折してしまった」

いずれの事故も，実際の体育の授業中に発生したものである。よい体育の授業の条件が満たされているような授業であっても，事故が起きてけが人が出れば，よい体育の授業とはいえなくなってしまう。そのため，教師は，グラウンド（あるいは体育館）のどこかに，何か危険が潜んでいないか，ということを常に意識しながら授業を実践しなければならない。もちろん，細心の注意を払っていたとしても，転倒による擦り傷やボールのキャッチミスによる突き指などの軽いけがが起きることはあるかもしれない。しかし，上記のような事故を発生させないためにも，授業を行う前に，どのような事故やけがの危険性が想定されるかを十分に検討しておくことが重要である。

(2) 体育の授業中の事故やけがに対するリスクマネジメント

教師が事故やけがの危険性を想定し，生徒たちに対して安全面に関する指導を適切に行っていれば，上記の事故は回避できていたかもしれない。バレーボールの授業では，練習中に複数のボールを使用するため，コートのあちらこちらにボールが転がってしまうことは十分想定される。そのため，生徒たちに対して，「周りで見ている人は，ボールが転がっていないかを注意してあげよう」と安全面での配慮を促したり，使わないボールがあれば，ボールかごの中に片付けるなどと約束事を決めたりすることで，生徒がボールの上に乗って転倒してしまうという事故は回避できるはずである。また，ソフトボールの授業の場合は，ゲームに夢中になっていると，応援している生徒たちが徐々に打者の方へ近づいてしまうことがある。そのため，応援するゾーンを打席から離れた場所に設置することで，たとえバットが飛んでしまっても，応援している生徒たちに当たることはないだろう。ただし，打者の後方にいる捕手にバットが当たる危険性は想定されることから，捕手のポジションにつく生徒には，必ず捕手用のマスクなどを着用させることが重要である。

長距離走を行う前には，生徒たちの体調を十分に確認することや，水泳の授業では，（溺れている生徒がいないか）プール全体に目を配ることなど，教師が常に，体育の授業中の事故やけがのリスクに対する意識をもち，その予防策を事前に検討することで，それらの発生を最小限に抑えることが可能となる。しかしながら，教師1人ですべての生徒を同時に観察することは不可能である。したがって，生徒たち自らが安全を確保しながら学習に取り組むことで，事故やけがの危険性をさらに減らすことができる。このことに関して，例えば，高等学校学習指導要領の入学年次の水泳領域の学びに向かう力，人間性等には，「水泳の事故防止に関する心得を遵守するなど健康・安全を確保すること」[9]が，安全に関する内容として示されている。このような安全に関する内容を単元のオリエンテーションや毎時間のはじめに生徒たちに明確に伝え，学習に取り組ませることも，よい体育の授業を実現していくためには必要不可欠であるといえよう。

引用・参考文献

1) 文部科学省：中学校学習指導要領（平成29年告示）解説　保健体育編．東山書房，2018

2) 高橋健夫他：よい体育授業の条件．新版体育科教育学入門．大修館書店，2010，pp.48-53

3) 高橋健夫他：体育授業場面を観察記録する，体育授業を観察評価する．明和出版，2003，pp.36-39

4) 大友智：体育の学習形態論．新版体育科教育学入門．大修館書店，2010，pp.66-74

5) 新村出：広辞苑（第7版），岩波書店，2018，p.1413

6) 岡澤祥訓，北真佐美，諏訪祐一郎：運動有能感の構造とその発達及び性差に関する研究．スポーツ教育学研究，第16巻第2号，1996，pp.145-155

7) 高橋健夫：教師の相互作用行動を観察する，体育授業を観察評価する．明和出版，2003，pp.49-52

8) 深見英一郎，高橋健夫，日野克博，吉野聡：体育授業における有効なフィードバック行動に関する検討－特に，子どもの受けとめかたや授業評価の関係を中心に．体育学研究，第42巻第3号，1997，pp.167-179

9) 文部科学省：高等学校学習指導要領（平成30年告示）解説　保健体育編，東山書房，2019

・高橋健夫，岡澤祥訓，中井隆司，芳本真：体育授業における教師行動に関する研究．体育学研究，第36巻第3号，1991，pp.193-208

・高橋健夫他：よい体育授業の構造，体育の授業を創る．大修館書店，1994，pp.10-24

教材・教具の活用

Q：ハードル走では何を大切に教えたらよいだろうか…………………

1. よい教材とは

　「よい教材」について考えるためには，「教材」とは何を指しているのかについて明確にしておく必要がある。その際，「教材」の概念に最も関係の深い「指導内容」について触れておくことが不可欠である。そこで，陸上競技領域の「ハードル走」の指導を具体的事例として取り上げて説明する。

(1) ハードル走の指導内容

　「ハードル走を教える」とはどういうことだろうか。社会に存在している競技文化としてのルールをそのままなぞって伝えればよいのであろうか。体育教師として，何を大切にして教えるべきかを大いに深めておきたいものである。

　体育授業の中では，概してハードル走の「技能」を高めていくために，走り方のポイントを「知識」として提示し，それを手がかりとした学習指導のプロセスが設定されるであろう。そこでは外部から観察可能な望ましい動き，例えば，①遠くから踏み切る，②リード足を真っ直ぐ伸ばす，③抜き足の膝を体側部に引き付けてクリアする，④リード足の反対側の手を前方に伸ばし前傾姿勢をとる，⑤コースをまっすぐに走る，といった観点が示されるであろう。

　確かに，これらの情報は動きの目標像として重要である。ただし，ここでハードル走の本質的な課題性や，子どもたちにとってのハードル走の難しさ，つまずきの観点から，これらの指導内容を位置付け直してみたい。そこで，ある中学校のＡ先生のハードル走の理解について紹介する。

　　・ハードル走では心地よい「リズム」を味わえるとよい。一般的に，3歩のリズムの連続が気持ちよさとともに，スムーズな動きの循環を達成する前提になるに違いない。

　　・ハードル走は，疾走のストライドよりも大きな跳躍をリカバリーする運動である。走って跳ぶ（走＋跳），跳んで走る（跳＋走）の二重の「運動組合せ」[*1]を意味する。

　　・ハードルの着地でつぶれてしまう子ども，ふらついてしまってうまく走につなげられない子どもの存在は，この運動組合せの学習経験の希薄さを示しているのであろう。

　　・「着地がキックになる感覚」の学習が重要になる。心地よい3歩のリズムとは，「着地足を起点としたリズム」（着地から走り出すリズム）として捉えることができる。

　　Ａ先生の提案は，「着地足を起点としたリズム」を指導内容の中心にして，他の

*1　運動組合せ：2つあるいはそれ以上の異なる運動が結び付けられた，まとまりをもった一連の運動のこと。跳び箱で助走と踏み切り（走と跳）を融合したり，動いてくるボールをキャッチしてスローする動きを連結することは，この組合せの例である。

観点をそれに結び付けて位置付け直していく発想を意図したものである。

(2) 指導内容を習得していくための手段としての「教材」

　それでは，「着地足を起点としたリズム」を学習させるために，教師はどのような手立てを考えればよいであろうか。ここでは，子どもが実際に取り組む練習形式を提示していくことが必要であろう。そこで A 先生は次のような運動課題を工夫してみることにした[1]。

①　**リカバリー・ラン**　走路に跳び箱運動で使用する踏み切り板を置いて，スピードをつけた助走から踏み切り板を蹴って短距離走時のストライドよりも広く跳び，着地からすぐさま走り出す。着地が力強いキックになるようにすることがポイントになる。

②　**一歩ハードル**　着地後の第 1 歩が次のハードルへの踏み切りになるハードル走練習。着地でブレーキをかけずに，「着地足を起点にしたリズム」（1・ジャンプ～1・ジャンプ～のリズム）を生み出すことがポイントになる。

③　**ホワイト・ライン**　ハードルのコースの中央に白い直線のラインを引き，ハードリングやインターバルでの走りが乱れないように，「まっすぐ走る」目安にする。まっすぐ走ることへの意識は，安定した着地，キックになる着地の習熟に結び付く。

　リカバリー・ラン，一歩ハードル，ホワイト・ラインといった練習形式は，「着地足を起点にしたリズム」を習得するための手段としての「教材」として捉えられる。このような事例から，「教材」とは「指導内容」との関係において，次のような概念を有するものとして理解できる[2]。

> 　教材とは，指導内容を習得するための手段であり，その指導内容の習得をめぐる教授＝学習活動の直接の対象となるものである。

　この際，「指導内容」は「体育授業において，教師が子どもに学習されることを期待して用意した教育的に価値のある文化的内容」として理解できる。広い意味で「文化としてのスポーツ」と「スポーツに関する科学」が指導内容に位置付くといってよい。授業づくりのレベルでは，スポーツに関する知識（論理的あるいは感覚的認識），技術・戦術やルールやマナー，練習やゲームの組織・運営の仕方，またこれらについての学び方を含めて考えることができる。

(3) 「よい教材」とは何か

　ここでようやく「よい教材とは何か」について問うことができる。それを（a）（b）2 つの視点から説明してみたい。

> 　（a）その教材が，習得されるべき指導内容を典型的に含みもっていること。

　教材とは指導内容の習得のための手段であるから，子どもに獲得させたい知識・技術，そして社会的行動といった指導内容が明確に盛り込まれていることが前提条件である。先のハードル走の事例でいえば，「リカバリー・ラン」や「一歩ハードル」といった教材が，「着地足を起点にしたリズム」という指導内容を学習させるのに相応しいかどうかということである。つまり，指導内容の習得に向けての有効性が常に要求されているということである。「指導内容を典型的に含みもつ」とは，この有効性を問う教材の条件である。このような意味で（a）の項目はよい教材の「内容的視点」として捉えられる。

> （b）その教材が子ども（学習者）の主体的な諸条件に適合しており，学習意欲を喚起することができること。

　もう1つは，子どもの学習意欲を喚起していく視点から教材を工夫していくことである。子どもの学習意欲を喚起するためには，①子どもの興味・関心に配慮しながら，能力の発達段階に応じた課題が提示されるべきであり，②全ての子どもたちに技能習熟における達成やゲームでの学習機会の平等性を確保していくこと，③取り組む対象が挑戦的で，プレイ性に満ちた課題であることなどの視点に注目し，工夫が求められる。例えば，先の「一歩ハードル」において，インターバルの異なるコースを設定し，「1・ジャンプ～1・ジャンプ」のリズムで3～4台連続して走り抜くことができたら，よりインターバルの広いコースでチャレンジすることができるようにすれば，よりプレイ性あふれる運動課題になり，子どもたちの学習意欲を高めていくことができる。これらは教材を工夫していく際の「方法的視点」といえる。

Q：単元を通して，子どもたちにどのような学習活動に取り組ませるのか……………………………………………………………………………

---

2. 教材づくりの考え方

（1）素材の再構成による教材の創出
　ここではさらに，授業を展開していくための教材づくりの全体像を検討する。

> ◆ 話し合ってみよう
> ○「着地足を起点にしたリズム」を大切にし，「3歩のリズム」の心地よさを味わわせようとした場合，同じインターバルのコースで挑戦させてよいのであろうか。
> ○相対的に短距離走が速い子どもがハードル走のタイムもよい傾向にある。単純にハードル走のタイムを課題に据えてよいのであろうか。

　上記にどのような意見が出たであろうか。

　子どもたちには走力や体格の差が存在するため，疾走時のストライドは異なるものになる。また，陸上競技での「記録」（タイムや距離）は「達成の喜び」の源泉になりうるが，一方で「能力の序列化」を促す可能性もある。足の遅い子どもは，「やっぱり私はハードル走も遅いんだよね」という落胆と諦めの気持ちを増幅しかねないのである。そこで先のA先生は，次のような課題づくりを行い，ハードル走の条件を設定した。

　自己の短距離走のタイムに同じ距離のハードル走のタイムを近づけていこう

※距離は50m。各コースに5台のハードル。インターバルは50cm刻みで（6m，6.5m，7m，7.5m…など）子どもの走力に合わせて選択可能にする。

　これは，ハードル走のタイムの絶対値以上に，個々の子どもの短距離走のタイムとの差を小さくしていくことを目指した「課題形式」（競技文化としてのハードル走とは異なる「競争形態」への改変）といえる。つまり，個々の子どもの走力を前提とした新たな「教材づくり」として位置付けることができる。
　我々の社会には歴史的に創出・継承されてきたスポーツ文化が存在し，それを基盤として保健体育という教科が存立している。ただし，そのスポーツ（多様な種目）はもともと大人が楽しむために大人が創造してきたものであって，学校において子どもたちが学習することを前提としたものではない。したがって，子どもが学ぶのにふさわしく再構成（加工・改変）される必要がある。この場合，既存の種目は体育授業づくりのための「素材」として位置付けられる。素材は先の「内容的視点」と「方法的視点」から「教材」へと創り変えられることが不可欠となる。教材づくりは，「何を教え学ばせるか」（指導内容の明確さ），また，「どのように子どもたちのやる気を高められるか」（学習意欲の喚起）といった教師の「目的意識的な思考」に支えられた仕事なのである（図10-1）。

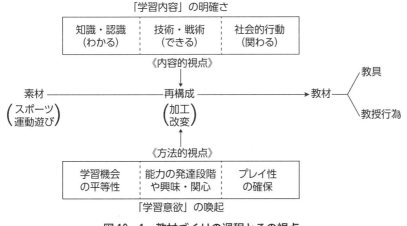

図10-1　教材づくりの過程とその視点

(2) 階層的な教材づくり－教材のサイズ

　このように考えてくると，体育の授業における教材づくりには2つのレベル（階層）が想定できる。1単元全体を通して，あるいはその多くの部分において子どもたちの学習対象にされるものもあれば，その単元展開の中で部分的に用いられるもの，個々の認識的・技術的内容に対応した下位レベルの教材もある。教育方法学の知見を援用すれば，その相対的な位置付けの違いに応じて，前者のような大きな教材を「単元教材」，そして後者のような下位レベルの教材を「下位教材」（あるいは「単位教材」）と呼ぶことができる*2。

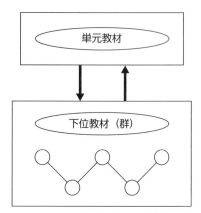

図10-2　階層的な教材づくり

*2　藤岡は，社会科教育の教材づくりの視点から，「単元教材」は理想的には，「すべて単位教材のみから構成されるべきであろう」と指摘しているが，体育の場合には，「単元教材」を「単位教材」（下位教材）群とはレベル（階層）の異なるものとして捉える必要がある3)。

　ここで，事例として取り上げてきたハードル走の教材づくりで考えてみよう。単元展開を通して，自分の短距離走のタイムにハードル走のタイムを近づけていくことを課題とするレベルは「単元教材」に相当する。クラス全体としては50mハードル走という同一の活動・課題に取り組みながらも，それぞれ個人に適合した目標設定を可能にし，走力の劣る子ども，苦手意識のある子どもの活動の意欲をかき立てながら最大限の能力発揮を促していく方法として解釈できる。また，2つのタイム差によってハードル走の中核的な課題を学習対象としてクローズアップすることができる。さらに，子どもたちの教え合いなど，協同的な学習の可能性が生み出されてくる。この単元教材において，全ての子どもたちの授業への積極的参加を誘い込む工夫が求められる。

　ただし，これだけでは，子どもたちのパフォーマンスを向上させることはできない。ハードル・クリアランスやインターバルの走り方に関する練習形式が必要になる。特に，走・跳の運動組合せに視点を向けた「下位教材（群）」が創出されるべきであろう。先のA先生のアイデアの中のリカバリー・ラン，一歩ハードルやホワイト・ラインはまさにこの下位教材に相当する。

　このような単元教材と下位教材（群）の階層的な構成（図10-2）によって，子どもたちの学習の意欲や成果の向上を期待したいものである。

3. 教材の機能を高める「教具」の活用とICTの利用

　体育授業では多様な「モノ」（道具）が利用されることが多い。ここでは，教師が教材づくりに関わって意図的に用いるモノについて考えてみよう。

(1) 下位教材との結び付きの強い「教具」

　体育授業では多様な道具が用いられる。器械運動のマットや鉄棒，陸上競技の走り高跳びのポールやバー，球技のボールなどである。これらは「用具」の名称

踏み切り板　　　　　　　　着地

図10-3　ハードル走の下位教材としてのリカバリー・ラン

で捉えられるものである。ただし，ここで問題にしたいのは，教師が認識的・技能的な学習を目的意識的に生み出す教材づくりに付随したモノ（道具）の利用，つまり「指導装置」（instructional device）に当たるものである[*3]。

先に取り上げたハードル走のリカバリー・ラン（図10-3）では，助走から踏み切って，着地からすぐさま走る運動課題を生み出している[5]。

これは「着地足がキックになる」感覚を指導内容とした下位教材づくりの中で，踏み切り板やフラフープを意図的に利用しているのである。ここでは合理的な運動学習（認識学習をも含む）を生み出す補助的・物的な場や課題の意図的な状況・条件を作り出す手段として考案され，工夫されるものを「教具」として理解したい。

> 「教具」は，指導内容の習得を媒介する教材の有効性を高めるための手段として用いられる物体化された構成要素である。

ここでの教師の意図は，教具の機能といってよいであろう。その機能にはおよそ以下のような視点を掲げることができる[6]。

① 運動の習得を容易にする（課題の困難度を緩和する）。
② 運動の課題性を意識させ，方向付ける（運動の目標や目安を明確にする）。
③ 運動に制限を加える（空間・方向・位置などを条件付ける）。
④ 運動の出来映えにフィードバックを与える（結果の判断を与える）。
⑤ 運動の原理や概念を直感的・視覚的に提示する（知的理解を促し，イメージを与える）。
⑥ 運動課題に対する心理的不安を取り除き，安全性を確保する。
⑦ 運動の学習機会を増大させ，効率を高める。

(2) 体育授業における ICT の利用

今日の情報化社会の進展はめざましく，教育の情報化の推進が謳われ，学校教育の中でも ICT（情報通信技術）の活用が強調されている。体育授業と「情報あるいはコミュニケーションの媒体」の関係を豊かにする観点はどのように捉えら

[*3] 「指導装置」という考え方は，アメリカのスポーツ教育学者シーデントップに学んだものである。シーデントップは，「指導装置とは，技能の指導に際して，学習者の反応の範囲を限定したり，フィードバックを与えたり，単位時間の学習者の試行回数を増大させるために用いられる道具や器具を意味する」としている[4]。

れるであろうか。それは，体育授業の中の運動習得に関わる「認識学習」（知識，思考・判断・表現）の側面とのつながりを考えることが必要不可欠である。相対的にいえば，先述の「教具」の工夫は技能学習との関係性が深いが，多様な情報を媒体とする活動は「わかる，考える，伝える」といった認知的な側面と密接に結び付いている。

　特に運動学習場面に関わり，以下の3つの認識対象があげられる[6]。

① **課題認識**　習得の対象となる運動や取り組むゲームの技術的・戦術的な課題がわかること。

② **実態認識**　現時点での自己やチームの運動のできばえや問題点がわかること。

③ **方法認識**　その課題を達成するための手段や練習の仕方がわかること。

　この中で「情報」との関係が際立つのは，①課題認識と②実態認識である。運動を習得していく過程では，取り組む対象について具体的な「目標像」や「イメージ」をつかむことが大切であり，どのような動きが求められるのかそのポイントが「課題認識」として理解される必要がある。また，「課題認識」と結び付けて「実態認識」を明瞭にすることによって学習の目標が明確になる。

　このように考えると，ICT機器にはパソコン，タブレット，デジタルカメラなど多様なものが存在するが，実際の運動は一回性で瞬時に消え去ってしまうため，運動学習では「映像」媒体が重要になるといえる。繰り返しの再生やスローモーションでの再現が可能で（動画），さらに運動経過やプレイの一瞬を切り取れるとすれば（静止画像や写真），課題となる運動の知的理解に大きな役割を果たすことになる。また，自分の動きを外部から観察することは不可能であり，運動の出来映えについて他者から提供される「結果の知識」（knowledge of result）には大きな意味がある。それは「フィードバック」の効果であり，映像を通して動きの達成度や問題点を明確にできれば，子どもたちの主体的で自覚的な学習の契機を十分与えるものになる。さらに子ども同士の豊かなコミュニケーションを増幅していくことにも結び付くであろう。

　ただし，映像の存在が自ずと子どもたちの学習を活発化させるわけではない。映像を「見れども見えず」の状況であれば，無用の長物になりかねない。したがって，指導内容の明確な授業づくりのもとで，映像を分析・解釈したり，その中から新たな思考や判断を引き出したりできる視点を子どもたちに十分に提供しておくことが，映像の有効性を高めていく前提であろう。

◆ **話し合ってみよう**

球技の教材を考える上での大切なポイントは何だろう。

4. 運動領域に応じた教材づくりの観点

　ここでは先に述べた「単元教材と下位教材の階層的な教材づくり」の視点から器械運動，球技，武道の領域を取り上げて，それぞれの教材づくりの方向性や重要な観点について説明してみよう。

① 器械運動

　この領域では，「技」の習得を可能にするために，指導内容としての「運動技術」や「動きの感覚」の抽出を前提に，それを「技能」化することに向けた下位教材づくりに大きな関心を払うべきであろう。ここでは運動の類縁性や発展性に着目しながら，目標となる技や動きに類似した易しい運動課題（アナロゴン）が予備的に提示されることが好ましい。その際，技に包含されている基礎的な感覚（腕支持感覚，逆さ感覚，接転感覚など）に着目したい。また，これらの運動課題のスモール・ステップ化*4を図っていくことも非常に重要である。それは子どもたちの学習意欲の喚起の意味を含めて大切な視点になる。

　このような段階化された下位教材（群）が，例えばマット運動における集団リズムマット（集団でシンクロ的な課題を達成する）やペア・マット（2人で演技を合わせる），あるいは個人での「技の連続づくり」といった単元教材の中で有効に活用されることが重要なポイントになるであろう。

② 球　技

　この領域では，「ボール操作」や「ボールを持たないときの動き」といった技能に加えて，ゲームの中での「意思決定」（状況の判断や行動の選択）の側面が重要な役割を果たしている。ゲーム状況に応じて「何をどのようにしなければならないのか」がわからなければゲームに積極的に参加できず，そのおもしろさを味わうことができないからである。

　そこでまず重要なのが，子どもたちの学年や発達段階にふさわしい単元教材，つまり単元を通して取り組むメインゲームの工夫である。特にここでは，既存の種目にみられる意思決定の複雑さやゲームに要求される技能の水準を子どもたちに合わせて緩和していくこと，苦手な子どもでも活躍できるルールを工夫していくことが必要である。

　また，このメインゲームの出来映えを高めていくために挿入される練習対象としての下位教材の工夫が大切になる。この練習も単なる反復的なものであると子どもたちの意欲を削ぐ可能性が高いため，ゲーム化するなどの方策がポイントになるであろう。例えば，ドリルゲーム（ボール操作に関わった技能の習得を促す）やタスクゲーム（メインゲームの中で要求される意思決定を含んだプレイを学習する）などの工夫は下位教材づくりの例として大いに参考にしたいものである。さらには，苦手な子ども（生徒）でも活躍できるルールの工夫も検討が必要である。

③ 武　道

　武道も球技と同じように状況の判断が求められる課題性を有しており，ここで

*4 スモール・ステップ化：学習のプログラムを，小刻みな単位のステップに分けて漸次的に学習を進めていく考え方。運動学習においては，技能の向上や安全の確保を意図して，より細かな運動課題の順序性が提示されることが必要な場合が多いといえる。

はそれを含んだ「対人的技能のおもしろさ」が探究できるような教材づくりが求められる。例えば，剣道では，打突のチャンス，いわゆる相手の「隙」をつくったり選んだりする意思決定と，実際に打突する技能が重要になるであろう。逆に言えば，それらの側面が子どもたちにとってのつまずきの対象になるといってよい。したがって，球技と同様な教材づくりの思考を働かせることができる。

　ただし，剣道を含む武道では，「攻めと守り」の意識を常に同時に働かせなければならない難しさをもっていることを認識しておくべきであろう。その点で，攻守を分離した試合を工夫することは単元教材づくりの 1 つの視点となる。これは意思決定の緩和策の重要なポイントであるが，加えて試合の中での判断をより易しくするために打突部位を限定することも大いに試みられるべきであろう（例えば「小手」を省いて，「面」と「胴」に限定する）。

　さらに，「隙」をめぐって打突のチャンスの判断と技能を結び付ける練習教材の開発が課題になる。隙のありかは，およそ「相手が動いたとき」「自分の攻めによって相手が防御の動きをみせたとき」に生まれるが，その判断を伴った約束練習を下位教材として構想してみることである。そこでは，「間合いと打突のタイミング」や「相手の崩れに応じた技の選択」といった指導内容の視点が教材づくりに反映されていくとよいであろう[6]。

引用文献

1）岩田靖（白旗和也著所収）：体育の魅力ある授業展開に向けた教材づくりの視点．学校体育にはなぜ体育の時間があるのか？．文渓堂，2013，pp.116-125
2）岩田靖：教材づくりの意義と方法．体育の授業を創る（高橋健夫編著）．大修館書店，1994，pp.26-34
3）藤岡信勝：単位教材と単元教材のモチーフ．社会科教育，19（2），1982，pp.101-109
4）高橋健夫他訳：シーデントップ・体育の教授技術．大修館書店，1988，p.207
5）岩田靖：学年段階によるハードル走の技術指導のポイント．新しい走・跳・投の運動の授業づくり（池田延行，岩田靖，日野克博，細越淳二編著）．大修館書店，2015，pp.30-35
6）岩田靖：体育の教材を創る．大修館書店，2012，pp.7-8

学習評価

1. 学習評価の考え方

Q：学習評価とは，何だろう……………………………………………

学習評価[*1]とは，「学校における教育活動に関し，児童生徒の学習状況を評価するもの」[1)]と定義されている。

学習評価は，教師が指導の改善を図るため，及び児童生徒自身が自らの学習を振り返って次の学習に向かうことができるようにするためのものである。学習評価は，教師が計画を立案し，授業に対して実践するものであるが，指導改善にとどまらず，学校全体の教育活動の質を向上させるためのカリキュラム・マネジメントに活用される。

図11-1は，各教科に関する評価の基本構造を示している。

学習評価の起点は，学習指導要領に示された目標や内容である。目標や内容は，育成を目指す3つの資質・能力によって，全教科において整理された。資質・能力が3つの柱に整理されたことに対応して，児童生徒の学習状況を3観点から評価することとなった。この3観点からの評価を「観点別学習状況の評価」といい，学習状況を分析的に捉える評価である。他方，学習状況を総括的に捉える評価として「評定」[*2]がある。

*1 学習評価は，子どもの学習状況を測定するが，その測定はあらかじめ設定された目標や内容からの学習状況の測定である。つまり，目標や内容が設定されていない場合の測定は，学習評価といえない。

*2 評定は，各教科に関して総括的に評価するのであるから，各教科につき1つの評価結果を示すことになる。

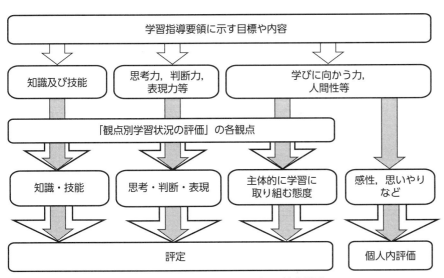

図11-1　各教科に関する評価の基本構造

出典）以下を踏まえ一部改変。
・中央教育審議会初等中等教育分科会教育課程部会，2019，p.6
・文部科学省国立教育政策研究所教育課程研究センター，2020，p.8
・文部科学省国立教育政策研究所教育課程研究センター，2019a，p.6
・中央教育審議会，2016

2. 評価の観点

Q：評価は，どのように行うのだろう……………………………………

　2017（平成29）年告示の学習指導要領では，「観点別学習状況の評価」の3観点，評定，及び感性や思いやりなど，に関して評価する（図11-1）。

(1) 観点別学習状況の評価

　「評価の観点については，従来の4観点の枠組みを踏まえつつ，学校教育法第30条第2項が定める学校教育において重視すべき三要素（「知識・技能」「思考力・判断力・表現力等」「主体的に学習に取り組む態度」）を踏まえて再整理」[1]された*3。

　観点別学習状況の評価は，児童生徒の学習状況を目標に準拠した評価を適用して評価し，これら3観点をそれぞれA，B，Cの3段階で評価する*4。さらに，「観点別学習状況の評価自体も，各教科の単元や題材などのまとまりごとの学習状況を段階別に（A，B，Cの三段階）総括」[2]している*5。つまり，単元や題材などのまとまりにおける学習状況が，3観点それぞれに対して3段階で評価されている。観点別学習状況の評価を行うためには，さらに単元や題材などのまとまりにおける学習状況を評価するために，3観点それぞれについて観点別学習状況の評価の記録を取ることが求められている。

　評価の方法について，「知識・技能」に関しては，事実的な知識あるいは概念的な知識を問うペーパーテスト，もしくは「児童生徒が文章による説明をしたり，各教科等の内容の特質に応じて，観察・実験をしたり，式やグラフで表現したりするなど実際に知識や技能を用いる場面を設ける」[3][4]といった方法の工夫が提案されている。「思考・判断・表現」に関しては，「ペーパーテストのみならず，論述やレポートの作成，発表，グループや学級における話合い，作品の制作や表現等の多様な活動を取り入れたり，それらを集めたポートフォリオを活用したりする」[5][6]などの工夫が必要である。「学びに向かう態度」に関しては，「ノートやレポート等における記述，授業中の発言，教師による行動観察や，児童生徒による自己評価や相互評価等の状況を教師が評価を行う際に考慮する材料の一つとして用いる」などがあり，「各教科等の特質に応じて，児童生徒の発達の段階や一人一人の個性を十分に考慮しながら，『知識・技能』や『思考・判断・表現』の観点の状況を踏まえた上で，評価を行う必要」[3][4]があると指摘されている*6。

(2) 評　定

　評定は評価の一種であり，児童生徒の学習状況を総括的に評価する。「『評定』は，児童生徒がどの教科の学習に望ましい学習状況が認められ，どの教科の学習に課題が認められるのかを明らかにすることにより，教育課程全体を見渡した学習状況の把握と指導や学習の改善に生かすことを可能とする」[2]のである*7。

*3　従前の観点別学習状況の評価では，「知識・理解」「技能」「思考・判断・表現」「関心・意欲・態度」の4観点が設定されていた。

*4　目標に準拠した評価を目標準拠評価あるいは絶対評価，集団に準拠した評価を集団準拠評価あるいは相対評価という。

*5　「何らかの学習状況を段階別に総括する点においては，観点別学習状況の評価も評定の一種である」[2]といわれている。

*6　「主体的に取り組む態度」は，「① 知識及び技能を獲得したり，思考力，判断力，表現力等を身に付けたりすることに向けた粘り強い取組を行おうとする側面と，② ①の粘り強い取組を行う中で，自らの学習を調整しようとする側面，という二つの側面を評価する」[7]ことが求められている。

*7　「評定には，各教科等における児童生徒一人一人の進歩の状況や教科の目標の実現状況を的確に把握し，学習指導の改善に生かすことが期待されている。」[2]ことに留意する必要がある。

評定は，小学校では3段階，中学校及び高等学校では5段階の評価基準（量的な評価）を用いて，数値化される。「評定については，平成13年の指導要録等の改善通知において，それまで集団に準拠した評価を中心に行うこととされていた取扱いが，学習指導要領に定める目標に準拠した評価に改め」[2]られた。特に，「各教科における評価は，学習指導要領に示す各教科の目標や内容に照らして学習状況を評価するもの」であり，「集団内での相対的な位置付けを評価するいわゆる相対評価とは異なる」[8]と指摘されている。

評定の実施には，観点別学習状況の評価を用いること，そして観点別学習状況の評価の結果を総括することが求められている。小学校の評定では，例えば，観点別学習状況の評価に関して3観点の評価がBBBの場合，評定は2と考えることが可能であるが，ABBの場合，評定はどうするか，中学校あるいは高等学校の場合，観点別学習状況の評価が3段階，評定が5段階となるため一層複雑になる，という問題がある*8。

(3) 感性や思いやりなどの評価

学びに向かう力，人間性等に関する資質・能力の中で，「感性や思いやり等については観点別学習状況の評価の対象外とする必要がある」[1]と指摘され，「観点別評価や評定になじまず，こうした評価では示しきれないことから個人内評価（個人のよい点や可能性，進歩の状況について評価する）を通じて見取る部分がある」[1]と説明された。このような状況から，「感性や思いやりなど」は，観点別学習状況の評価，特に学びに向かう態度及び評定の対象ではない。ただし，「『感性や思いやり』など児童生徒一人一人のよい点や可能性，進歩の状況などを積極的に評価し児童生徒に伝える」[9]ことの重要性が指摘されている。

なお，「人間性に関わる目標や内容の規定」[10]に関して，「各教科等によって，評価の対象に特性があることに留意する必要がある。例えば，体育・保健体育科の運動に関する領域においては，公正や協力などを，育成する『態度』として学習指導要領に位置付けており，各教科等の目標や内容に対応した学習評価が行われることと」[11]と説明されている。つまり，体育・保健体育科の運動に関する領域に関しては，目標及び指導する内容の両方に態度が位置付けられているが，その他の教科や領域においては，目標に態度が位置付けられているものの，指導する内容に態度は位置付けられていない。このことについて「各教科等によって，評価の対象に特性がある」と説明されている点に注意する必要がある。

*8　そもそも質的な規準を適用する観点別学習状況の評価を，量的な基準を適用する評定に変換すること自体の問題も指摘されている。

3. 指導と評価の一体化

Q：指導と評価の一体化とは，何だろう……………………………………

指導と評価の一体化に関して，「学校の教育活動は，計画，実践，評価という一連の活動が繰り返されながら，児童生徒のよりよい成長を目指した指導が展開さ

れている。すなわち，指導と評価とは別物ではなく，評価の結果によって後の指導を改善し，さらに新しい指導の成果を再度評価するという，指導に生かす評価を充実させることが重要である（いわゆる指導と評価の一体化）」[12]と述べられている。簡潔に言えば，指導と評価の一体化とは，指導を改善するための考え方であり，指導の改善は評価によって行おう，ということである。教師の指導が改善されれば，児童生徒の学習状況を目標や内容の観点から測定した評価結果は向上するが，教師の指導が改善されなければ評価結果は向上しない，と考えられる。つまり，評価を，教師の指導が目標や内容の観点から改善されたかどうかを判定する指標として用いる，ということである。

　一般に，評価は，教師が児童生徒を値踏みするための道具と考えられがちである。この場合の評価は，評価のための評価，といわれるが，児童生徒が示した評価結果こそ，教師の指導の適切さを評価していると考える必要がある。

4. 評価計画の作成

Q：評価の計画は，どのように作成するのだろう······················

　単元における評価の進め方は，図 11-2[*9]に示した通りである。この中で，「3

*9　図 11-2 に，「内容のまとまりごとの評価規準」とある。この「内容のまとまり」というのは，A 体つくり運動，B 器械運動等の領域を示している。また，「単元の目標」あるいは「単元の評価規準」とある。この「単元」というのは，器械運動領域でいえばマット運動あるいは鉄棒運動，球技領域でいえばゴール型のサッカーあるいはネット型のバレーボール，ダンス領域でいえば創作ダンス等を示している。

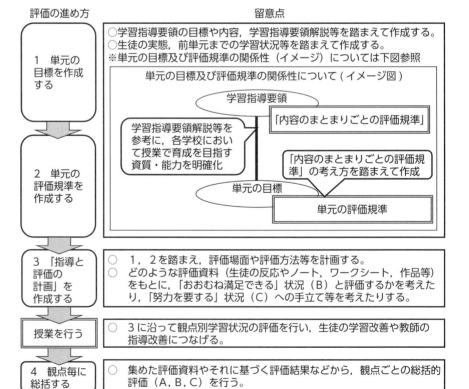

図 11-2　評価の進め方及び留意点
出典）国立教育政策研究所教育課程研究センター資料. 2020, p.41 を一部改変。

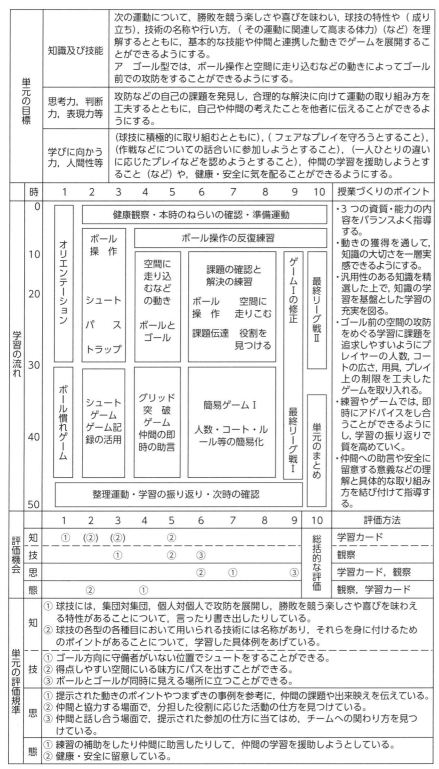

単元の目標	知識及び技能	次の運動について，勝敗を競う楽しさや喜びを味わい，球技の特性や（成り立ち），技術の名称や行い方，（その運動に関連して高まる体力）（など）を理解するとともに，基本的な技能や仲間と連携した動きでゲームを展開することができるようにする。 ア　ゴール型では，ボール操作と空間に走り込むなどの動きによってゴール前での攻防をすることができるようにする。
	思考力，判断力，表現力等	攻防などの自己の課題を発見し，合理的な解決に向けて運動の取り組み方を工夫するとともに，自己や仲間の考えたことを他者に伝えることができるようにする。
	学びに向かう力，人間性等	（球技に積極的に取り組むとともに），（フェアなプレイを守ろうとすること），（作戦などについての話合いに参加しようとすること），（一人ひとりの違いに応じたプレイなどを認めようとすること），仲間の学習を援助しようとすること（など）や，健康・安全に気を配ることができるようにする。

学習の流れ

時	1	2	3	4	5	6	7	8	9	10	授業づくりのポイント
0			健康観察・本時のねらいの確認・準備運動								・3つの資質・能力の内容をバランスよく指導する。 ・動きの獲得を通して，知識の大切さを一層実感できるようにする。 ・汎用性のある知識を精選した上で，知識の学習を基盤とした学習の充実を図る。 ・ゴール前の空間の攻防をめぐる学習に課題を追求しやすいようにプレイヤーの人数，コートの広さ，用具，プレイ上の制限を工夫したゲームを取り入れる。 ・練習やゲームでは，即時にアドバイスをし合うことができるようにし，学習の振り返りで質を高めていく。 ・仲間への助言や安全に留意する意義などの理解と具体的な取り組み方を結び付けて指導する。
10	オリエンテーション	ボール操作 シュート パス トラップ	ボール操作の反復練習						ゲームⅠの修正	最終リーグ戦Ⅱ	
20			空間に走り込むなどの動き ボールとゴール	課題の確認と解決の練習 ボール操作　空間に走りこむ 課題伝達　役割を見つける							
30	ボール慣れゲーム	シュートゲーム　ゲーム記録の活用	グリッド突破ゲーム　仲間の即時の助言	簡易ゲームⅠ 人数・コート・ルール等の簡易化					最終リーグ戦Ⅰ	単元のまとめ	
40											
50			整理運動・学習の振り返り・次時の確認								

評価機会

		1	2	3	4	5	6	7	8	9	10	評価方法
評価機会	知	①	(②)	(②)		②					総括的な評価	学習カード
	技			①		②	③					観察
	思						②	①		③		学習カード，観察
	態		②		①							観察，学習カード

単元の評価規準

知	① 球技には，集団対集団，個人対個人で攻防を展開し，勝敗を競う楽しさや喜びを味わえる特性があることについて，言ったり書き出したりしている。 ② 球技の各型の各種目において用いられる技術には名称があり，それらを身に付けるためのポイントがあることについて，学習した具体例をあげている。
技	① ゴール方向に守備者がいない位置でシュートをすることができる。 ② 得点しやすい空間にいる味方にパスを出すことができる。 ③ ボールとゴールが同時に見える場所に立つことができる。
思	① 提示された動きのポイントやつまずきの事例を参考に，仲間の課題や出来映えを伝えている。 ② 仲間と協力する場面で，分担した役割に応じた活動の仕方を見つけている。 ③ 仲間と話し合う場面で，提示された参加の仕方に当てはめ，チームへの関わり方を見つけている。
態	① 練習の補助をしたり仲間に助言したりして，仲間の学習を援助しようとしている。 ② 健康・安全に留意している。

図11−3　「球技」（ゴール型：サッカー）第1学年における指導と評価の計画の例

出典）国立教育政策研究所教育課程研究センター資料，2020，p.58 を一部改変。

『指導と評価の計画』を作成する」ことは，指導の改善を図るための重要なポイントである。指導と評価の計画[13)]は，以下の手順1〜6によって作成することが可能である。

手順1では，学習指導要領に記載されている内容の取扱いを踏まえて年間指導計画を検討すること，その際，各領域における各単元を位置付ける。

手順2では，学年のくくりを見通して，指導事項をバランスよく位置付ける[*10]。ただし，各学年において，すべての指導事項の指導が求められているわけではない[*11]。

手順3では，例示等を踏まえて，学年のくくりにおいて内容のまとまりにおけるすべての「単元の評価規準」を設定する。

手順4では，対象とする単元における「単元の評価規準」を設定する。ここでは，内容のまとまりを構成する複数の単元（種目）に，設定した評価規準を割り振って位置付ける。

手順5は，これまで評価規準の観点から作成してきた指導と評価の計画について，指導の観点から見直す。それぞれの評価規準に対して，具体的な指導内容を明確にして，どのように指導するのかを検討する。

手順6では，手順1から5を踏まえて，指導と評価の計画を作成する（図11-3）。このとき，教師は，手順5で明確にした指導内容を，どの順番で教えるのか，また，その指導内容の獲得状況についていつ評価するのか，どのような状

[*10] 中学校では，第1学年及び第2学年の2年間で，高等学校（全日制）では，入学年次の次の年次以降でくくられている。

[*11] 学年のくくりの中では，指導事項の全てを指導することが必要である。なお，知識及び技能の内容は，その領域の中での単元間で異なっているため，各単元で指導する必要がある。思考力，判断力，表現力等，及び学びに向かう力，人間性等は，その領域の中で指導する。そのため，それらの指導事項は，その領域の複数の単元に割り振って指導することが可能である。

表 11-1　発達段階別にみた評価

			校種・学年別にみた評価			
			小学校 1〜2学年	小学校 3〜6学年	中学校	高等学校
評価	観点別学習状況の評価	観点	知識・技能	「観点別学習状況の評価」の3観点は，目標に準拠した評価として実施する。 「観点別学習状況の評価」の評価規準（質的な評価）について，3観点それぞれについて，以下のA，B，Cの3段階で評価する。 A：「十分満足できる」状況と判断されるもの B：「おおむね満足できる」状況と判断されるもの C：「努力を要する」状況と判断されるもの		
			思考・判断・表現			
			学びに向かう態度			
	評定		評定は行わない。	評定は，目標に準拠した評価として実施する。評定の評価基準（量的な評価）は，以下の3段階を適用する。 3：「十分満足できる」状況と判断されるもの 2：「おおむね満足できる」状況と判断されるもの 1：「努力を要する」状況と判断されるもの	評定は，目標に準拠した評価として実施する。評定の評価基準（量的な評価）は，以下の5段階を適用する。 5：「十分満足できるもののうち，特に程度が高い」状況と判断されるもの 4：「十分満足できる」状況と判断されるもの 3：「おおむね満足できる」状況と判断されるもの 2：「努力を要する」状況と判断されるもの 1：（中学校のみ）「一層努力を要する」状況と判断されるもの （高等学校のみ）「努力を要すると判断されるもののうち，特に程度が低い」状況と判断されるもの	
	「学びに向かう力，人間性等」のうち「感性や思いやり」など		感性や思いやりなどの評価は，個人内評価で実施する。 「感性や思いやり」など児童生徒一人ひとりのよい点や可能性，進歩の状況などを積極的に評価し児童生徒に伝える。			

出典）文献 5) 6) 9) 14) 15) 16) 17) を踏まえ一部改変。

況の場合，A（「十分満足できる」状況），B（「おおむね満足できる」状況），もしくは，C（「努力を要する」状況）と判断するのか（表11-1参照）等，指導する内容と評価をどのように関連付けるのか等について，具体的に計画する。

　指導と評価の計画を作成することにより，保健体育の授業で，何をどのように教え，どのように評価していくのかの道筋を明確にできる。

◆ **話し合ってみよう**

○指導と評価の一体化について，何が一体化していなかったのだろうか。これまで，指導されたことと評価されたことに矛盾がなかっただろうか。
○「主体的・対話的で深い学び」[*12] の実現に向けて，学習評価の充実はどのように期待されているのだろうか。

*12　主体的な学びでは，学習を自分でコントロールすることが重要である。学習評価の意義には，児童生徒が自らの学習を振り返って次の学習に向かうことがあった。自分の学習をコントロールするために必要なことは，自分自身を振り返ることである。

引用・参考文献

1）中央教育審議会：幼稚園，小学校，中学校，高等学校及び特別支援学校の学習指導要領等の改善及び必要な方策等について（答申）．2016, pp.60-61
2）中央教育審議会初等中等教育分科会教育課程部会：児童生徒の学習評価の在り方について（報告）．2019, p.19
3）国立教育政策研究所教育課程研究センター：学習評価の在り方ハンドブック小・中学校編．2019, p.8
4）国立教育政策研究所教育課程研究センター：学習評価の在り方ハンドブック高等学校編．2019, p.8
5）文部科学省：小学校及び特別支援学校小学部の指導要録に記載する事項等．2019
6）文部科学省：中学校及び特別支援学校中学部の指導要録に記載する事項等．2019
7）国立教育政策研究所教育課程研究センター：「指導と評価の一体化」のための学習評価に関する参考資料　中学校保健体育．2020, p.11
8）前掲2），p.6
9）文部科学省：小学校，中学校，高等学校及び特別支援学校等における児童生徒の学習評価及び指導要録の改善等について（通知）．2019
10）前掲2），p.9
11）前掲7），p.9
12）教育課程審議会：児童生徒の学習と教育課程の実施状況の評価の在り方について（答申）．2000
13）前掲7），pp.54-58
14）文部科学省：高等学校及び特別支援学校高等部の指導要録に記載する事項等．2019
15）文部科学省：小学校指導要録（参考様式）．2019
16）文部科学省：中学校指導要録（参考様式）．2019
17）文部科学省：高等学校（全日制の課程・定時制の課程）指導要録（参考様式）．2019

指導案づくり1

1. 指導案のねらい

＊1 「単位時間」とは、1回の授業のことを指す。小学校の1単位時間は45分、中学校の1単位時間は50分を基本としている。
＊2 学校体育実技指導資料：文部科学省より、これまで第1集から第10集まで刊行されている。学習指導要領の各運動領域における目標や指導内容を踏まえた授業づくりの参考となる書籍である。
＊3 指導案には、細案と略案の2種類がある。細案は、「生徒の実態」、「単元の評価規準」、「単元計画」「本時案」等も含めた詳細な指導案である。他方で、略案は、本時の目標と本時の展開(p.125)から構成される指導案である。教職課程の学生の場合、授業設計の力量形成の点から、教育実習前に少なくとも一度は細案を作成しておく必要がある。なお、教師と生徒のやりとりの想定を記載する「シナリオ」を組み込んだ指導案も存在する。
＊4 本指導案は、中学校第3学年における「E球技 ゴール型ハンドボール」の指導案例である。したがって、中学校解説の中の「E 球技」における第3学年の箇所である129〜139頁を確認しよう。

第12週と第13週では、指導案の例を踏まえて、その作成方法の詳細について解説していく。

指導案は、生徒の学習成果を確実に保障するための授業の目標、単元計画、1単位時間＊1の流れ等を記載した計画書であるが、教職課程の学生の場合、これまでの教育経験がないため、様々な生徒の学習状況等を踏まえて、詳細な指導案を作成することが重要になる。また、指導案を作成する際には、学習指導要領で示されている目標や指導内容を1単位時間ごとや単元のまとまりの中でどのような方法、順序で指導していくのか等という点を事前に具体的に検討する必要がある。

なお、指導案作成においては、学校体育実技指導資料＊2、各出版社の副読本等、様々な書籍を参考にして進めていくことが望ましいが、これらの書籍の内容をそのまま指導案に適用するのではなく、授業者（指導案作成者）自身が生徒の実態、施設・用具条件、単元時数等の学校現場の状況に即して、書籍の内容を組み替えながら作成していく必要がある。その作業過程では、学習指導要領の理解とその内容の授業への具現化のための教材の意図、並びに教材間のつながりの意図を確認すること等が求められるため、指導案作成は生徒の学習成果の保証のみならず、指導案作成者自身の教師としての授業力量の形成に大いにつながる作業となる。

また、指導案は、指導案作成者以外の先生方がその指導案をみれば同じように授業が展開できるようにするという意味や、授業参観者に対して授業のねらい、単元の中の位置づけや指導の流れ、教材設定の意図等を確認してもらうという意味もあるので、誰がみてもわかりやすく、詳細に作成する必要がある。

2. 指導案例

以下、中学校第3学年ゴール型ハンドボールの指導案（細案＊3）例を示していく。第13週では、この指導案例に基づいて指導案作成方法の解説をしていくが、まず以下の指導案例を概観し、指導案とはどのように構成されており、どのような内容が示されているのかを確認してみよう。また、Q1〜Q4について対話的な学びを通して考えてみよう。

Q：「単元の目標」と「単元の評価規準」は学習指導要領解説上の何を参考にすればよいだろうか

本指導案例における「単元の目標」と「単元の評価規準」の内容と、中学校解説[1]＊4とを見比べながら、上記の問題について考えてみよう。

表 12-1　保健体育科（体育分野）学習指導案（例）

学年・組	第 3 学年○組	在籍者数：男子 15 名，女子 15 名（計 30 名）
場　所	○○中学校　体育館	使用する用具等：ハンドボール 2 号球及び 1 号球：各 15 個，ハンドボールゴール 2 セット，デジタイマー，ゼッケン 4 色（8 枚×2 色・7 枚×2 色）
生徒の実態		本単元を実施する上で，生徒の実態を把握するための事前アンケート調査を行い（○月○日実施），結果は以下の通りとなった。まず，運動が好きな生徒は，30名中 18 名であった。どちらでもない・嫌いと回答した生徒は 12 名であった。次に，運動部活動に所属している生徒は，30 名中 21 名であった。次に，ハンドボールの印象については，「どちらかというとつまらない」，「つまらない」と回答する生徒が 30 名中 6 名存在した。最後に，ハンドボールへの意識については，「どちらかというと苦手」，「苦手」と回答する生徒が合計で 30 名中 22 名存在することから，全体的に，ハンドボールへの苦手意識が高いクラスであることがわかった。
単元名		E　球技　　ア　ゴール型「ハンドボール」
運動の特性		球技は，ゴール型，ネット型及びベースボール型などから構成され，個人やチームの能力に応じた作戦を立て，集団対集団，個人対個人で勝敗を競うことに楽しさや喜びを味わうことのできる運動である。球技領域におけるゴール型とは，ドリブルやパスなどのボール操作で相手コートに侵入し，シュートを放ち，一定時間内に相手チームより多くの得点を競い合うゲームである。また，ゴール型の種目を継続することで，主として巧緻性，敏捷性，スピード，全身持久力などが型に求められる動きに関連して高めることができる。
単元の目標		(1) 次の運動について，勝敗を競う楽しさや喜びを味わい，技術の名称（や行い方），（体力の高め方），（運動観察の方法）（など）を理解するとともに，作戦に応じた技能で仲間と連携しゲームを展開することができるようにする。 ア　ゴール型では，安定したボール操作と空間を作りだすなどの動きによってゴール前への侵入などから攻防をすることができるようにする。　【知識及び技能】 (2) 攻防などの自己やチームの課題を発見し，合理的な解決に向けて運動の取り組み方を工夫するとともに，自己や仲間の考えたことを他者に伝えることができるようにする。　　　　　　　　　　　　　　　　【思考力，判断力，表現力等】 (3) （球技に自主的に取り組むとともに），フェアなプレイを大切にしようとすること，（作戦などについての話合いに貢献しようとすること），（一人ひとりの違いに応じたプレイなどを大切にしようとすること），（互いに助け合い教え合おうとすること）（など）や，健康・安全を確保することができるようにする。　　　　　　　　　　　　　　　　　　【学びに向かう力，人間性等】 ※中学校第 3 学年及び高等学校入学年次の目標の内，球技領域における他の単元で指導し評価する部分については，（　）で示している。

表 12-2　○○中学校における第 3 学年の「球技」（ゴール型ハンドボール）の「単元の評価規準」[*5]

	知識・技能[*6]		思考・判断・表現[*7]	主体的に学習に取り組む態度[*8]
	知識	技能		
単元の評価規準	①球技の各型の各種目において用いられる技術や戦術，作戦には名称があり，それらを身に付けるためのポイントがあることについて，学習した具体例をあげている。 ②戦術や作戦に応じて，技能をゲーム中に適切に発揮することが攻防のポイントであることについて，学習した具体例をあげている。	①ゴール前に広い空間を作りだすために，守備者を引きつけてゴールから離れることができる。 ②パスを出した後に次のパスを受ける動きをすることができる。 ③ゴールとボール保持者を結んだ直線上で守ることができる。	①選択した運動について，合理的な動きと自己や仲間の動きを比較して，成果や改善すべきポイントとその理由を仲間に伝えている。 ②自己や仲間の技術的な課題やチームの作戦・戦術についての課題や課題解決に有効な練習方法の選択について，自己の考えを伝えている。	①相手を尊重するなどのフェアなプレイを大切にしようとしている。 ②健康・安全を確保している。

*5　ここでは，中学校第 3 学年における「単元の評価規準」のみを示しているが，正式には，この前段階に，カリキュラム・マネジメント充実の視点から，「中学校第 3 学年及び高等学校入学年次『球技』の全ての『単元の評価規準』」を示す場合もある[1]。この点については，第 13 週において解説する。

*6　旧評価の観点では，「技能」と「知識・理解」に区分されていた。

*7　旧評価の観点では，「思考・判断」という名称であった。

*8　旧評価の観点では，「関心・意欲・態度」という名称であった。

表12-3　単元計画（指導と評価の計画：10時間）

時間	1	2	3	4	5	6	7	8（本時）	9	10
ねらい	「単元の学習の進め方を理解しよう」	「パスを出した後に次のパスを受ける動きをしよう」			「ゴールとボール保持者を結んだ直線上で守ろう」			「ゴール前に広い空間を作りだすための動きをしよう」		
学習過程	オリエンテーション「学習の進め方の確認」	1. ウォーミングアップ（ボール操作技能に焦点化した下位教材）ドリルゲーム ／ 2. 主な指導内容の確認「パスを出した後に次のパスを受ける動きをしよう」			1. ウォーミングアップ：2人組みパス（40秒×2セット）、左右からジャンプシュート（各2分） ／ 2. 主な指導内容の確認「ゴールとボール保持者を結んだ直線上で守ろう」			2. 主な指導内容の確認「ゴール前に広い空間を作りだすための動きをしよう」		総括的な評価
		3. メインゲームの練習試合（ルール確認）	3. タスクゲーム（戦術的課題に焦点化した下位教材）「2対1ドリブル回しゲーム」（3分×3セット）		3. タスクゲーム（戦術的課題に焦点化した下位教材）「3対3（ハーフコート）」（3分×3セット）					
		4. メインゲーム4対4（オールコート）「リーグⅠ」（2時間目は5分×1ゲーム、3,4時間目は5分×2ゲーム）			4. メインゲーム4対4（オールコート）「リーグⅡ」（5時間目は5分×1ゲーム、6,7時間目は5分×2ゲーム）			4. メインゲーム4対4（オールコート）「リーグⅢ」（8時間目は5分×1ゲーム、9,10時間目は5分×2ゲーム）		
		5. 本時のまとめ、片付け、整理運動、学習カードの記入、チームごとの振り返り、全体での振り返り								
評価計画及び評価方法　知	②（学習カード）	②（学習カード）					①（学習カード）		②（学習カード）	
技		②（観察）	①（観察）	②（観察）	③（観察・学習カード）		③（観察）		①（観察）	
思			①（観察・学習カード）	①（観察・学習カード）		②（観察・学習カード）		②（観察・学習カード）		
態	②（観察）		①（観察）			②（観察）		②（観察・学習カード）		

※1：知…「知識」、技…「技能」の「知識・技能」、思…「思考・判断・表現」の「思考・判断・表現」、態…「主体的に学習に取り組む態度」を示す。
※2：「評価計画及び評価方法」における評価方法。括弧内は「単元の評価規準」。括弧内における丸数字は「単元の評価規準」における数字を示している。

表12-4　本時の目標（表12-3の8時間目／10時間中）

- ・ゴール前に広い空間を作りだすために，守備者を引きつけてゴールから離れることができるようにする。【知識及び技能】
- ・自己や仲間の技術的な課題やチームの作戦・戦術についての課題や課題解決に有効な練習方法の選択について，自己の考えを伝えることができるようにする。
  　　　　　　　　　　　　　　　　　　　　　　　　　　　　　　　　　【思考力，判断力，表現力等】

表12-5　本時の展開（表12-3の8時間目／10時間中）

時間	学習内容・学習活動	〇学習の留意点　■評価
導入 15分	1.　ウォーミングアップとドリルゲーム（チームごと） 　①ボール慣れ・準備運動 　②ドリルゲーム（2人組パス，左右からジャンプシュート） 2.　集合，4列縦隊（チームごと）に整列，挨拶，出席確認 3.　本時のねらいの確認 　①ゴール前で相手守備陣の隙間を作るための連携した動きを工夫しよう。 　②チームで立てた作戦の課題を見つけよう。	〇各チーム，トレーナー係を中心として，ストレッチやボール慣れを正確に行うよう指示する。 〇ドリルゲームは，教師の合図で行い，ドリルゲーム実施中には巡視をしながら，ボール操作技能に関わった言葉がけを積極的に個別に行っていく。 〇出欠と見学者の確認は，各チームのリーダーに報告するよう指示する。見学者には，見学者カードを渡し，本時の目標に即して，自身が所属するチームの課題等を記録するよう指導する。 〇前時の学習を振り返り，どのような反省点があったかを問いかけながら本時の目標を引き出していく。その後，本時のねらい①については，ゴール型種目の部活に所属する生徒にデモンストレーションをしてもらい，本時の100点プレイを視覚的に示す。また，②についての具体例を明確に示す。
展開 27分	4.　タスクゲーム（3対3のハーフコートゲーム） ・メインゲームで使用するコートの半分で，チームごとに実施する。 ・攻撃の勝利条件：ゴールエリアラインとフリースローラインの間に侵入し，シュートを打つことができた場合。 ・守備の勝利条件：ボールカットあるいは，1回の攻撃の間にボール保持者に3回正面から両手タッチできた場合。 5.　メインゲーム4対4（オールコート） ・前後半各5分とし，前半男子同士，後半女子同士で対戦する（人数調整やキーパーの交替はチーム内で行う）。なお，キーパーを含めると5人対5人となるが，キーパーは攻撃には参加できないこととする。 ・ゲームに参加していない生徒が得点や審判の運営を行う。 ・30m×15mのコートで，ゴールエリアライン4m，フリースローライン7mとし，2つのエリアの間の3mの範囲のみでシュート可能とする。	〇練習実施の際は，生徒が本時の技能の目標を意識できるように，本時の目標に即した個別的・具体的な言葉がけをする。また，観察をしながら気になるプレイがある場合には，ストップさせ，チーム全体でどのように連携して動けば相手守備陣の隙間を作ることができるか，発問をしながら確認する。 〇準備や移動等を速やかに行わせる。 〇メインゲームの前に攻撃と守備に関わるチームの作戦を確認し，タスクゲームで試すよう指示する。 〇攻守の際の定位置を意識させ，そこからどう動くかを各チームがセット攻撃（守備）として決めることを意識するよう，発問をして促す。 〇ハーフタイムを3分設定し，作戦ボードを用いて，チームの作戦の成果と課題を確認するよう指導する。その際，各チームの対話を促すように，課題を焦点化させた発問等の言葉がけを行う。 ■ゴール前に広い空間を作りだすために，守備者を引きつけてゴールから離れることができる。 【知識・技能】（観察）
整理 8分	6.　片付け，集合，整理運動，学習カード記入，チームごとの振り返り 7.　本時のまとめ，次回の予告，挨拶	〇学習カードに本時の思考力，判断力，表現力等の目標に即した記述ができているか確認する。 ■自己や仲間の技術的な課題やチームの作戦・戦術についての課題や課題解決に有効な練習方法の選択について，自己の考えを伝えている。 【思考・判断・表現】（観察・学習カード）

表12−6 ハンドボール学習カード

3年　　　組　　　番　氏名（　　　　　　　　　　　　）

時間	学習カードに記入する内容	教員コメント
1	〈本時で学んだサッカーの技術の名称を書き出そう。〉	
2	〈戦術や作戦に応じて技能をゲーム中に発揮するためのポイントについて書こう。〉	
3	〈ゲーム中における自身の動きについて成果や改善点を具体的に書き出そう。〉	
4	〈ゲーム中におけるチームの仲間の成果や改善点を具体的に書き出そう。〉	
5	〈ゴールとボール保持者を結んだ直線上で守ることができたか自己評価を書こう。〉	
6	〈チームで立てた作戦・戦術についての課題を具体的に書き出そう。〉	

7	〈本時で学んだサッカーの技術の名称を書き出そう。〉	
	--	
	--	
8	〈チームにおける作戦・戦術の課題解決に向けた有効な練習方法について書き出そう。〉	
	--	
	--	
9	〈チームの作戦・戦術に応じた技能をゲーム中に発揮するためのポイントについて書こう。〉	
	--	
	--	
10	〈ハンドボールを通して何が学べたか，また，ハンドボールをしたことのない人にハンドボールの魅力をどう伝えるか自分なりにまとめよう。〉	
	--	
	--	

◆ **話し合ってみよう**

○本指導案における「本時の目標」は，どのように設定されているだろうか。

○本指導案の「本時の展開（8時間目/10時間中）」には，どのような特徴があるだろうか。

○本指導案における学習カードにはどのような工夫がなされ，作成されているだろうか。

参考文献

1）文部科学省：中学校学習指導要領（平成29年告示）解説 保健体育編，東山書房，2018

2）国立教育政策研究所教育課程センター：「指導と評価の一体化」のための学習評価に関する
　参考資料　中学校 保健体育．東洋館出版社，2020，pp.43-44

指導案づくり 2

1. 指導案における各項目に関する解説

(1) 指導案の形式

　第13週では，第12週で示した中学校第3学年ゴール型ハンドボールの指導案（例）の各項目について解説していく。

　まず，指導案の形式について確認する。指導案の形式は，各自治体，学校等によって異なるため，教育実習の前に実習校で行われる事前オリエンテーション*1の中で，指導案の形式を確認しておく必要がある。ただし，指導案の形式が異なっても，記載すべき内容や授業づくりの考え方等はどの自治体や学校でも共通する点が多いため，本書の形式で学んだことをどのような形式にでも応用できるようにすることが必要である。特に，第12週に掲載されている指導案例（表12-1）は，『「指導と評価の一体化」のための学習評価に関する参考資料　中学校　保健体育』[1]や中学校解説[2]に基づきながら作成されているので，基本的な指導案の作成方法については網羅されている。したがって，実際の教育実習や初任者として教員になった際には，ここで学んだ内容を踏まえ，それぞれの学校現場に即した指導案の形式に応用できるようにすることが求められる。

(2) 指導案のタイトル

　表12-1（p.123）のタイトルには，「保健体育科（体育分野）学習指導案」と示されている。中学校の教科「保健体育科」は，「保健分野」と「体育分野」という名称から，高等学校の教科「保健体育科」は，科目「保健」と科目「体育」という名称からそれぞれ構成されている。

　したがって，第12週の指導案は，中学校における体育授業の指導案であることから，「保健体育科（体育分野）学習指導案」と記載する。このように，中学校の保健授業の指導案は，「保健体育科（保健分野）学習指導案」，高等学校の体育授業は，「保健体育科（科目「体育」）学習指導案」，高等学校の保健授業の指導案は「保健体育科（科目「保健」）学習指導案」と記載する。

(3) 生徒の実態

　表12-1の「生徒の実態」については，「取り上げる領域*2や内容に対する生徒の興味・関心，意欲の状況と阻害要因」，「取り上げる領域や内容に対する生徒の既習事項や技能の実態」，「体力の実態」，「運動部活動加入状況」，「生徒の学び方の状況」等を記述する。指導案作成前に，上記の内容に関する質問項目を設定した簡単なアンケートを生徒に実施してもらい，アンケート結果を踏まえて「生徒の実態」を記述することも1つの方法である。ただし，実習中にアンケートを実施する場合には，必ず実習校の指導教員に許可を得る必要がある。なお，「生徒の

*1　教育実習の事前オリエンテーションでは，指導案を作成する上で，指導案の形式とともに，少なくとも以下の3つを実習校の教科指導担当教員に確認しておく必要がある。第1に，単元の内容と単元の時間数，第2に，施設・用具条件，第3に，1クラスの人数（クラスサイズ）である。

*2　体育分野，科目「体育」においては，学習指導要領に示されている「A体つくり運動」，「B器械運動」，「C陸上競技」から「H体育理論」までそれぞれを領域という名称で示している。

実態」については，「生徒観」という項目になっている指導案の形式があることも
理解しておく必要がある。

(4) 単元名

　表12−1の「単元名」では，「E　球技　ア　ゴール型『ハンドボール』」と記載
されている。単元名については，中学校解説における「体育分野の領域及び内容
の取扱い」（p.202）や高校解説[3]における「『体育』の領域及び内容の取扱い」（p.
190）を参照し，領域のアルファベットや「ア，イ，ウ・・」で示されている領域
の内容について正確に記述する必要がある。また，表12−1の指導案例のように，
「ハンドボール」といった種目名は，一番後ろに記載する。

(5) 運動の特性

　表12−1にある「運動の特性」とは，機能的特性（運動の楽しさ），効果的特性
（体力），構造的特性（技能）という3つの特性から構成されており，3つの特性を
密接に関連させた授業づくりが必要になる[4]。

　「運動の特性」を指導案で記述する際には，まず，中学校解説及び高校解説に
おける各領域の最初の部分（中学校では中学校第1学年及び第2学年，高等学校
では高等学校入学年次）を参考にするとよい。実際，表12−1の「運動の特性」
における最初の文章は，中学校解説「E　球技　第1学年及び第2学年」（p.121）
の冒頭の3行をそのまま記述している。その後に続く文章は，中学校解説 p.123
の「○技能　ア　ゴール型」以降の3行をゴール型の特性として記述している。
さらに，最後にゴール型に関連して高まる体力について，中学校解説 p.122 の「○
知識」における「その運動に関連して高まる体力」を参考に記述している。「その
運動に関連して高まる体力」については，各領域の中学校第1学年及び第2学年
の知識の内容として示されているので，他の領域の指導案を作成する際にも各々
の「その運動に関連して高まる体力」を参考にするとよい。また，高等学校であ
れば，各領域における高等学校入学年次の知識の内容として「体力の高め方」の
文章を参考にすることがよいだろう。

　このように，「運動の特性」については，中学校解説，高校解説を参考にして記
述していくことは可能だが，文部科学省から刊行されている「学校体育実技指導
資料」[*3]も「運動の特性」の記述のために参考にすることができる。

＊3　p.122側注＊2参照。

(6) 単元の目標

　表12−1の「単元の目標」は，中学校解説の p.129〜p.137（E　球技　第3学
年）の（1）知識及び技能，（2）思考力，判断力，表現力等，（3）学びに向かう力，
人間性等，それぞれにおける囲い部分の内容（中学校学習指導要領本体の内容）
をそのまま抜き出して，文末を「〜できるようにする」に修正している。なお，
指導案例は，ゴール型ハンドボールの指導案なので，「（1）知識及び技能」におけ
る「技能」については，ゴール型の箇所のみを抜き出している。

ちなみに，中学校第 3 学年と高等学校第 1 学年（指導要領上は「高等学校入学年次」という）は，学校段階の接続及び発達の段階のまとまりに応じた体系化の観点から，2 学年間で一くくりになるので，高校解説の p. 114〜p. 121（E　球技　高等学校入学年次）は，中学校解説の p. 129〜p. 137 と同じ内容が記載されている。したがって，高等学校第 1 学年のゴール型の指導案を作成する際の単元の目標は，指導案例の「単元の目標」と同じ内容が示されることになる。これは，原則として，他領域も同様である*4。

表 12-1 の単元の目標の最後に記載されている「※中学校第 3 学年及び高等学校入学年次の目標の内，球技領域における他の単元で指導し評価する部分については，（　）で示している」については，「単元の評価規準」と関連する内容なので，次項「(7) 単元の評価規準」の中で解説していく。

(7) 単元の評価規準

当該単元全体で何を指導し，評価するのかについて具体的に示したものが「単元の評価規準*5」である。「単元の評価規準」は，教育実習生にはその作成が求められないこともあるが，保健体育科教職課程の中で確実に理解しておかなければならない内容である。

「○○中学校における第 3 学年の『球技』（ゴール型ハンドボール）の『単元の評価規準』」（p.123，表 12-2）を作成する前に，カリキュラム・マネジメント充実の視点から，表 13-1 に示すような学習指導要領解説の例示をもとにした全ての「単元の評価規準」を作成しておくことも必要である[1]。

全ての「単元の評価規準」の作成には，中学校解説の p. 129〜p. 137（E　球技　第 3 学年）の (1) 知識及び技能，(2) 思考力，判断力，表現力等，(3) 学びに向かう力，人間性等，それぞれにおける〈例示〉を参考にするとよい。表 13-1 の「全ての単元の評価規準」は，各観点における例示の内容を全て抜き出して記載している。

ただし，例示の内容を参考にしながらも，観点ごとに以下の方法で文末を変換していく必要がある。知識の評価規準の文末は「〜について，言ったり書き出したりしている」，あるいは「〜について，学習した具体例をあげている」とする。「〜について，言ったり書き出したりしている」と「〜について，学習した具体例をあげている」の文末の使い分けは，「前者は一般的に認知された科学的な知識を内容とするもので，各学校や教師の指導によって大きな相違がないものに用いる。後者は，学校や生徒の実態に合わせて，指導する教師により取り扱われる内容に相違が予想されるものに用いる」[5]。技能の評価規準の文末は「〜できる」に変換する。「思考・判断・表現」の文末は「〜している」に変換する。「主体的に学習に取り組む態度」については，「意思や意欲を育てるという情意面（心理面）の指導内容の例示に対応し，「〜しようとしている」として評価規準を作成する。ただし，「健康・安全」に関する指導内容の例示については，意欲をもつことにとどまらず実践することが求められているものであることから，「〜に留意している」，

*4　ただし例外として，中学校第 3 学年にはなく，高等学校入学時に示されている内容があることにも留意しておく必要がある。高等学校における「C 陸上競技　ウ 砲丸投げ，やり投げ」といった投てき種目はその例である。

*5　「知識及び技能」の内容は「知識・技能」で，「思考力，判断力，表現力等」の内容は「思考・判断・表現」で，「学びに向かう力，人間性等」の内容は「主体的に学習に取り組む態度」で，それぞれ観点別に評価を実施する。

表13−1　中学校第3学年及び高等学校入学年次「球技」の全ての「単元の評価規準」

知識・技能		思考・判断・表現	主体的に学習に取り組む態度
○知識	○技能		
・球技の各型の各種目において用いられる技術や戦術，作戦には名称があり，それらを身に付けるためのポイントがあることについて，学習した具体例をあげている。 ・戦術や作戦に応じて，技能をゲーム中に適切に発揮することが攻防のポイントであることについて，学習した具体例をあげている。 ・ゲームに必要な技術と関連させた補助運動や部分練習を繰り返したり，継続して行ったりすることで，結果として体力を高めることができることについて，学習した具体例をあげている。 ・練習やゲーム中の技能を観察したり分析したりするには，自己観察や他者観察などの方法があることについて，言ったり書き出したりしている。	ア　ゴール型 ・ゴールの枠内にシュートをコントロールすることができる。 ・味方が操作しやすいパスを送ることができる。 ・守備者とボールの間に自分の体を入れてボールをキープすることができる。 ・ゴール前に広い空間を作りだすために，守備者を引きつけてゴールから離れることができる。 ・パスを出した後に次のパスを受ける動きをすることができる。 ・ボール保持者が進行できる空間を作りだすために，進行方向から離れることができる。 ・ゴールとボール保持者を結んだ直線上で守ることができる。 ・ゴール前の空いている場所をカバーすることができる。 ※　イ・ウは省略	・選択した運動について，合理的な動きと自己や仲間の動きを比較して，成果や改善すべきポイントとその理由を仲間に伝えている。 ・自己や仲間の技術的な課題やチームの作戦・戦術についての課題や課題解決に有効な練習方法の選択について，自己の考えを伝えている。 ・選択した運動に必要な準備運動や自己が取り組む補助運動を選んでいる。 ・健康や安全を確保するために，体調や環境に応じた適切な練習方法等について振り返っている。 ・ルールを守り競争したり勝敗を受け入れたりする場面で，よりよいマナーや行為について，自己の活動を振り返っている。 ・チームで分担した役割に関する成果や改善すべきポイントについて，自己の活動を振り返っている。 ・作戦などの話合いの場面で，合意形成するための関わり方を見つけ，仲間に伝えている。 ・体力や技能の程度，性別等の違いに配慮して，仲間とともに球技を楽しむための活動の方法や修正の仕方を見つけている。 ・球技の学習成果を踏まえて，自己に適した「する，みる，支える，知る」などの運動を継続して楽しむための関わり方を見つけている。	・球技の学習に自主的に取り組もうとしている。 ・相手を尊重するなどのフェアなプレイを大切にしようとしている。 ・作戦などについての話合いに貢献しようとしている。 ・一人ひとりの違いに応じた課題や挑戦及び修正などを大切にしようとしている。 ・互いに練習相手になったり仲間に助言したりして，互いに助け合い教え合おうとしている。 ・健康・安全を確保している。

「〜を確保している」として評価規準を設定する6)。

　先にも示したが，中学校第3学年と高等学校第1学年は，2学年間で一くくりになるので，この2学年間で示されている（1）知識及び技能，（2）思考力，判断力，表現力等，（3）学びに向かう力，人間性等，という観点ごとの例示は同じ内容が示されている*6。したがって，表13−1のように2学年間共通の例示から「全ての評価規準」を示した上で，その「全ての評価規準」から当該学年の単元において重点的に指導・評価する評価規準を指導案作成者自身で選択して（絞り込んで），表12−2を作成する。「全ての評価規準」からの選択（絞り込み）作業が必要になる理由は，1つの単元で，中学校解説や高校解説に例示されている全ての指導内容を指導・評価することは困難だからである。2学年間の中で球技領域の中学校解説，高校解説に示されている内容をバランスよく振り分けていくことは，カリキュラム・マネジメントの重要な作業の1つでもあるとともに，保健体育教師の力量が問われる作業でもあるといえる。

　なお，表12−1の単元の目標の最後に記載されている「※中学校第3学年及び高等学校入学年次の目標の内，球技領域における他の単元で指導し評価する部分

*6　中学校第1学年及び第2学年，高等学校第2学年及び第3学年（指導要領上は「高等学校入学年次の次の年次以降」という）もそれぞれ2学年間で一くくりである。したがって，中学校第1学年及び第2学年の球技の内容は，中学校解説 p. 121〜p. 129 に，高等学校入学の次の年次以降の球技の内容は，高校解説の p. 121〜p. 130 にそれぞれ記載されている。

*7 例えば，中学校解説 p.136 における球技領域中学校第3学年の (3) 学びに向かう力，人間性等の要領本体の内容には，「球技に自主的に取り組むとともに，(後略)」とある。他方で，中学校解説 p.137 における (3) 学びに向かう力，人間性等の例示にも「球技の学習に自主的に取り組もうとすること (後略)」が明記されている。

*8 「単元とは，各教科等において，一定の目標や主題を中心として組織された学習内容の有機的なひとまとまりのこと」[7] である。

*9 ダンス領域では，まとまり（次）を一部のみ構成し，それ以外は1単位時間完結型の授業展開で単元を構成することもある。このように，領域の特性に応じて，単元の中のまとまり（次）の構成の仕方が異なることに留意する必要がある。

*10 以下にあげる7つのポイントも同じく文献9) を参考とした。

*11 ただし例外もある。例えば，「本時の目標」で設定した内容をその時間で重点的に指導した上で，数時間後にその内容を評価するというものである。これは，1つの「目標＝評価規準」が生徒たちの中に定着する時間を考慮した考え方で，この場合，本時の目標と本時で評価する内容は当該時間の中で必ずしも一致しないことがある。

については，( ) で示している」については，「全ての評価規準」（表13-1）から当該学年の単元の評価規準（表12-2）に選択しなかった内容を，単元の目標に戻って ( ) をつけているということになる。単元の目標において ( ) をつけるのは，「知識及び技能」における「知識」と「学びに向かう力，人間性等」の観点だけである。なぜなら，この2つについては，単元の目標になる要領本体の文章と，例示の内容が連動するためである*7。

(8) 単元計画（指導と評価の計画）

　単元*8計画（指導と評価の計画）は，当該単元に充当できる時間数を踏まえ，単元全体における指導の流れを示すとともに，各時間で重点的に指導・評価する内容（評価計画や評価の重点ともいう）を示していくものである。

　p.124，表12-3の単元計画では，①1時間目，②2〜4時間目，③5〜7時間目，④8〜10時間目，というように，単元10時間が4つの段階に区切られている。この単元の中で区切られたまとまりごとのことを「次（つぐ）」ということもある。したがって，表12-3の例でいうと，4次の構成になっていて，例えば，「第2次」は「単元2〜4時間目」のことを指している。単元の中でこの「次」のようなまとまりが必要な理由は，単元1時間目は「単元の学習の進め方の見通しをもつためのオリエンテーション」だとしても，2時間目以降は，毎時間（1単位時間ごと）に主となる指導内容が異なると，運動が苦手な生徒にとってはその指導内容を習得することが難しくなるためである。「主となる指導内容」を厳選し，3時間ずつ程度のまとまり（次）で指導することで，運動が苦手な生徒にとっては，無理なく学習を進められ，教師にとっても指導と評価の一体化を確実に実施することができる8)*9。

　単元計画（表12-3）の「評価計画及び評価方法」における丸数字を確認していく。ここでは，表12-2の「単元の評価規準」で選択した（絞り込んだ）評価規準を各時間に振り分けている。単元の各時間に振り分けられた評価規準は，各時間において重点的に指導・評価する内容であることを意味する。この「評価計画及び評価方法」を作成する上で，重要なポイントは7つある9)*10。

　第1に，1単位時間内に設定する評価規準は2つ以内にするという点である。1単位時間内に3つ以上の評価規準を設定しても，それらの内容を1単位時間内に指導・評価することは困難なためである。また，評価計画で各時間に設定する評価規準は，「目標に準拠した評価」の視点からいえば，その時間の本時の目標になる*11。したがって，1単位時間の中で複数の目標（ねらい）を設定することは，目標の達成可能性からみても困難だといえる。

　第2に，「技能」と「主体的に学習に取り組む態度」の評価方法は，観察評価が中心になるという点である。技能や態度に関する学習行動は，目に見える形で出現するため，教師による観察評価が中心になる。他方で，技能面や態度面を学習カードに記述させ，観察評価と学習カードの評価方法を組み合わせることで，評価の信頼性・妥当性を高める工夫も可能である*12。しかし，「技能」と「主体的に

学習に取り組む態度」については，学習カードのみの評価方法に頼ることがないようにすることが必要である。

　第3に，「技能」と「主体的に学習に取り組む態度」の評価規準については，同一の1単位時間内に設定することを避けるという点である。この理由は，先に示したように，「技能」と「主体的に学習に取り組む態度」の主たる評価方法は観察評価であるが，同一の1単位時間内に観察評価をする観点が複数になると，教師がその時間に指導ではなく，観察評価に追われる可能性があり，この事態を避けるためである。

　第4に，「知識」と「思考・判断・表現」の評価は，学習カード等に記述させる評価方法が中心になるという点である。「知識」や「思考・判断・表現」に関わる認知学習場面では，教師が巡視しながら個々の生徒に発問・応答しながら評価することも可能である。しかし，現実的には，1単位時間内に全ての生徒を観察しながら「知識」や「思考・判断・表現」の内容を評価していくことは困難だといえる。しかし，「知識」や「思考・判断・表現」においても，学習カードの記述内容の評価を中心としながらも，観察評価との評価方法を組み合わせることで，評価の信頼性・妥当性を高めることは可能になる。

　第5に，同じ評価規準の内容について，可能な限り，単元の中で評価機会を複数回設定するという点である。特に，技能については，1単位時間内で生徒が習得していくことや，教師が見取っていくことが難しくなるため，1つの評価規準を複数時間に振り分けて設定することが必要になる。実際，表12-3における「評価計画及び評価方法」と単元の中の「まとまり（次）」とを照らし合わせてみてみると，同じまとまり（次）の中で，同一の技能の評価規準が2回ずつ設定されている。このように，単元の中の「まとまり（次）」の中で2つの技能の評価規準に焦点化して，指導・評価していく工夫の仕方もある。

　第6に，表12-3の「評価計画及び評価方法」では，単元の最終時間に「総括的な評価」を設定している。これは，単元の最終時間において，重点的に評価する項目を設定せずに，これまでの評価の活動の中で見落としている部分や，個々の生徒の学習を最終確認し，観点別学習状況の評価を確定する評価方法の工夫例である[1]。最後に，学習評価を教師の指導改善や授業改善につなげるためにも，教師が生徒に具体的な評価基準（量的な評価）や評価方法を明示し，それらを教師・生徒間ですり合わせる手続きも必要になる。

(9) 本時の目標と本時の展開

　第12週で例示した2つの本時の目標（p.125, 表12-4）は，単元計画（表12-3）で8時間目に設定した評価規準の内容から導かれている。単元計画では，「技能①」と「思考・判断・表現②」が単元8時間目の重点評価の内容になっている。「技能①」と「思考・判断・表現②」の内容とは，表12-2の「単元の評価規準」で示した評価規準の内容である。つまり，1単位時間で重点評価する単元の評価規準の内容＝本時の目標となる。ただし，本時の目標における観点の名称は，「知

*12　特に，技能に関する観察評価を適切に実施するために，可能な範囲で，球技領域であればゲーム等の主たる評価対象場面をビデオ映像に録画しておくことも評価の信頼性・妥当性を高めるための工夫となるだろう。

識及び技能」，「思考力，判断力，表現力等」，「学びに向かう力，人間性等」となり，資質能力の三要素に対応している。評価規準の３つの観点の名称（「知識・技能」，「思考・判断・表現」，「主体的に学習に取り組む態度」）とは異なるので，注意したい。また，本時の目標の文末は，全て「～できるようにする」とする。

　次に，表12－5（p.125）の「本時の展開（8時間目／10時間中）」について解説する。一番左側の列は，「導入」－「展開」－「整理」という各段階を示す＊13。また，時間配分で注意したいのは，整理（まとめ）の段階の時間を十分に取っておく点である。それは，片付けや整理運動に時間が費やされることはもちろん，学習カードの記入や全体での振り返りが必要になるためである。本時の目標に即した振り返りと，本時の学習成果や課題を全体に共有する時間の確保は，「わかった」「できた」という成果を生徒に実感させるためにも不可欠になる。

　「本時の展開」における「学習内容・学習活動」の列は，「1．2．3．…」と番号を振りながら，どのような学習活動をどのような順番で実施していくのかを記述する。なお，この列は，「生徒」が主語になるように記述する。また，「学習内容・学習活動」の列には，工夫された教材（練習やゲーム）の図（写真でも可）やルールを明確に記述するとよいだろう。ゲームにおけるコート図を記述する際には，コートの大きさ，ゴールの大きさなども明確に記述する必要がある。ただし，「学習内容・学習活動」の列の中に図が収まらない場合には，「〇頁参照」として，別の頁に図を示すことも可能である。

　「本時の展開」における「〇学習の留意点　■評価」については，「〇教師の指導・支援，■評価規準及び方法」という名称の場合もある。「〇学習の留意点」については，「教師」が主語になるように記述する。その際，左側の「学習内容・学習活動」における"この場面"で"この指導・支援"をするということを明確にする意味で，「学習内容・学習活動」と「〇学習の留意点」の書き出しの行の位置を一致させる必要がある。1つの「学習内容・学習活動」に対して，いくつの「〇学習の留意点」の内容を記述するのかというルールはないので，想定されうる「〇学習の留意点」について，可能な限り多く記述した方がよいだろう。また，「〇学習の留意点」の中では，特別な配慮を要する生徒への支援を記すことも必要になる。「■評価規準及び方法」については，本時の目標で設定した内容（単元8時間目であれば，「技能①」と「思考・判断・表現②」）を，どの「学習活動・学習内容」場面で評価するのかを明確にして記述する。表12－5の本時の展開をみると，「5．メインゲーム」の場面で「技能①」，「6．学習カード記入」の場面で「思考・判断・表現②」をそれぞれ評価することがわかる。

(10) 学習カード

　学習カードは，球技の授業の場合，チームカードを作成することもあるが，各生徒個人用の学習カードを作成することは必須である。なぜなら，先にも示したように，特に，「知識・技能」における「知識」や「思考・判断・表現」の評価については，学習カードの記述内容から見取ることが必要なためである。学習カー

ドの構成の仕方は様々な方法が考えられるが，表12-6（p.126）の学習カードの
ように，1単位時間ごとに，その時間で記述させたい内容に即したテーマを示し
ておくとよいだろう。この記述させたいテーマとは，単元計画（表12-3）の「評
価計画及び評価方法」で割り振った評価規準，つまり重点評価する内容に即して
設定すると，真の意味での「目標に準拠した評価」の実現が可能である。

(11) 教師の指導観

　本書における指導案の書式にはないが，「教師の指導観」という項目が設定され
ている指導案もある。「教師の指導観」では，「単元計画（指導と評価の計画）」に
基づいて，「知識及び技能」の「知識」，「知識及び技能」の「技能」，「思考力，判
断力，表現力等」，「学びに向かう力，人間性等」の資質・能力の要素ごとに，ど
のような指導内容（評価規準の内容）を，どのような方法（教材・教具の工夫，
ICTの活用，学習カードの工夫等）で，どのような指導順序（単元序盤・中盤・
終盤における指導順序）で指導していくのかという単元の指導方針を記述してい
くとよいだろう。また，「教師の指導観」では，生徒の実態，運動の特性，単元時
数，施設・用具条件等を複眼的に考慮して記載する必要がある。

引用・参考文献

1) 国立教育政策研究所教育課程センター：「指導と評価の一体化」のための学習評価に関する
　参考資料　中学校 保健体育. 東洋館出版社，2020
2) 文部科学省：中学校学習指導要領（平成29年告示）解説 保健体育編. 東山書房，2018
3) 文部科学省：高等学校学習指導要領（平成30年告示）解説 保健体育編 体育編. 東山書房，
　2019
4) 本村清人：「知・徳・体」を育む学校体育・スポーツの力. 大修館書店，2016
5) 前掲1），p.44
6) 前掲1），p.45
7) 前掲1），p.42
8) 須甲理生（岡出美則編）：初等体育科教育. ミネルヴァ書房，2018
9) 須甲理生（白旗和也編著）：7日間で授業のつくり方をマスター 体育指導超入門. 明治図書，
　2020

指導案を吟味する

1. 指導案を吟味しよう

(1) 執筆した指導案を振り返る

　第14週では，作成した保健体育科学習指導案について吟味し，よりよくしていくプロセスや視点について考える。

1) 単元計画，本時案の流れを見直す

　学習指導案の書式には決まりがなく，学校及び教師によって独自性がある。しかし，授業づくりには原則があることを確認しておきたい。作成時に大切なことは，授業をイメージして具体的に書くことである。

　まずは，単元計画を吟味してみよう。何時間扱いか，各時間のねらいは何か。この単元のゴールイメージ，つまり単元終了後に生徒にどのような力が身に付くことを想定しているのかが指導案から読み取れるであろうか。次に，作成した「本時案」は，単元計画の中でどのように位置付いて，前時からはどうつながり，次時にどうつながるかを再度確認しよう。

　本時の構想を立てるときには，1単位時間をどのように構成するかを熟考する。基本的には，「導入―展開―まとめ」の原則がある。学生や初任期の教員は，まずはこの流れに即してしっかりと授業の仕組みを身に付けることを意識したい。

　前提として，準備運動及び整理運動をしっかり取り入れているかを確認する。

　授業においては，何事も「何のために行うのか」という目的を考えて行うことが大事である。

　まずは，準備運動で部位をしっかりほぐしてけがを防止すること，また器械運動では準備運動を兼ねた運動感覚づくりを取り入れることで，継続的な取り組みによる効果が期待できる。

　整理運動は主運動が終わり振り返りを行う前に設定するが，整理運動には運動をした後にクーリングダウンをすることで疲労を残さないことや，激しく運動した後に心拍数を下げ，その後の授業の振り返りの時間に落ち着いて取り組めるようにする意味があることを知っておこう。

　また，本時案においては，書面サイズにもよるが，「予想される生徒の反応」をたくさん書けるかがポイントになる。作成の際には，指導書等の資料をよく読んで教材研究をした上で臨むことが必要である。しかし，それらを丸写しするのではなく，具体的な学習場面を想定しながら作成するとよい。

2) 「ねらい」の精査と教師行動のイメージ化

　授業をする上で，ねらい（目標という場合もある）を明確にすることが重要である。それにより，ねらいに則り，この時間に「何を」「何のために」「どのような方法で」行うのかが明確になる。本時案を振り返る際には，この部分の精査が必要となる。「ねらい」というと少し抽象的な印象があるかもしれないが，言い換

えればその時間におさえるべき「指導内容」である。この指導内容を生徒にどのように投げかけ，どのように学びをつくるかが授業の生命線であるといえる。

　ここで精査するポイントは，「この時間に生徒に何をさせるのか」が明確になっているかである。しかし，教師が生徒に指示を出してやらせるだけでは，学習とはいえない。何より，「主体的，対話的で深い学びの実現」が重要とされる中，生徒がいかに主体的に学びに向かう設計になっているかを問うべきである。例えば，生徒が解決すべき問題が何で，取り組むべき活動はどのようなもので，解決に向かうために何をどのようにしていけばよいかという道筋を明確にすることが求められる。その際には，教師の「発問」，子どものつまずき等に対する「声かけ」をしっかりと設計しておく必要があり，それが本時案に明示されているかが吟味の視点といえる。

　ねらいの吟味が終わったら，流れに従って教師行動をイメージしてみよう。本時案に指導上の留意点を記載している場合は，それをさらに具体的に考えてみる作業をするとよい。それぞれの時間帯で「教師はどこに立つのか」ということについても吟味をする。校庭で行う場合は，生徒の背に太陽が来るように教師が立つ，生徒全体が見渡せる場所に立つなどのいわゆるセオリーがある。生徒の安全を確保するために教師はどこにいるべきか，という視点で考えることも重要である。何よりも大事なことは，「なぜそこに立つようにするのか」という根拠を明確にすることである。

　根拠を明確にするということは，授業における様々な活動・行動にどのような意図があるのかを問うことにほかならない。体育の授業は，生徒が活動したり運動したりする時間帯が多く，主体的自主的に動くことが実現していれば素晴らしいことであるが，一方で「放任」に陥ることがあるということを常に意識せねばならない。

(2) 振り返りの視点

　作成した指導案を振り返るときの視点として，項目ごとに評価の視点を以下に示す。ここにあげる内容は，あくまでも学生や初任期の教師を対象としたものである。振り返るということは，作成した指導案に対する自己評価である。評価というのは，確認し加筆・修正する作業までを意味する。前項で確認したことと合わせて，作成した指導案を修正するとよい。

1) 単元名

□領域名と内容が明記されているか。

　　→活動名を記載してもよいが，領域と内容は確実に記載する。

2) 単元のねらい（単元目標）：

□本単元の目標やねらいが明確に書かれているか。

　　→一般的に，指導案に記載する目標は，「知識及び技能」「思考力，判断力，表現力等」「学びに向かう力，人間性等」の3項目について箇条書きにしたり，それぞれを加味しながら文章化して書いたりする。体つくり運動領域の場合

は、「技能」ではなく「運動」となるので注意する。ねらいや系統性，進め方などを具体的に書く。以下のような視点で書く場合もある。

・指導観：単元を通してどのような学びを提供したいのか。

・生徒観：生徒をどう捉え，単元を通して何を学ばせたいのか。

・教材観：選択した教材を通して何を学ばせたいのか。

3) 評価規準

□どのような視点や規準で評価をするのか，明確に記されているか。

→「知識・技能」「思考・判断・表現等」「主体的に学習に取り組む態度」の3観点から記述する。ねらい（目標）とは項目名が違うので注意する。毎時間3観点の評価は難しいので，焦点化する。各時間，1～2観点に絞る。作成の際には，国立教育政策研究所発行の『「指導と評価の一体化」のための学習評価に関する参考資料』[1)]を参考にするとよい。

□実際にどのような方法で評価するのかについて記載されているか。

→実技については，観察により行う。思考力，判断力，表現力は，発言の内容から評価したり，学習感想の記述内容から評価したりする。そのためには，生徒に「何を考えさせ，工夫させるのか」を明確に示す必要がある。指導と評価を一体化させるように計画する。

4) 単元について

□単元の目標，内容についてしっかりとした根拠に基づいて書かれているか。

→単元に関する説明や意図，またなぜ今の時期に必要かなど，授業者の「その単元に対する解釈」を書く。運動の特性をどのように捉えているかを書く場合もある。指導案によっては，「なぜこの単元か，なぜこの教材か」という授業者の主張を述べている例もある。

5) 評価計画

□配当時間は適当か。各時間の目標，評価規準が明確か。

→「学習過程」は，「指導計画」「単元計画」等のいくつかの呼び方があるが，単元を通した学習の計画である。横を時間数，縦を1単位時間の授業の流れとした表にする場合が多い。評価規準は，何を評価するのかを項目別に書く。「知識・技能」「思考・判断・表現等」「主体的に学習に取り組む態度」の3観点に応じた規準を示し，各時間の重点評価項目に○印をつけるなどして明示する。

6) 生徒の実態

□生徒の体育学習における実態や学習履歴，単元との関係が書かれているか。

→いわゆるレディネスである。大学での指導案執筆演習などでは記述することが難しいかもしれないが，生徒の実態を想定して書いてみるとよい。実際に授業研究会などに向けて作成される指導案の場合は，単元開始前の意識調査を載せ，分析考察から本単元の構想を記述することもある。

7) 指導の手立て

□単元目標を実現するための工夫が具体的に書かれているか。

→生徒にどのように声をかけるか，どのような学習形態を選ぶのか，学習資料や学習カードの位置付けはどうかを明確に書く。ルールやコート，人数について書かれる場合もある。この授業を先行実践として今後参考にする教師に向けた重要な「資料」にもなる。

8) 本時案

□本時の目標が明確か。

→「知識及び技能」「思考力，判断力，表現力等」「学びに向かう力，人間性等」の3項目について明確に記述する。

□生徒の具体的な活動内容や予想される反応が記述されているか。

→例えば，作戦を考えさせるとしたらどのような作戦を考えさせたいのか，動きを工夫させるのであれば，具体的にどのような工夫をさせたいのかについて期待する姿や予想される反応を書く。また，生徒のつまずきを予想し，その対応や解決の方法についても，中学校解説，高校解説等を調べ留意点として記述するとよい。苦手な生徒や意欲的でない生徒に対してどう対応するかについても言及していればなおよい。

9) その他

生徒が使用する学習カードなどを掲載する必要がある場合は添付することがある。また，最後に指導案作成に当たって使用した書籍や引用した箇所がある場合は，「参考文献，引用文献，参考先行実践」等として記述する。

2. 執筆した指導案をグループで検討しよう

(1) 小グループで検討してみよう

執筆した指導案を各自で吟味し，ブラッシュアップしたら小グループで指導案の検討を行ってみよう。

他者の視点で見てもらうと，自身の目では気が付かないところを発見できたり，他者が書いた指導案を見ることで新しい視点が得られたりすることがある。ペアになってお互いに指導案を交換して気付いたことを伝え合うことでも効果があるが，ある程度の人数がいるならば，グループディスカッションを取り入れ，アクティブ・ラーニングを実施したい。以下では，筆者が実際に教育実習事前事後指導の授業等で取り入れている「ワールドカフェ」方式による検討方法を紹介する。ここでは，その方法論のみを記載する。前節の「(2) 振り返りの視点」等をもとにして視点を設けてディスカッションしてほしい。

(2) ワールドカフェ方式による指導案検討例

下記は作成された指導案をもとにして，20名で検討する場合の例である。あくまでも一例であるので，工夫して検討を行うとよい。

図14-1　ワールドカフェ方式による検討の様子

① グループを5人ずつ4チームに分けテーブルにつく。指導案の提供者もいずれかのグループに入る。

② 指導案を検討する視点を4つ設定する。視点を何にするかについても全員で検討して合意形成して臨むのが望ましいが，例えば「単元や授業のねらい及び学習内容」「本時案における授業の構成」「予想及び期待される生徒の姿」「教師の手立て及び評価」などが考えられる。

③ 4つのグループに1つずつ視点を振り分け，はじめにその視点について焦点化して検討する（第1ラウンド）。テーブルの上には模造紙を置き，真ん中にテーマを記した後，ディスカッションを始める。必要に応じて，模造紙に自由にメモをしたり，検討で出てきた意見を記述したりする。

④ 10分間（時間は適宜決めるとよい）検討した後，それぞれのグループで1人だけテーブルに残り，残りのメンバーは別のテーブルに移動する。グループメンバーが一斉にどこかのテーブルに移動するのではなく，ばらばらになるとよい。その際に，1つのテーブルの人数が均等になるように調整する。

⑤ メンバーが揃ったら，そのテーブルの視点について，10分間検討する（第2ラウンド）。その際に，移動せずに残っていた者が，模造紙の記録を参照しながら前回のラウンドで出た話題を1分程度で紹介してから，始めるようにする。時間が来たら，先ほどとは違う者が1人残り，後の者は別のテーブルに移動する。

⑥ こうして全ラウンド行うと，4つの視点（1人残る役にどこかでなった場合は3視点）について検討することとなる。

⑦ 最後のラウンドが終了したら，代表者が検討した内容を全体に発表する。共有を経て，指導案を提供した者は，出された意見を参考にして修正指導案を作成したり，他の参加者も検討を踏まえて自身の作成した指導案を自己評価したりして，それぞれよりよいものに修正していく。

(3) プロの教師による指導案検討

保健体育の教師は，どのような場合に指導案を執筆するのであろうか。

毎日数時間の授業を行う教師は，毎時間詳細な指導案を執筆しているわけではなく，経験を重ねると指導案を書かなくても授業を行うことは可能になる。それこそが実践的力量なのだが，大学等の教員養成機関における指導案執筆演習や教

育実習，初任者研修の際に，指導案をしっかり作成し授業に臨んだという経験があるからこそ，そのような力が付いていくのである。

　また，教師文化として授業研究と呼ばれるものがある。授業研究は，日本が誇る教師の研修システムの1つであり，主体的に取り組む自己研鑽機能を有している。

　授業研究には，研究テーマの設定，対象単元や内容の決定，指導案検討，実技研修，授業の実際，研究授業（象徴的な1時間を研究授業として設定し，教師同士が参観し合う場合が多い），その後の研究協議会，事後分析，まとめという一連の流れがある。その中でも，授業者が指導案を執筆し，他の教師が意見を述べたり質問したりしながらよりよいものに加筆修正していく指導案検討は重要な位置付けだといえる。そこでは，生徒の実態に合っているか，ねらいが明確であるかなどを検討する。

　また保健体育の場合は，授業研究のプロセスの中に実技研修を行い，実際に生徒たちが取り組む運動や技を試したり，声のかけ方や補助の仕方を考え合ったりすることも多い。

　本時案に関しては，実際の公開授業における授業づくりの指針であり計画であるが，「指導案通りに進めなければならない」というものではない。授業はリアルなものであり，生徒の実態によって臨機応変に計画を変更していくことも時にはある。むしろ，状況に応じて瞬時に修正したり計画を変更したりするような力が実践的力量の1つであり，省察力である。授業後に協議会が設定されている場合は，指導案と実際の授業を比較し，期待する姿が見られたか，見られなかったとしたらそれはなぜか，計画とずれたとしたらその要因は何かなどを授業者と参観した教師が検討することに意味がある。この積み重ねがよい授業を創っていくことにつながる。

　このように，授業は教師が1人だけで創っていくものではない。他の教師の意見や視点を取り入れながら，生徒の学習を促すように協働して創り上げていくものである。授業をする教師が教えたい中身を吟味し思いを込めて，生徒とともに，また他の教師に検討してもらいながら授業を追求するために大切なものだといえる。

◆ 話し合ってみよう

作成した指導案をもとに模擬授業を行い，その後よい点や改善点等を話し合って，修正指導案を書いてみよう。

引用・参考文献

1）国立教育政策研究所教育課程センター：「指導と評価の一体化」のための学習評価に関する参考資料　中学校保健体育．東洋館出版社，2020

簡単なレポート作成

1. 学んだことをレポートにまとめよう

(1) レポートの書き方

　第15週では，「保健体育科教育法」を学んできた集大成として，本書において「体育科教育法」で学習した内容をまとめ，よい体育の授業について自身の考えをレポートする際に留意することや執筆方法について考える。

　レポートを書くという行為は，とかく「評価のため」「評定のため」という試験としての目的が頭に浮かぶかもしれないが，実際には学びを深めたり理解をより確かなものにしたりするための能動的な学びの1つといえる。学生にレポートを課すことはしばしばある。その内容から学生の学びの深まりや理解度を類推することができ，また学生の思考・判断のプロセスやその内容を把握することができる。同時に，提供した授業が学生の理解につながったか否かの「授業評価」として受け止めることもできる。

　レポートを執筆する際に，いくつか気を付けることがある。それは，出されたテーマについて正対した上で自身の主張を明確に述べることと，問題提起を行うことである。学んできた知識や内容を羅列的に書き並べてもあまり意味はない。得られた知識や視点を駆使し，テーマに対する現状を整理し，成果と課題を明確に示し，課題に対する解決案や打開策を論理的な整合性を確保して自分の意見として述べ，そして結論を主張するというレポートを作り上げていきたい。

　例えば，「生徒の体力低下について自身の考えを述べよ」という課題があったとする。いきなり書き始めるのではなく，まずはアウトラインを考えて述べたい内容を構造的に組み立てることが必要である。指定された分量にもよるが，まずは全体構成を以下のように考えてみよう。この事例でいえば，体力が低下しているという事実のみを羅列するのではなく，そもそも体力とは何で，何が問題となっていて，どのような対策が考えられるか，ということを構造化する。

＜構造化の例＞

　　・問題提起：体力低下に関する情報と現状把握
　　・体力の定義：そもそも体力とは何か
　　・考えられる対策：上記整理をもとにして自身の考えを述べる
　　・結論：最終的に言いたいこと

(2) レポート執筆事例

　以下は，＜構造化の例＞にならい，学生により作成されたレポートの例である。

課題「生徒の体力低下について自身の考えを1500字程度で述べなさい。」

問題提起：体力低下に関する情報と現状把握

　生徒にとって，運動不足は深刻な問題である。全国体力・運動能力テストによると，1985（昭和60）年頃をピークに体力は年々低下している。また，中学生においては運動部活動を行っている生徒といない生徒で運動時間に差があり，二極化が叫ばれている。遊びや運動は，様々な運動感覚を身に付けていく上ではもちろん，工夫し考える力を育む上でも大切である。仲間と運動することで，コミュニケーション力もつく。これからの時代を生きる上で必要な資質・能力として，「知識及び技能」「思考力，判断力，表現力等」「学びに向かう力，人間性等」があげられている。運動においては，この力はそれぞれ単独ではなく，相互に補完しながら身に付いていくといわれている。こうした社会的有用性の側面からも，生徒の運動離れやその結果として生じる体力低下は大きな問題である。

体力の定義：そもそも体力とは何か

　そもそも体力とは，「行動体力」と「防衛体力」を指す。行動体力は，筋力，敏捷性，平衡性，柔軟性，持久力，瞬発力のような身体的な機能，及び体格や姿勢のような身体の形態を指す。「体力テスト」等で測る体力がこれに当たる。また，意思・判断・意欲などの力も行動体力である。したがって，「強い意思をもっている」生徒は，「体力がある」ということもできる。防衛体力とは，身体の器官や組織のような「身体構造」や，温度調節や免疫力，適応力のような「身体機能」，ストレス抵抗力のような「精神面」に着目した力を指す。一般的に「体力低下」というと，体力テストの数値に着目し，行動体力の中の意思・判断・意欲以外の部分の結果が下がってきていることを指していると予想できる。また，健康関連型体力を含めてその概念は多様であり，もし他の体力も含めた総合的体力低下が起きているとしたら，極めて心配な状況である。

考えられる対策：上記整理をもとにして自身の考えを述べる

　生涯にわたり健康に過ごすために，遊びや運動が不可欠なことは自明である。健康を維持増進するには，「運動すること」「食べること」「睡眠をとるこ

と」が大切である。「食べること」に関しては食育,「睡眠」に関しては生活習慣の指導等も必要であるが,極端に言えば自然にお腹はすくし,疲れると自然に眠くなる。しかし,「運動」は,環境や場が必要である。動機についても運動が好きな者はどんどん行うであろうが,そうでない生徒に関しては,指導も必要であろう。まずは思いきり遊び,運動することを奨励することが必要である。「持ち越し効果」に着目すると,小さいころから運動する習慣があり,運動することが好きな者は,生涯を通して運動したり,大人になってから運動を再開したりする割合が高いという。保幼小中の連携視点として,運動に親しむ環境を大事にするということが求められるのではないか。また,保健体育の授業においても「できるかできないか」という視点でのみ運動を捉えるのではなく,動くこと自体の楽しさや挑戦することのおもしろさを体感するような工夫が求められる。運動するだけでなく,工夫したり仲間と協力したりするような余白を仕掛けることも重要である。

結論：最終的に言いたいこと

　以上のように体力を捉えると,体力とは生きる力そのものといえる。体力低下は,社会的な問題というよりは,むしろ個人の課題だと捉えるべきだろう。個人の総合的な体力が低下していることは,生きていく上で大きな支障になりうる。自分の体は自分で守るという「セルフマネジメント力」や,今後困難な状況がおとずれたときにどのように工夫して生きていくかという「セルフプロデュース力」を育む視点を加味すると,保健の学習との相互補完も大事な視点であろう。

　運動することは,生きていく上で大事なことであり,知恵を絞り,創意工夫しながら運動に取り組むことで生活は豊かになることも期待できる。その結果,総合的な体力向上が実現し,体力テストの結果にも反映されるのではないだろうか。

(3) レポートの推敲

書き上げたレポートは必ず推敲しよう。以下,チェックリストを掲載する。
□誤字脱字はないか。
□主語,述語があっているか。常体,敬体がどちらかに統一されているか。
□適切に段落が設けられているか。
□求められるテーマに沿った内容であるか。指定された字数枚数で執筆したか。
□内容が論理的でわかりやすいか。提案,結論に対応する適切な根拠が示されているか。
□文章が簡潔であるか。

2. レポート課題例と発展

(1) 学んできたことをもとにして

　書き方やおさえるべき内容を理解したら，実際にレポートを書いてみよう。課題例をあげるので，取り組んでみてもらいたい。書き上げたら，推敲もしてみよう。

　ぜひ，「やらねばならない」という意識ではなく「理解をより深める」という構えで取り組んでほしい。

〈課題例〉

　・保健体育科における「主体的・対話的で深い学び」とは，どのような実践をイメージするか。
　・保健体育学習における「関わり合い」とは何か。
　・バスケットボールで生徒に学ばせたい内容をどのように捉えるか。
　・「保健体育を学ぶ意義」についてあなたの考えを述べなさい。
　・保健体育の領域間の連携，保健体育と他教科との連携，学校行事等との連携等において，カリキュラム・マネジメントを行う際にどのような視点が考えられるか。
　・「パラスポーツ」を対象に授業づくりをするとしたらどのような展開を構想するか。

(2) 卒業論文執筆に向けて

　レポートは，自身の学びの履歴であり蓄積である。単位取得のための課題として作成し，提出したらそれで終わり，ではもったいない。レポート執筆にはそれなりの準備や先行研究等の検討が伴うもので，自身の主張が論理的に表出されたものであるので，その中から卒業研究につながるリサーチクエスチョンが生成されたり，卒業論文の内容の骨組みになったりすることも考えられる。むしろ，一生懸命作成したレポートはそのように活用するべきであろう。逆に言えば，一つひとつのレポートをしっかりと書き上げ，積み重ねていくとよい。

```
◆ 話し合ってみよう
　「学校において保健体育を学ぶことは，なぜ必要なのか」をテーマに話し合ってみよう。
```

体つくり運動学習指導案

学年・組	中学校　第3学年	在籍者数　36名
場　所	体育館	使用する用具等

生徒の実態

本学級の生徒は、中学校の最終学年にあたり、運動部活動の大会会場や受験の準備期を迎えている。そのため、多くの生徒は、保健体育の授業以外での運動の機会がほとんどない。
事前の調査では約3割の生徒が運動することを好まないと回答しているが、約3割の生徒が高校進学後に運動部活動に入ることを希望している。運動に対するニーズは多様化している。
本学級の生徒は、第2学年までに「体の動きを高める運動」の高め方や「組み合わせ方」を学んでいるが定着されているとは言い難い。多くの生徒は授業の中で仲間と一緒に運動をするのならいやニーズに応じた運動をしたがっており、とりわけ運動することを好まない生徒は仲間との関わりが強い。

単元名
体ほぐし運動（体ほぐしの運動）体の動きを高める運動（実生活に生かす運動の計画）

運動の特性

・体ほぐし運動は、体を動かす楽しさや心地よさを味わい、心身ともにリラックスすることなどを目指す運動である。また、全ての学年で必修とされている領域でもある。
・第3学年の体つくり運動は、「体ほぐしの運動」と「実生活に生かす運動」の2つから成り立っている。それぞれ異なるねらいがある。「体ほぐしの運動」では、「気付き」と「関わり合い」という2つのねらいのもと、手軽な運動をしながら心身の状態に気付いたり、仲間とコミュニケーションをとりながら課題を達成したりする運動である。「実生活に生かす運動運動の計画」は、運動を継続する意義や体の構造、運動の原則などを理解した上で、健康の保持増進や体力の向上を目指し、目的に適した運動の計画を立て、取り組むことがねらいとされている。

単元の目標

・運動を継続する意義、体の構造、運動の原則などを理解し、健康の保持増進や体力の向上を目指しながら、ねらいに応じた運動の計画を立て取り組むことができるようにする（知識及び運動）。
・自己や仲間の課題を発見し、学習した知識を活用して、学習や仲間の考えを工夫するとともに、学習した考えを他者に伝えることができるようにする（思考力、判断力、表現力等）。
・一人ひとりの違いに応じた動きなどを大切にし、自己や仲間の課題解決に向けて話し合ったりすることができるようにする（学びに向かう力、人間性等）。

単元の評価規準

	ア 知識・運動		イ 思考・判断・表現	ウ 主体的に学習に取り組む態度
	知識	運動		
単元の評価規準	①定期的・計画的に運動を継続することは、心身の健康、保持増進の機会につながる意義があることについて、言ったり書き出したりしている。②運動を安全に行うには、関節への負荷がかかりすぎないようにすることや軽い運動から始めること、徐々に体を温めてから行うことなどについて、学習した具体例をあげている。③運動を計画して行う際には、どのような行うかなどのねらいを立てることや、自分に合った運動の原則があることなどを理解した具体例をあげている。		①ねらいや体力の程度を踏まえ、自己や仲間の健康・体力の実態に応じた強度、時間、回数、頻度を設定している。②体力や体調に応じた運動の計画等について振り返っている。③課題を解決するための話し合う場面で、合意形成するための関わり方を見つけ、仲間に伝えている。④学習成果を踏まえて、実生活に継続しやすい運動例や運動の組み合わせの例を見つけている。	①学習に自主的に取り組もうとしている。②一人ひとりに応じた動きの違いを大切にしようとしている。③自己や仲間の課題解決に向けて貢献している。④健康・安全を確保している。

本時の目標

・自己の健康や体力の実態と実生活に応じて運動に関するねらいを設定すること、取り組むことができるようにする。合理的な運動の取り組みができるようにする（知識及び運動）。
・自己や仲間の考えを発見し、合理的な課題解決に向けて伝えることができるようにする（思考力、判断力、表現力等）。
・一人ひとりの違いに応じた動きなどを大切にしながら、自己や仲間の課題解決に取り組むことができるようにする（学びに向かう力、人間性等）。

本時の展開

時間	学習内容・学習活動	○学習の留意点　■評価
0	○集合、整列、挨拶、簡単な体操をする。・体ほぐしの運動を行う。	○楽しく集合し、きびきびと動くよう促す。
3	1「言うこと・動くこと」を一緒に行う。2「大縄チャレンジ」を行う。	○1と2の運動の行い方について説明し、協力するよう促す。■体ほぐしの学習に自主的に取り組もうとしている（主・態①）。
18	○本時の目標の確認をする。・ねらいに応じた運動の計画の立て方に選択させる。グループ分けは、あらかじめのコースにしたいないのかを生徒にマーケートをとり、授業前に振り分けておく。A 運動不足解消コースB 体力を目指すフィットネスコースC 競技を目指すアスリートコース*いずれも今回はバランスのよい組み合わせ方を目指す。	○3つのコースから、生徒にいずれかを選択させる。・運動の計画の立て方について説明する。Bの生徒は中強度、この生徒は低強度、Aの生徒は高強度の運動を選ぶように指示する。
23	・仲間と話し合いながら、学習カードに運動の計画（合計15分間で4種類の運動。1つの運動は3分間）を記述し、仲間とその方法について話し合う。	○実生活を踏まえ、けがをしないように無理のない運動を選んでいるか確認をする。B コースゆっくりとしたランニング（3分）→静的なストレッチ（3分）→ラダー（3分）体幹トレーニング（3分）・ねらいや体力の程度を踏まえ、自己や仲間の課題に応じた強度、時間、回数、頻度を設定している（思・判・表①）。
28	・立てた計画を仲間とともに取り組む。	○巡回指導をしながら、無理のないように、または立てた計画を防ぐために、正しい動きをするよう、生徒に声をかけていく。
43	○集合、振り返りの共有をし、修正・確認する。また、次時ではどうするべきかについて学習カードに記述する。・振り返りの共有をする。	○体力や体調に応じた運動の計画等について振り返っている（思・判・表②）。
50	・立てた計画を、生徒自身のねらいや体力に合っているかを確認するよう促す。・振り返りの内容について確認する。	○代表的な生徒に学習カードの内容を発表するよう、生徒の前で発表する生徒を選んでおき、授業を終了する。■体力や体調に応じた運動の計画等について振り返っている（思・判・表②）。・次時への動機付けをし、授業を終了する。

単元計画

時	1	2	3	4	5（本時）	6	7
段階	運動の仕方を理解する段階				ねらいに応じた計画を立てる段階		
ねらい	体つくりの運動の授業の進め方を理解する。また、体つくり運動の意義を理解する。	運動の強度の意味を理解する。また、運動の仕方を理解する。	運動の原則について理解する。また、運動の仕方を理解する。	体の構造と運動について理解する。また、運動の仕方を理解する。	実生活を踏まえ、ねらいに応じた運動の計画を立てる（1回目）。	実生活を踏まえ、ねらいに応じた運動の計画を立てる（2回目）（修正案）。	実生活を踏まえ、ねらいに応じた運動の計画を立てる（3回目）（完成版）。
学習活動	オリエンテーション ・授業のねらいと進め方 ・体ほぐしの運動の仕方の学習 知識の学習① 「体つくり運動の意義についての学習」	知識の学習② 「運動の強度、主観的運動強度の学習」 ねらいに応じた運動の仕方の学習① 「力強さ」 ラダートレーニング ねらいに応じた運動の仕方の学習② 「柔らかさ」 静的ストレッチ	知識の学習③ 「運動の原則、個別性、意識性などの学習」 ねらいに応じた運動の仕方の学習③ 「持続」 踏み台昇降 軽いランニングの仕方	体ほぐしの運動 2人組からグループへ人数が増える活動（2人組でのストレッチ、言うこと一緒やること一緒）「ドラゴンボール、大縄跳びなど」 知識の学習④ 「体の構造と運動についての学習」 ねらいに応じた運動の仕方の学習⑤ 「巧みさ」 縄跳び・フープ・ボールなどの用具を使った運動 ねらいに応じた運動の仕方の学習⑥ 「柔らかさ」[持続] 動的ストレッチ、リズム体操	知識の学習⑤ 「運動の計画の立て方に関する手順の学習」 課題設定、運動の選択の仕方 グループでの運動の計画づくり① コースの選択、運動の種類、強度の選択の方法 運動の実施① 15分間 3分運動×4種類 （インターバル1分） 振り返り① 計画した運動の評価と課題の確認	知識の学習⑥ 「計画の修正の仕方に関する学習」 新たな課題設定・運動の選択の仕方 グループでの運動の計画づくり② 新たな課題を基に修正案を立てる 運動の実施② 15分間 3分運動×4種類 （インターバル1分） 振り返り② 計画した運動の評価と課題の確認	知識の学習⑦ 「計画の修正の仕方に関する学習」 新たな課題設定・運動の選択の仕方（まとめ） グループでの運動の計画づくり③ 新たな課題を基に修正案を立てる 運動の実施③ 15分間 3分運動×4種類 （インターバル1分） 振り返り③ 単元のまとめ
評価計画　知識・運動	○	○	○	○			
評価計画　思考・判断・表現					○	○	○
評価計画　主体的に学習に取り組む態度					○	○	○

器械運動（マット運動）学習指導案

学年・組	中学校　第1学年	在籍数　40名
場　所	体育館	使用する用具等　マット、跳び箱、踏み切り板、タブレットPC

生徒の実態
本学級の生徒は、保健体育の学習に意欲的に取り組む生徒が多く見られ、授業中も協力し合って学習を進めることに意欲的に取り組むことができる。しかし、器械運動については苦手意識をもっている生徒が多く、小学校で取り組んだ基本的な動きに応じて技を選択したり、という連続した技に取り組むことや技を身に付けていない生徒が多い。技能差の開きが大きい。

単元名
器械運動　マット運動

運動の特性
器械運動のマット運動は、回転系と巧技系の技で構成されている。それらの技を組み合わせて、[はじめ・なか・おわり]という連続した技に取り組むことができるようにしたり、演技を発表したりすることによって達成感を感じる運動である。技の「できる」「できない」がはっきりしてしまうことで、苦手意識をもったり、前時で演技をすることに恥ずかしさを感じてしまうことがある。ただ、友人の演技を見合ったり補助し合ったりすることで、技や方法が変わったり、集団で学習を進めることも考えられるが、助言し合ったり補助し合ったりするなど、集団で学習を進める学習効果につながる。

単元の目標
○　次の運動について、技ができる楽しさや喜びを味わい、器械運動の特性や成り立ち、技の名称や行い方、その運動に関連して高まる体力などを理解するとともに、技をよりよく行うことができるようにする。（知識及び技能）
ア　マット運動では、回転系や巧技系の基本的な技を滑らかに行うこと、条件を変えた技や発展技を行うこと及びそれらを組み合わせること。
○　技などの自己の課題を発見し、合理的な解決に向けて運動の取り組み方を工夫するとともに、自己の考えたことを他者に伝えること。（思考力、判断力、表現力等）
○　器械運動に積極的に取り組むとともに、よい演技を認めようとすること、仲間の学習を援助しようとすることなど、一人一人の違いに応じた課題や挑戦を認めようとすることや、健康・安全に気を配ることができるようにする。（思考力、判断力、表現力等、健康・安全、人間性等）

単元の評価規準

	ア 知識・技能		イ 思考・判断・表現	ウ 主体的に学習に取り組む態度
	知識	技能		
単元の評価規準	①器械運動には多くの「技」があり、それらの技に挑戦し、回転するための動きや巧技系の動きを高めることができる。また、その技ができる楽しさや喜びを味わうことができる。②技の行い方や技に合った練習の仕方について、学習した具体例を挙げている。	①体をマットに順々に接触させて回転するための動きや巧技系の動きで、基本的な技の一連の動きを滑らかにして回ることができる。②全身を支えたり突き放したりするための着手の仕方や回転力を高めるための動き、起き上がりやすくするための動きを身に付けて回転することができる。③バランスよく姿勢を保つための力の入れ方や、バランスのとれた一連の動きで静止することができる。	①提示された動きのポイントや事例を参考にして、仲間の課題や出来映え方を伝えている。②体力や技能の程度、性別等の違いを踏まえて、仲間とともに楽しむための練習や発表を行う方法を見つけ、仲間に伝えている。	①器械運動の学習に積極的に取り組もうとしている。②練習の補助をしたり仲間に助言したりして、仲間の学習を援助しようとしている。③健康・安全に留意している。

本時の目標

体力や技能の程度、性別等の違いを踏まえて、仲間とともに楽しむための練習や発表を行う方法を見つけ、仲間に伝えることができるようにする。（思考力、判断力、表現力等）

本時の展開

時間	学習内容・学習活動	○学習の留意点　■評価
1	集合、整列、出席確認をする。	○健康観察を行い、見学者への指示をする。
5　2	準備運動、感覚づくりの運動をする。	○役割分担し、安全に気を付けて行うよう指示をする。
10　3	本時の学習課題や学習の進め方を確認する。	○本時の流れと課題を知らせ、見通しをもって学習できるようにする。
	[はじめ・なか・おわり]で技を組み合わせて行おう	
15　4	前時までの内容から、自己の課題を確認する。・各自の課題確認・タブレットPCの活用	○前時の既習事項を確認し、意欲的に授業に取り組めるようにする。・前時までの学習から、課題を確認する。・見本となる動画と自己の動きを比較することで課題を明確化する。
20　5	[はじめ・なか・おわり]の技の組合せを考え取り組む。・中間発表・タブレットPCの活用・グループ内での伝え合う活動・段差や傾斜の利用・補助具の活用	・基本となる技、発展技を組み込む。・一連の動きが滑らかになるように、ICTを使って撮影したり、仲間同士でアドバイスをしたりするようにする。
40　6	学習カードを記入する。	■体力や技能の程度、性別等の違いを踏まえて、仲間とともに楽しむための練習や発表を行う方法を見つけ、仲間に伝えている。（学習カード：思考・判断・表現）
7	整理運動をする。	
45　8	全体での振り返りをする。	○次の時間について振り返ること、で、次への課題を見出す。○課題解決に取り組んでいた生徒を、積極的に取り上げ賞賛する。
9	後片付け、挨拶をする。	

単元計画

時	1	2	3	4	5	6	7	8（本時）	9	10
段階	はじめ	なか①			なか②			本時・なか③		まとめ
ねらい	単元の学習の進め方について理解する。マット運動の特性について理解する。	巧技系平均立ち技群の基本的な動きと基本技を確認し課題を発見する。		回転系接転技群の基本的な動きと基本技を確認し課題を発見する。	自己の課題に応じた課題解決に取り組む			技を組み合わせて行う		演技を発表する
学習活動	オリエンテーション 1 小学校までの学習を振り返り、器械運動に対する生徒の意識や実態について確認する。 2 マット運動の特性や安全面への配慮事項について確認する。 3 単元の学習の進め方や学習カードの記入の仕方を確認し、見通しをもつ。 4 感覚づくりの運動を行う。 5 小学校までに習得している技について試しの運動を行う。	1 片足平均立ちグループの技に取り組む。 ・片足平均立ち ・頭倒立 ・補助倒立 2 前転グループの技に取り組む。 3 倒立グループの技に取り組む。 ・頭倒立 ・補助倒立 4 仲間の良いところや改善点を見受け伝え合う。 5 学習カードに振り返りを記入する。	1 前時の復習として平均立ち技群の技に取り組む。 ・片足平均立ち ・頭倒立 ・補助倒立 2 前転グループの技に取り組む。 ・前転 ・開脚前転 ・補助倒立前転 3 後転グループの技に取り組む。 ・後転 ・開脚後転 4 仲間の良いところや改善点を見受け伝え合う。 5 学習カードに振り返りを記入する。	1 前時の復習として接転技群の技に取り組む。 ・前転 ・開脚前転 ・補助倒立前転 ・後転 ・開脚後転 2 倒立回転及び跳ねグループの技に取り組む。 ・倒立回転 ・開脚倒立回転 ・倒立ブリッジ 3 はねおきグループの技に取り組む。 ・はねおき ・頭はねおき 4 仲間の良いところや改善点を見受け伝え合う。 5 学習カードに振り返りを記入する。	集合整列・挨拶・健康観察・前時の振り返り・本時の課題と学習内容の確認 感覚づくりの運動（くま歩き、うさぎ跳び、川渡り、かえるの足打ち、背支持、ブリッジ） 1 前時の復習として取り組む。 ・側方倒立回転 ・倒立ブリッジ ・頭倒立おき 2 自分の課題や発展させたい技について選択し、課題解決に取り組む。 3 グループやタブレットPCを活用して伝えた課題についてアドバイスをし合ったりして技に取り組む。 4 条件を変えた技や簡単な技の組合せに取り組む。 5 学習カードに振り返りを記入する。	1 前時の復習として取り組む。 ・側方倒立回転 ・倒立ブリッジ ・頭倒立おき 2 自分の課題や発展させたい技について見直し、課題解決に取り組む。 3 グループやタブレットPCを活用して伝えた課題についてアドバイスをし合ったりして技に取り組む。		1 自分に適した技を、「はじめ・なか・おわり」の構成で組み取り組む。 2 グループやタブレットPCを活用し、課題について伝えたり、補助やアドバイスをし合ったりして技に取り組む。 3 技の構成やつなぎの姿勢について変更する。 4 発表会の相互評価の項目について確認し、それを意識して練習に取り組む。 5 学習カードに振り返りを記入する。	1 自分に適した技を、「はじめ・なか・おわり」の構成で組み取り組む。 2 グループやタブレットPCを活用し、課題について伝えたり、補助やアドバイスをし合ったりして技に取り組む。 3 技の構成やつなぎの姿勢について再考する。	1 発表する組み合わせた技に取り組む。 2 グループでタブレットで良さや課題について伝え合う。 3 「はじめ・なか・おわり」の構成で組み合わせた技の発表会を行う。ペアやグループ同士で行う。 4 ペアグループ同士で、相手グループの良かった点や頑張っていた人について伝え合う。 5 クラス全体で、この単元の学習を終えての成果について振り返る。 6 学習カードに振り返りを記入する。
					全体での振り返り・整理運動・後片付け・次時の確認・挨拶					
評価計画 — 知識・技能	知①	③	技③	知②技①	技②	①	技①		②	総括的な評価
評価計画 — 思考・判断・表現							①	②		
評価計画 — 主体的に学習に取り組む態度										

陸上競技学習指導案

学年・組	中学校	第2学年	在籍者数 40名
場　所	校庭	使用する用具等	ストップウォッチ、カラーコーン、ラインカー

生徒の実態
・男女ともに仲が良いクラスであり、共同的な活動には積極的に取り組むことができる。
・半数以上の生徒は運動習慣が身に付いていない。
・中央距離走については、約半数が「どちらかといえば嫌い」と回答している。

単元名　バトンタッチ・ランニング（長距離走）

運動の特性
陸上競技は、「走る」「跳ぶ」及び「投げる」などの運動で構成され、記録に挑戦したり、相手と競争したりする楽しさや喜びを味わうことのできる運動である。
自分の能力に合わせた目標記録を決めて、その達成に向けて練習を工夫したり、仲間と動きを観察し合ったりすることを通して記録を身に付けることと、大きな自己実現の喜びを味わうことができる。
長距離走は、一定のペースを守って走ることができるという合理的なフォームを身に付けることによって、自己の伸びを実感することができる運動である。

単元の目標
1 次の運動について、記録の向上や競争その伸びや楽しさや喜びを味わい、陸上競技の特性や成り立ち、技術の名称や行い方、その運動に関連して高める体力などを理解するとともに、基本的な動きや効率のよい動きを身に付けることができるようにする。（知識及び技能）
ア　長距離走では、ベースを守って走ることができるようにする。
2 動きなどの自己の課題を発見し、合理的な解決に向けて運動の取り組み方を工夫するとともに、自己の考えたことを他者に伝えることができるようにする。（思考力、判断力、表現力等）
3 陸上競技に積極的に取り組むとともに、勝敗などを認め、ルールやマナーを守ろうとすること、分担した役割を果たそうとすること、一人ひとりの違いに応じた課題や挑戦を認めようとすることなどや、健康・安全に気を配ることができるようにする。（学びに向かう力、人間性等）

単元の評価規準

ア　知識・技能		イ　思考・判断・表現	ウ　主体的に学習に取り組む態度
知識	技能		
①陸上競技は、「歩く」「走る」「跳ぶ」及び「投げる」といった基本的な運動で、自己の記録に挑戦したり、競争に挑戦したりする楽しさや喜びが味わえることを書き出したりしている。②陸上競技の各種目において用いられる技術の名称があり、それぞれの技術には動きのポイントがあることについて、具体例をあげている。	①腕に余分な力を入れずにリラックスして、一定のペースを守って走ることができる。②ベースを一定にして走る楽しさや喜びを味わうことができる。	①提示された動きのポイントやその練習の仕方を参考に、仲間の課題や出来映えを伝えている。②提供された練習方法から、自己の課題に応じて、動きの習得に適した練習方法を選んでいる。③練習や競争する場面で、最善を尽くして、勝敗を受け入れようとしている理由を添えて他者に伝えている。	①陸上競技に積極的に取り組もうとしている。②勝敗などを認め、ルールやマナーを守ろうとしている。③用具等の準備や後片付けなどの分担した役割を果たそうとしている。④一人ひとりの違いに応じた課題や挑戦を認めようとしている。⑤健康・安全に留意している。

本時の目標

(1) 腕に余分な力を入れずにリラックスして、一定のペースで走ることができる。
(2) 自己や仲間の動きの課題を見つけ、その解決に向けた走り方を考え、伝え合うことができるようにする。
(3) バトンタッチ・ランニングに積極的に取り組むことができるようにする。

本時の展開

時間	学習内容・学習活動	○学習の留意点　■評価
0	1. 集合　挨拶、健康観察	○授業開始までに集合できるよう声かけをする。○体調不良の生徒がいないかどうか確認する。
2	2. 準備運動	○心と体をほぐすことを意識して準備運動をさせる。
8	3. 課題の確認	○学習カードを用いて、自己の動きの課題を確認させる。特に、走りのフォームとペースについて意識するよう働きかける。
15	4. バトンタッチ・ランニング	○走力が同程度のメンバーとグループを組んでバトンタッチ・ランニングを行う。○生徒が走力の伸びを実感するような声かけをする。■腕に余分な力を入れずリラックスして走ることができているかどうか（技①観察）
40	5. 学習の振り返り・まとめ	○学習カードに、本時の活動の振り返りを記入させる。○数名を指名して、次時へのつながりをクラス全体に意識させる。■分担された役割を果たしていたかどうか（態③カード）
50	6. 整理運動　7. 健康観察・挨拶・解散	○脚部を中心にストレッチをする。○体調不良者がいないかどうかを確認する。

単元計画

時	1	2	3	4（本時）	5	6
ねらい	活動の流れを確認するとともに、目標記録を確認する。	ペース・ランニングの行い方を知るとともに、一定のペースで走る能力を身に付ける。	一定のペースで走る能力を身に付ける。	フォームに気をつけながら、一定のペースで走る能力を身に付ける。	走力の異なる仲間とペースを変えながら走る能力を身に付ける。	自己の目標記録を達成することができたかどうかを確認する。
学習活動	○集合、挨拶、健康観察 ○準備運動 ○オリエンテーション ・学習のねらいおよび流れの説明 ・活動上の留意事項の説明 ○5分間走 ・基準記録を計測する。 ○目標記録の確認 ・5分間で走ることのできる自己の目標距離を決める。 ○ペース・ランニング ・試しの活動をする ○学習の振り返り・まとめ ○整理運動 ○健康観察・挨拶・解散	○集合、挨拶、健康観察 ○準備運動 ○課題の確認 ○ペース・ランニング ・目標記録が近い仲間と5名で1グループをつくり、トラック上に設定されたスタート位置（4カ所）に分かれて並ぶ。 ・スタートから5分間、グループが横一列になってトラックを走る。走りながら、チームとしての仲間（走力は同程度の仲間）らしい目標距離を走り切れたら課題達成となる。 ・ストップの合図がある目標記録を繰り返し、くらいの仲間と ＊第2〜4時は目標記録と同じくらいの仲間 ○学習の振り返り・まとめ ○整理運動 ○健康観察・挨拶・解散 スタート位置③　　スタート位置④		フォームに気をつけながら、トラックを走る。 第5・6時は走力が様々な仲間とグループを組んで走るのもよい。 スタート位置②　　スタート位置①		○集合、挨拶、健康観察 ○準備運動 ○課題の確認 ○ペース・ランニング ・走力の異なるメンバーとグループを組んで走る ○5分間走 ・自己の目標記録を達成できたかどうかを確認する。 ○学習の振り返り・まとめ ○整理運動 ○健康観察・挨拶・解散
評価計画　知識・技能	知①		知②	技①		技②
評価計画　思考・判断・表現		①	③	③	②	②
評価計画　主体的に学習に取り組む態度	⑤	①			④	

水泳学習指導案

場所	プール	学年・組	中学校　第３学年	在籍者数	34名
		使用する用具等	ビート板、プルブイ、学習カード、ホワイトボード、ストップウォッチ、学習ノート等		

生徒の実態	事前の保健調査の結果、健康上プールに入れない生徒はいない。水泳について、水泳部員やスイミングスクール経験者が多くいるが、小学校から中学校２年生まで、授業で水泳技能や運動経験を積み上げている生徒が多い反面、苦手な技能が若干残る生徒や苦手意識が残る生徒の二極化に伴いられる。しかし、水に対する恐怖心が残る生徒が若干見受けられる。
単元名	中学校第３学年「水泳」
運動の特性	水泳は、陸上での運動と比較して、水の物理的特性である浮力、抵抗などの影響を受けながら浮く、呼吸をする、進むという、水中で成り立っている運動である。水の冷たさや浮遊感を味わう、「できなかった」ことができるようになる、仲間と競い合う、記録（距離やタイム）を追い求めるなど、多様な楽しさを味わうことができる。水泳においては、水の特性を理解し、抵抗を減らし浮力や抵抗を利用して推進力を得ることと、学習活動を通して楽しさやできる楽しさを味わえる魅力である。また、学習特有の課題を解決することにより社会性の向上をも望むことができる。
単元の目標	・クロール、平泳ぎ、背泳ぎ、バタフライについて、記録の向上や競争の楽しさや喜びを味わい、技術の名称や行い方、体力の高め方、運動観察の方法などを理解するとともに、効率的に泳ぐことができるようにする。（知識及び技能） ・泳法などの自己の課題を発見し、合理的な解決に向けて運動の取り組み方を工夫するとともに、自己の考えたことを他者に伝えることができる。（思考力、判断力、表現力等） ・水泳に自主的に取り組むとともに、ルールやマナーを大切にし、自己の責任を果たそうとすること。また、一人ひとりの違いに応じた課題や挑戦を大切にしようとすることや、水泳の事故防止に関する心得を遵守するなど健康・安全を確保できるようにする（学びに向かう力、人間性等）。

単元の評価規準

	ア　知識・技能		イ　思考・判断・表現	ウ　主体的に学習に取り組む態度
	知識	技能		
単元の評価規準	①効率的な泳ぎ方について、手と足の動き、呼吸のポイントについて書いたり言ったりしている。 ②体力の高め方について、言ったり書いたりしている。 ③運動観察の方法について、言ったり書いたりしている。	①選択した泳法で、安定したペースで効率的な泳ぎができる。 ②複数の泳法を組み合わせて続けて泳ぐことができる。	①選択した泳法の、動きの効率性を判断し、仲間に伝えている。 ②自己や仲間の技術的な課題やその有効な解決方法の選択をしている。	①水泳の学習に自主的に取り組もうとしている。 ②自己の記録の向上や仲間との競争を楽しみ、その課題に積極的に挑戦しようとしている。 ③バディについて合意した役割に責任をもって果たそうとしている。 ④一人ひとりの違いに応じた課題や挑戦を大切にしようとしている。 ⑤水の事故防止の心得を遵守するなど健康・安全を確保している。

本時の目標

○選択した泳法について、動きの観察を判断し、動きの効率性を判断し、仲間に伝える。仲間に伝える。
○パディと協力しつつ自己の責任を果たそうとしている。

本時の展開

時間	学習内容・学習活動	○学習の留意点　■評価
0	1. 挨拶、出席確認・健康観察 本時のねらい・学習内容の確認 パディーチームで準備運動 2. シャワー、水慣れ活動（腰掛けキック・壁キック） 競争・ジャンケンもぐる（リレー・各種） 3. 交流活動（リレー・各種）	○ホワイトボードに提示する。 ○活動が停滞しないように一連の流れで行う。 ○グループ活動を楽しく交流してして心と体をほぐす。
15	【学習内容】一かき一けりで進む距離が伸びる効率的な泳ぎ 的な動きを身に付ける。 4. 泳ぎの観察だけでなく、ストローク数やタイムが泳ぎの効率性を評価する指標になることを知る。 5. 試しの泳ぎ（選択した泳法 25m）する（バディが効率のよい泳ぎ、タイム、ストローク数を計測する。	【答観】 ○効率的な泳ぎを判断するには、答観 ○発問し、数人の生徒の考えに答させた後に記明する。 ○フォームが崩れない程度の速さで泳ぐように指示する。 ○毎回泳ぐように指示する。 ■思：①
25	【学習内容（テーマ）の復習：クロールの効率的な泳法の例】 ○足の甲で水をとらえ、腕のように動きをマックを打つこと（推進力） ○胸全体で水をとらえ、加速するようにかくこと（推進力） ○流線型の姿勢を保持すること（抵抗を減らす） ○背骨を軸とした肩のローリングを使って泳ぐこと（抵抗を減らす）	○ポイントをホワイトボードに貼る（抵抗を減らす、推進力を得る） ○泳ぎを観察（助言）をバディと協力して行う（助言）　○観察・バディと協力して行う ○学習資料をラミネートして提示する。
45	6. 学習内容（選択した泳法の泳法ポイント）を確認する。（キックツ・ブル・ドリル（泳法の選択）15m×4〜6 7. 選択した泳ぎの課題を見付ける 15m×6〜8 8. 課題練習をする（キックツ・ブル・ドリル（泳法の選択）15m×4〜6 9. 成果（泳ぎの観察・ストローク数とタイムの計測）25m	○ポイントをホワイトボードに貼（抵抗を減らし、推進力を得る） ○泳ぎを観察（助言）をバディと協力して行う（助言）　○観察・バディと協力して行う ○学習資料をラミネートして提示する。 ○計測項目を確認し、次時の得られるからワークシートに記入する。 ■思：①
50	10. バディ確認（人数・体調確認） 振り返りをまとめ・休調確認） シャワー後、ストローク数とタイムの記入	○学習カードで記述する。

単元計画

時	1	2	3	4	5（本時）	6	7	8
段階	導　入	展開1			展開2			まとめ
ねらい	単元の概要を知り、水に慣れるとともに今の泳力を確認しよう。	クロール・平泳ぎの効率的な泳ぎ方を理解しよう。	背泳ぎの効率的な泳ぎ方を理解しよう。	クロール・平泳ぎ・背泳ぎ・バタフライの効率的な泳ぎ方を理解しよう。	選択した泳法（クロール・平泳ぎ・背泳ぎ・バタフライ）について、自己や仲間の課題を見つけ、練習方法を選んで、効率的な泳ぎを身に付けよう。			皆が楽しめる水泳記録会で成果を確認しよう。

オリエンテーション
・学習のねらいや道筋を知る。
・水泳の心得を確認する。
・学習カードや補助用具の活用の仕方について確認する。

＜毎時の活動＞
○挨拶・出席確認・健康観察　○水慣れの活動：腰掛けキック・壁キック等　○交流の活動（心と体をほぐす）：各種水中ジャンケン・各種リレー遊び等（2時間目、3時間目はこの活動の時間を長めに設定する）　○準備運動　○ペアディチェック（人数確認）　○シャワー

学習テーマ1
[クロール・平泳ぎ・背泳ぎ・バタフライの効率的な泳ぎ方を理解する]
・抵抗を減らし、推進力を得て泳ぐ
・頭の位置を動かさずストリームラインを意識したクロールと平泳ぎ
・頭の位置を動かさずストリームラインを意識した背泳ぎ

学習テーマ2
[選択した泳法について、課題を見つけ、練習方法を選んで、効率的な泳ぎを身に付ける]

| 学習活動 | ＜毎時の活動＞
○水慣れの活動（復習を兼ねて）
・腰掛けキック・けのびキック・みんなでジャンプ ジャンケンゲーム
・壁キック・けのび（鏡・板なしキック）
○ためしの泳ぎ（クロール・平泳ぎ・背泳ぎ・バタフライ）25mタイムトライアル
○プルーピング
○グループで水遊び（交流ゲーム）
○学習カード記入（目標決め等） | ○泳法学習（ペアシステムを利用した教え合い学習）
・クロール・平泳ぎ・背泳ぎ・バタフライの動きのポイントを知る
・泳ぎの土台（キックと姿勢：ストリームライン）づくりの学習
・ストローク（エントリー・キャッチ・プル・リカバリー等）の学習
・ストロークとキックのコンビネーション（リズム・タイミング）の学習
・呼吸の学習
○成果確認の泳ぎ | | | ○試しの泳ぎ（5時間目のみ）
（クロール・平泳ぎ・背泳ぎ25m）
・泳法数・ストローク数・タイム計測（ワークシート記入）
○選択した泳法の技術ポイント確認（ホワイトボード）
○選択泳法学習（クロール・平泳ぎ・背泳ぎの選択）
・ペアシステムを利用した教え合い
・課題練習（キック・プル・ドリル等の選択）
○成果確認の泳ぎ
・泳法数・ストローク数・タイム計測（ワークシート記入） | | | ○水泳記録会
・25m（選択泳法）
・複数の泳法の組合せ 50～100m
・リレー

＜単元のまとめをする＞
○後片付け・ペア確認
○単元まとめ・振り返り
○シャワー
○振り返り・学習カードの記入（教室） |
| ＜毎時の活動＞ | ○後片付け | ○後片付け | ○本時の振り返りとまとめ、次時の連絡 | | ○シャワー | ○学習カードの記入（教室） | | |

評価計画	知識・技能	⑤	知③技②	知③	知③		①②	知①	知①②技①
	思考・判断・表現			①	⑤	①	①	②	②
	主体的に学習に取り組む態度	⑤		①	⑤	③	①	③	②

球技（ネット型）学習指導案

学年・組	中学校　第3学年	在籍者数	35名
場所	体育館	使用する用具	ボール、バドミントンコート、ネット、支柱補助具

生徒の実態
対象クラスは、1年次でバレーボール単元を行っていた経験がある。全体的に明るく・生徒数が多く、仲間と協力して課題に取り組むことができる。また、体育への興味・関心は比較的高い。しかし、基礎的な技能が身に付いていていないため、ラリーが続かないことがある。

単元名
球技・ネット型（バレーボール）

運動の特性
・バレーボールは、コート上でネットを挟んで相対し、ボールを操作して空いている場所に返球し、一定の得点に早く到達することを競い合うことが楽しい運動である。
・サーブやパス、アタックなどの個人技能とチームによる作戦や練習、チームワークなどの集団技能からなる運動である。
・相手の攻撃に瞬時に対応できる敏捷性や瞬発力を高めることができる。

単元の目標
(1) 知識及び技能
次の運動について、運動観察で、運動観察について、運動観察で、合理的な動きなどを理解するとともに、作戦に応じた技能で仲間と連携してゲームを展開することができるようにする。
イ、ネット型では、役割に応じたボール操作や連携した動きによって空いた場所をめぐる攻防をすることができるようにする。

(2) 思考力・判断力・表現力等
攻防などの自己やチームの課題を発見し、合理的な解決に向けて運動の取り組み方を工夫するとともに、自己や仲間の考えたことを他者に伝えることができるようにする。

(3) 学びに向かう人間性等
一人ひとりの違いに応じたプレイなどを大切にしようとすること、互いに助け合い教え合おうとすることや、健康・安全を確保することができるようにする。

単元の評価規準

	ア　知識・技能		イ　思考・判断・表現	ウ　主体的に学習に取り組む態度
	知識	技能		
単元の評価規準	①練習やゲーム中の技能を観察したり分析したりするには、自己観察や他者観察などの方法があることを知っている。 ②戦術や作戦に応じて、技能をゲーム中に適切に発揮することが攻防であるためのポイントであり、学習した具体例をあげている。	①攻撃につなげるための次のプレイをしやすい位置にボールを上げることができる。 ②ボールを相手側のコートの空いている場所やねらった場所に打ち返すことができる。 ③連携プレイのための基本的なフォーメーションに応じた位置に動くことができる。	①選択した運動について、合理的な動きと自己や仲間の動きを比較して、成果や改善すべきポイントがあることについて、自己の考えを伝えている。 ②作戦などの話合いの場面で、合意を形成するための関わり方を見つけ、仲間に伝えている。	①一人ひとりの違いに応じた課題や挑戦を大切にしようとしている。 ②互いに練習相手になったり仲間に助言したりして、互いに助け合い教え合おうとしている。 ③健康・安全に留意している。

本時の目標
・連携プレイのための基本的なフォーメーションに応じた位置に動くことができる。（知識・技能）

本時の展開

時間	学習内容・学習活動	○学習の留意点　■評価
0　1	整列、挨拶、健康観察	○体調不良やけがなどがないか確認する。
2	準備運動	○本授業に合わせた準備運動を行う。（腕、肩、下半身を中心とした準備運動）
10　3	ドリルゲーム ・2人組ワンバウンドパス ・アタックスナップ練習 ・トスからのアタック練習	○ボールの落下点に入ることやボールの正面に移動することを意識させる。 ○相手が打ちやすいトスを上げるように意識させる。
20　4	タスクゲーム ・自チームで3段攻撃を組み立て、相手コートの空いた場所にアタックを打つ。 ・守備は、ワンバウンドレシーブでセンターへ返球する。	○空いている場所をねらうため、アタックではスナップを効かせて打たせる。 ○ワンバウンドレシーブでは、センターへ体を向けて返球するように意識させる。
30　5	メインゲーム ・3人対3人のバウンドゲーム ・基本的なフォーメーションについて学ぶ（3人の役割） ・ポジションチェンジ（役割転換）について学習する。	○センターが1本目に触球した場合、残りの2人のどちらがセッターになることを確認させる。 ■基本的なフォーメーションに応じた動きができるようにする。（技能）
40　6	学習のまとめ ・学習カードに振り返りを記入し、発表する。	○今日の授業で学んだことを学習カードに書き出させる。
50　7	整理運動、挨拶、片付け	○けががないか確認し、挨拶する。

単元計画

時間	1	2	3	4（本時）	5	6
段階	1次	2次		3次		4次
ねらい	健康や安全に留意しながら、本単元の学習内容を理解する。	攻撃につなげるパスをアタッカーの頭上に上げることができるようにする。一人ひとりの課題を見つける。	相手コートの空いた場所にアタックすることができる。技能を観察し、改善点を仲間に伝えることができるようにする。	作戦などの仲間と関わり、互いに助言したりして教え合うことができるようにする。		戦術や作戦に応じて技能を適切に発揮することが攻防のポイントであることを、学習したことを例にあげることができるようにする。
学習活動	○オリエンテーション 本単元のねらいの説明 「仲間と連携した一連の流れで攻撃を組み立てると、バレーボールの学習の進め方を知ろう」 準備運動（腕や肩、下半身を中心としたバレーボールに関連した動きのための準備運動） ○ドリルゲーム ドリルゲームの説明 ・ワンバウンドレシーブ、オーバーハンドパス、アタックの技能習得に向けた練習方法について理解する。		ドリルゲーム （ワンバウンドレシーブ、オーバーハンドパス、アタックのドリル練習） 2人組ワンバウンドパス練習、アタックのミート練習、スナップボール投げ）等			チーム練習
	○タスクゲームの説明 タスクゲームの基本的な行い方について理解する。	タスクゲーム① 相手からの投げ入れサーブから、自チーム内で3段攻撃を組み立てる。 （相手がレシーブ→セッターキャッチで守備成功）	タスクゲーム② 相手からの投げ入れサーブから、自チーム内で3段攻撃を組み立てる。 （相手がレシーブ→セッターキャッチで守備成功）			クライマックス リーグ戦 （総当たり戦）
	○メインゲームの説明 メインゲームの行い方を理解し、実際にゲームをやってみる。	メインゲーム① 相手のアンダーハンドサーブから、自チーム内で3段攻撃を組み立てる。 （3人対3人ワンバウンドゲーム／協働的ラリーゲーム）	メインゲーム② 相手のアンダーハンドサーブから、自チーム内で3段攻撃を組み立てる。 （3人対3人ワンバウンドゲーム／競争的ゲーム）			
			整列・挨拶・健康観察	整列・挨拶・健康観察		
	○学習のまとめ		まとめ：本時の成果と次時の課題を確認する。			
評価計画　知識・技能	③	技①	知①技②	技③		知②
評価計画　思考・判断・表現			①		②	②
評価計画　主体的に学習に取り組む態度		①	①		②	

ダンス学習指導案

学年・組	中学校　第1学年	在籍者数　35名
場　所	体育館	使用する用具　新聞紙、音楽の流せるデッキ、CD等　タンバリン

生徒の実態

小学校でも表現運動の授業に取り組んできたが、入学期当初からの実態は少ない。運動については好き・得意な生徒が多いが、一方で苦手な生徒もいる。他教科の発表の時間でも積極的に取り組むことが多く、グループワークにおいても個々が自分の意見を率先して伝えることができる。

運動の特性

1 創作ダンスは、フォークダンス、現代的なリズムのダンスで構成され、イメージを捉えて表現や踊りを通して仲間とのコミュニケーションを豊かにすることを重視して、仲間とともに感じを込めて踊ったり、イメージを捉えて自己を表現したりすることに楽しさや喜びを味わうことのできる運動である。

2 表現などの自己の課題を発見し、合理的な解決に向けて運動の取り組みを工夫するとともに、自己や仲間の考えたことを他者に伝えることができるようにする。（思考力、判断力、表現力等）

3 ダンスに積極的に取り組むとともに、仲間の学習を援助しようとすること、交流などの話し合いに参加しようとすること、一人ひとりの違いに応じて表現や役割を認めようとすることなどや、健康・安全に気を配ることができるようにする。（学びに向かう力、人間性等）

単元の目標
○創作ダンスの特性を理解し、好きなテーマなどから心身を解き放して、イメージを捉えて自由に踊ったり、仲間とともに感じを込めて踊ることができるようにする。

単元の評価規準

単元の評価規準	ア　知識・技能		イ　思考・判断・表現	ウ　主体的に学習に取り組む態度
	知識	技能		
	①ダンスは、仲間とともに感じを込めて踊ったり、イメージを捉えて自己を表現したりすることに楽しさや喜びを味わうことのできる運動であることについて、言ったり書き出したりしている。	①日常的な動きやテーマなどの多様な動きから、自ら動きを捉えてイメージを広げたり、動きを工夫したりして自由に踊ることができる。	①好きなテーマを選び、動きや構成を工夫している。	①創作ダンスの学習に積極的に取り組もうとしている。
	②ダンスは、民族ごとの生活習慣と深くかかわりをもっていることについて、言ったり書き出したりしている。	②設定したテーマに合ったイメージで捉えて、ひと流れの動きにして表現できる。	②自分たちの課題を見つけ、よりイメージに合う動きを工夫している。	②互いの個性や表現を認め合って、誰とでも楽しく踊ろうとしている。
	③創作ダンスの表現の仕方や表れを捉えたりして、イメージをひと流れの動きにして表現することについて、学習した具体例をあげている。	③設定したテーマに合ったイメージで捉えて、ひと流れの動きにして表現できる。はじめ‐なか‐おわりの構成で表したいイメージを中心に動きを組み立てて表現できる。	③発表の場で、仲間の動きや表現などを伝えることができる。	③見せ合いの場で積極的に参加しようとしている。
	④ダンスはリズムやカルなど全身運動として高まる体力について、関連して、学習した具体例をあげている。		④グループの課題に合った練習方法を選択している。	④健康・安全を配り、体調や環境に応じた適切な活動をしようとしている。

本時の目標
○創作ダンスの特性を理解し、「新聞紙」の質感を捉え、変化とメリハリのあるひと流れの動きとして踊ることができるようにする。（知識・技能）
○仲間のよい動きを見つけ指摘したり、自分の課題の発見し踊ったり。（思考・判断・表現）
○創作ダンスに積極的に取り組むとともに、互いのよさを認め合おうとすることや、健康・安全に気を配ることができるようにする。（主体的に学習に取り組む態度）

本時の展開

時間	学習内容・学習活動	○学習の留意点　■評価
0	1 　ほぐしの活動（2人組） ①教面のリードでリズミカルに踊る。 ②交代でリードし自由に踊る。	○簡単な動きを（スキップでペアのリードで、キャップでフロアを移動、ストップやスローモーションでリズムに変化をつけ）で全身を端まで踊る。
5	2 　本時のねらいや学習課題の確認	○教師は、「新聞紙を移動させて踊る」ように語る。
10	3 　新聞紙の多様な質感を表すように。 教師のリードで新聞紙の通りに動く（工夫する動きなどをつけて踊る）。	○教師は、「新聞紙を移動させて踊る」ように、（左右にひらひらと落ちりと浮いた状態で味合わせて「ひと流れの動き」にしていくつか提示する。
		○動きがみえない生徒には、新聞紙を動かしながら動きをさせたり、音をならして語りながらリードするように配慮する。
22	4 　2人組で新聞紙を自由に使い即興的に踊る。	○新聞紙を操る2人が、新聞紙に似たり動きを伝えたり一緒に動きをしながらリードするように伝える。
30	5 　2人で気に入ったものを繰り返したり、ひと流れの動きにして即興的に踊る。 ・はじめと終わりのポーズをつける。 ・おもしろかった動きを振り返し、繰り返しながら組み合わせたりする。	○その場の動きをペアには「移動」を、し合うながら学べペアには新聞紙の形を変えて操るように伝える。 ○思いがけない動きをしている生徒には、「○○さんがこんな動きをしている」のように賞賛しながら周りの生徒に共有できるようにする。
40	6 　ペアグループで動きを見せ合い、よかった動きを伝え合う。	○話し合いが進んでいないグループには、本時のねらいからこれまで学んだ動きや工夫の仕方（変化とメリハリの付け方）を思い出すように促す。
45	7 　本時の学習の振り返り・まとめ	

単元計画

時	1	2	3	4（本時）	5	6～9	10
段階	オリエンテーション	多様なテーマから捉えたイメージを動きで捉えて変化とメリハリのあるひと流れの動きにしてみんなで即興的に踊る。				グループで表したいイメージを選び、工夫して「はじめ－なか－おわり」のあるひとまとまりの動きにして踊る。	
ねらい	創作ダンスのおもしろさを知ろう。	「2人の戦い」をテーマに、変化とメリハリのあるひと流れの動きにして踊ろう。	「タッチ＆エスケープ」をテーマに、変化とメリハリのあるひと流れの動きにして踊ろう。	「新聞紙」をテーマに、変化とメリハリのあるひと流れの動きにして踊ろう。	「集まる－離れる」×「見る」をテーマに、変化とメリハリのあるひと流れの動きにして即興的に踊ろう。	既習のテーマの中から好きなテーマを選択して、ひとまとまりの動きにして踊ろう。	グループで表したいイメージを選び、工夫して「はじめ－なか－おわり」にして踊り、発表会で成果を見せ合おう。
学習活動	1　ダンスのおもしろさを知る 2　ダンスの特性を知る ・ダンスの文化的な背景 ・創作ダンスの特性を知る 3　学習の見通しをもつ ・学習を進めるに当たっての注意 ・学習カードの使い方	1　ほぐしの活動（心と体のほぐし） 2　本時のねらいと学習課題の確認 3　本時のテーマの特徴的な場面や動きを、いくつか即興的に踊る 【2人の戦い】 4　表したいイメージを捉え、変化をさせながら自分たちで工夫する 5　ペアグループで、見せ合いをする 6　学習のまとめをする	【タッチ＆エスケープ】	【新聞紙を使って】	【集まる－離れる×見る】 4～6人組になり、群の動きを工夫する	2　本時のねらいと学習課題の確認 3　作品にしたいテーマを選び、グループごとにイメージを付けてひとまとまり（簡単な作品）にして踊る 4　グループごとに発表し合う（発表会）	2　本時のねらいと学習課題の確認 3　グループごとに発表に向けて最終確認をする
評価計画　知識・技能	知①②	知③④技①②	技①②	技①②	技①②	知③技③	総括的に評価
評価計画　思考・判断・表現	①	①②	①②	①②③	①②③	①②③④	
評価計画　主体的に学習に取り組む態度	①	①②	①②	①②③	①②③	②③	

武道学習指導案

学年・組	中学校　第2学年	在籍者数　36名
場　所	武道場	使用する用具等　学習カード・タブレット・投げ込みマット・電子黒板

生徒の実態
- 第1学年で固めの技、投げ技の学習を行った生徒たちである。
- 投げ技や礼儀作法に魅力を感じている生徒が多い。
- けがをしないよう取り組みと組み合うこと自体に不安を感じている生徒が多い。
- 仲間と教え合いながら学習を進めたいと希望する生徒が多い。

単元名　武道（柔道）

運動の特性

武道は、武術などから発生した我が国固有の文化であり、相手の動きに応じて、基本動作や基本となる技を身に付け、相手を攻撃したり相手の技を防御したりすることによって、勝敗を競い合う楽しさや喜びを味わうことのできる運動である。また、武道の伝統的な考え方を理解し、相手を尊重して練習や試合ができるようにすることを重視する対人的な技能を基にした運動である。さらに、相手と格闘し合う対応の中で旺盛な気力、礼儀、克己、公正、遵法などの態度を養うことが期待できる運動である。

(1) 技ができる楽しさや喜びを味わい、武道の特性や成り立ち、伝統的な考え方、技の名称や行い方、その運動に関連して高まる体力などを理解するとともに、基本動作や基本となる技を用いて簡易な攻防を展開すること。（知識及び技能）
(2) 攻防などの自己の課題を発見し、合理的な解決に向けて運動の取り組み方を工夫するとともに、自己の考えたことを他者に伝えること。（思考力、判断力、表現力等）
(3) 武道に積極的に取り組むとともに、相手を尊重し、伝統的な行動の仕方を守ろうとすること、分担した役割を果たそうとすることなど、一人ひとりの違いに応じた課題や挑戦を認めようとすること、禁じ技を用いないなど健康・安全に気を配ることができるようにする。

本時の目標
- 技の名称及び技術的なポイントについて理解することができる。〇約束練習で、取uhl外刈りをかけて投げ、受けは後ろ受け身をとることができる。【知識及び技能】

単元の評価規準

	ア　知識・技能		イ　思考・判断・表現	ウ　主体的に学習に取り組む態度
	知識	技能		
単元の評価規準	①柔道の技には技の名称があり、それぞれの技を身に付けるための技術的なポイントがあることについて、学習した具体例をあげている。②試合の行い方には、ごく簡単な試合における攻防、簡易な審判及び運営の仕方があることについて、学習した具体例をあげている。	①取りはまわし系の崩しの方向に投げかけて投げ、受けは受け身をとることができる。②取りは大外刈りをかけて投げ、受けは受け身をとることができる。③受けは固められた状態から、横四方固めや抑え込みに返すことができる。	①学習した安全上の留意点を、他の学習場面に当てはめ、仲間に伝えている。②一人ひとりの違いに応じた課題や挑戦を認めようとしている。	①相手を尊重し、伝統的な行動の仕方を守ろうとしている。②健康・安全に留意している。③禁じ技を用いないなど健康・安全に留意している。

本時の展開

時間	学習内容・学習活動	〇学習の留意点　■評価
0　1	1 学習の準備・安全の確認・準備運動・本時のねらいを確認する。2 固めの技の簡易な試合を行う。〇崩しや姿勢からの試合〇審判、計時係の役割分担	〇畳の安全や自他の健康状況の確認の徹底〇試合前後に礼正姿勢を整えさせたり挨拶をしっかり行わせたりする。
12　3	大外刈りの練習に取り組む。─知識─・技の名称、崩しの方向、技法について知る。・崩し、体さばきと関連付けた受け身の方法について知る。(1) かかり練習を行う。・釣り手、引き手、左足前さばきの一体的な全体練習(2) 約束練習を行う。・崩し、体さばきと受け身を一体的に行う。・取：ゆっくりリズムよく・受：低位→立位へ	〇動画で技の概要をつかませる。〇学習カードの項目にそって考えさせる。〇釣り手を取られ、片足で支えながらの後ろ受け身により、頭部をしっかり守る。〇3人組により、教え合いの活動を行わせる。〇取り、引き手をしっかり確保させる。〇受けが、受け→中腰→立位へと段階的な練習に取り組ませる。
37　4	約束練習の様子を撮影し、技能の習得状況を確認する。	〇タブレットで撮影し、自分や仲間の動きについて意見交換をさせる。
43　5	整理運動を行い学習の振り返り(1) グループによる整理運動(2) 自己の学習を振り返り、発表する。(技の成果やポイント、学習の成果や課題について)(3) 次時の確認。挨拶、後片付け	■柔道の技には名称があり、それぞれの技を身に付けるための技術的なポイントがあることについて、学習した具体例をあげている。【知①　学習カード】

単元計画

時階	1	2	3	4	5（本時）	6	7	8	9	10
段階	学習の準備	基本動作や受け身、技の復習の段階			新しい技を身に付ける、身に付けた技で攻防したりする楽しさを味わう段階			投げ付けた技で攻防したりする楽しさを味わう段階		まとめ
ねらい	単元の見通しをもつ	固め技の学習	投げ技の復習		投げ技・新しい技の習得			投げ技の技別・課題別の学習		単元の振り返り

【学習活動（上段共通）】
○オリエンテーション
1 柔道衣の着方、畳の安全確認　・あいさつ（伝統的な所作）　・準備運動・補助運動（基本動作や受け身を順次追加）
・約束練習→条件設定の自由練習→ごく簡単な試合（技能の程度に応じて）　・健康観察　・本時のねらい等の確認

列	学習活動
1	○オリエンテーション 1 1年時の復習 ・特性や成り立ち ・伝統的な考え方 ・高まる体力 態：相手の尊重、伝統的な行動 2 学習の進め方 ・目標・内容・計画 ・学習カードの使い方 3 学習の約束の理解 ・グループ編成 ・活動場所 ・柔道衣の着脱 ・安全の確保 4 準備運動の確認 ・ストレッチ、体操 ・回転運動 他
2	2 固め技の復習（けさ固め・横四方固め） ○固め技の復習 ○既習技の復習 ・抑え方 ・約束練習の方法 ○抑え込みの条件 ○基本動作 ・体を開く ・脚を回す ・体をそらす 3 固め技の返し方の復習 ○頭の方向や体側の方向への返し方
3	2 固め技の抑え方や応じ方や返し方、相手との攻防 ・約束練習→条件設定の自由練習→ごく簡単な試合 3 まわし技系（体おとし）の復習 知：技の名称、ポイント ○基本動作 姿勢と組み方 進退動作 ○受け身 横受け身 後ろ受け身 ・前し、体さばきと受け身
4	○腰車、体おとしの練習 ・かかり練習 ・崩しの方向 前さばき ・約束練習 ・崩し、体さばきと受け ○体さばきを連動させた動き
5（本時）	2 刈り技系（大外刈り）の習得 知：技の名称、ポイント ○かかり練習（低→高） ・崩しの方向と体さばき ・前し、体さばきと受け身 連付け身と受け身 ○約束練習（低→高） 3 刈り技系（大外刈り）の攻防 知：技の名称、ポイント
6	○かかり練習（移動なし） ○約束練習（発展的な） ・受け取の動き で ・受取の自由な動き
7	2 技の選択、課題設定および練習方法の選択 ○学習グループの再編成 思：安全上の留意点の当てはめ 知：試合の行い方 3 各自の選択した技別、課題解決的な練習
8	2 各自の選択した技別、課題設定 ○大外刈り及び既習技からの選択技について、課題解決を目指した練習に取り組む ○各自の技能の程度に応じた練習方法の選択 態：課題や挑戦点の当てはめ 3 技能の程度に応じた、投げ技限定での攻防 ○技能の程度に応じて攻防の仕方を選択する ・発展的な約束練習、条件を設定した自由練習、ごく簡単な試合 ○技能の程度に応じて用いる技、時間、対戦相手、審判・方法等を修正する。 思：審判・試合をした試合の方法
9	2 技の上達や課題解決の成果の確認 ○約束練習 ○自由練習 ○簡易な試合で ○順位戦 ・団体戦 等 3 学習カードに各自の振り返りの記入
10	単元の振り返り

4 整理運動　学習の振り返り　用具・柔道衣の片付け

評価計画	1	2	3	4	5	6	7	8	9	10
知識・技能	知①			技③	知①	技①	知②		技②	
思考・判断・表現			①				①		②	
主体的に学習に取り組む態度	③							②		総括的な評価の確認

体育理論学習指導案

学年・組	中学校　第3学年	在籍者数　20名
場所	武道場	使用する用具　ワークシート、電子黒板

生徒の実態
生徒らは第1学年の学習経験から、スポーツが多様な目的から生まれてきていることや多様な関わり方及び楽しみ方があることを理解している。多くの生徒はスポーツに関心が高い方である一方、一部の生徒は全く関心を持てていない。また、スポーツをより広い社会的な視点から捉えられていない生徒も多い。

単元名　文化としてのスポーツの意味

運動の特性　文化としてのスポーツの意味

単元の目標
(1) 文化としてのスポーツの意義について理解できる。
(2) 文化としてのスポーツの意義について、自己の課題を発見し、より良い解決に向けて思考し判断するとともに、他者に伝えることができる。
(3) 文化としてのスポーツの意義についての学習に自主的に取り組むことができる。

単元の評価規準

ア　知識・技能		イ　思考・判断・表現	ウ　主体的に学習に取り組む態度
知識	技能		
・現代社会におけるスポーツの文化的な意義について、言ったり書き出したりしている。 ・国際的なスポーツ大会などが果たす文化的な意義や役割について、言ったり書き出したりしている。 ・人々を結びつける文化的な働きなどについて、言ったり書き出したりしている。		・文化としてのスポーツの意義について、必要な情報を比較したり、分析したり、まとめたり考えを発表したり他者に伝えたりしている。	・文化としてのスポーツの意義などの活動を通して、学習に自主的に取り組もうとしている。

本時の目標

スポーツは文化的な生活を営みよりよく生きていくために重要であることを理解することができる。

本時の展開

時間	学習内容・学習活動	○学習の留意点　■評価
0	あいさつ 発問1：今まで行ったことのある運動やスポーツにはどのようなものがありますか。 発問2：TVや会場で見たことのあるスポーツにはどのようなものがありますか。	○第1学年では運動やスポーツの多様性について、第2学年では運動やスポーツの効果について学んだことを思い出させる。 ○ワークシートにできるだけたくさん書き出すよう促す。
10	各自が行ってきたスポーツあるいは観戦したスポーツの意義や価値について考えさせる。	○アイデアが浮かびうまくいかないグループがあった場合は、概念化のサポートを行う。
15	グループ内で互いに書き出した内容を共有させる。また、共有した内容をグループ別に発表させる。	○スポーツは文化的な生活を営みよりよく生きていくために重要であることを十分に理解できている。 ■スポーツは文化的な生活を営みよりよく生きていくために重要であることを端的に整理する。
35	Society5.0の映像を視聴させる。	○ますます利便性の高い社会になっていく事を理解できるよう促す。
40	ユネスコの国際憲章及びスポーツ庁の基本計画に関する資料を提示し、そこで述べられているスポーツの文化的意義を紹介する。	○「体育・身体活動・スポーツの実践は全ての人の基本的権利」とはどのような意味かをわかりやすく説明する。
45	スポーツが、文化的な生活を営みよりよく生きていくために重要であることを整理する。	○健やかな心身、豊かな交流、自己開発のための機会の提供を端的に整理する。

単元計画

時	段階	1（本時）	2	3
	ねらい	ますます利便性の高まる現代の生活において、スポーツの果たす文化的意義が一層高まっていることを理解する。	国際的なスポーツ大会は、世界中の人々の交流を深め、それらが国際親善や世界平和に繋がっていることを理解する。	人種や性、障害の有無などをこえてくれる人々を結び付けるスポーツの文化的なはたらきについて理解する。
	学習活動	○保健体育の授業以外でやったことのある運動やスポーツについて問う。加えてTVや会場でみてみたことのあるスポーツについても発問する。（第1学年ではスポーツの多様性について、第2学年では運動やスポーツの効果について学んだことを思い出させる） ○それぞれ各自が行ってきたスポーツ、あるいはスポーツを観戦した意義や価値について考えさせる。 ○グループ内でお互いの考えを見合い、いくつか発表させて①健やかな心身を育むこと、②多様な人々を交流できること、③自己の多様な可能性を切り開く機会を提供していることを整理する。 ○Society5.0の映像を視聴させ、益々利便性の高まる社会について紹介すると共に、スポーツが持つ文化的意義について強調する。 ○ユネスコの「体育・身体活動・スポーツに関する国際憲章」やスポーツ庁による「スポーツ基本計画」に示されているスポーツの文化的意義について紹介する。	○前時に学んだスポーツが持つ文化的意義について思い出させる。また、知っている国際的なスポーツ大会にはどのようなものがあるかを問い、前時の「体育・身体活動やスポーツの国際憲章やスポーツ基本計画の理念」について思い出させる。 ○オリンピックやラグビーのワールドカップについて、素晴らしいプレーや観客の一体感、世界中で応援している人々などを映し出した映像を視聴させる。 ○国際的なスポーツ大会の魅力について考えさせ、グループ内で考えられのアイデアを共有すること。また、グループで共有した意見を発表させ、国際的なスポーツが国際親善や世界平和に貢献していることに気付かせる。 ○パラリンピックの盛り上がりが、さらに多くの人々の親善に貢献していることについて理解させる。 ○世代別にスポーツに関する情報をどのように収集しているのかを考えさせ、テレビによる動画、テレビや音声から得ていた時代、新聞やラジオなどの文字や音声から得ていた時代、SNSなどによって多くの多様な人々の情報を世界中の人々と共有できるようになっている時代になってきていることに気付かせる。	○スポーツと言う言葉をイギリス英語、アメリカ英語、フランス語やドイツ語、韓国語など様々な全国の言葉で何と言うかを訪ねる。ほとんどの国々で同じような発音の言葉があることを紹介する。また、言葉が通じなくてもスポーツを一緒に行う中で仲良くなったの人のエピソードを紹介し、スポーツは世界共通の文化（言語的・非言語的）であると説明する。 ○男女共同で行われている国際大会（例えば卓球のダブルス、陸上の男女混合リレーなど）の映像を視聴させる。 ○年齢や障害の有無に関係なくみんなで楽しく行っているアダプテッドスポーツの映像を視聴させる。 ○前々回に学んだように身近な人だけでなく広い範囲で多種多様な人々を結び付けるスポーツを通じてスポーツが行われていることに気付くことに関する経験があるか質問し、身近な人だけでなく広い範囲で多種多様な人々を結び付けるスポーツを通じてスポーツが行われていることに気付かせる。 ○スポーツを行って仲が悪くなって険悪になることがあるけれども、スポーツによって多くの多様な人々がはつらつながりがあるから、反対につながりがあることに気付かせる。
評価計画	知識・技能	①	②	③
	思考・判断・表現		①	①
	主体的に学習に取り組む態度		①	

参考資料リンク集

① **教育基本法**：文部科学省，https://www.mext.go.jp/b_menu/kihon/about/mext_00003.html

② **スポーツ基本法**：文部科学省，https://www.mext.go.jp/a_menu/sports/kihonhou/

③ **小学校学習指導要領（平成 29 年告示）**：文部科学省，https://www.mext.go.jp/content/1413522_001.pdf

④ **小学校学習指導要領（平成 29 年告示）解説【体育編】**：文部科学省，
https://www.mext.go.jp/component/a_menu/education/micro_detail/__icsFiles/afieldfile/2019/03/18/1387017_010.pdf

⑤ **中学校学習指導要領（平成 29 年告示）**：文部科学省，https://www.mext.go.jp/content/1413522_002.pdf

⑥ **中学校学習指導要領（平成 29 年告示）解説【保健体育編】**：文部科学省，
https://www.mext.go.jp/content/20210113-mxt_kyoiku01-100002608_1.pdf

⑦ **高等学校学習指導要領（平成 29 年告示）**：文部科学省，https://www.mext.go.jp/content/1384661_6_1_3.pdf

⑧ **高等学校学習指導要領（平成 29 年告示）解説【保健体育編　体育編】**：文部科学省，
https://www.mext.go.jp/content/1407073_07_1_2.pdf

⑨ **幼稚園，小学校，中学校，高等学校及び特別支援学校の学習指導要領等の改善及び必要な方策等について（答申）**：中央教育審議会，https://www.mext.go.jp/b_menu/shingi/chukyo/chukyo0/toushin/1380731.htm

⑩ **児童生徒の学習評価の在り方について（報告）**：中央教育審議会，
https://www.mext.go.jp/b_menu/shingi/chukyo/chukyo3/004/gaiyou/1412933.htm

⑪ **「指導と評価の一体化」のための学習評価に関する参考資料　中学校　保健体育**：国立教育政策研究所，
https://www.nier.go.jp/kaihatsu/pdf/hyouka/r020326_mid_hokent.pdf

⑫ **学習評価の在り方ハンドブック（小・中学校編）**：国立教育政策研究所，
https://www.nier.go.jp/kaihatsu/pdf/gakushuhyouka_R010613-01.pdf

⑬ **学習評価の在り方ハンドブック（高等学校編）**：国立教育政策研究所，
https://www.nier.go.jp/kaihatsu/pdf/gakushuhyouka_R010613-02.pdf

⑭ **指導資料集**：文部科学省，https://www.mext.go.jp/a_menu/sports/jyujitsu/1330884.htm

⑮ **Sport in Life プロジェクトとは**：スポーツ庁，https://www.mext.go.jp/sports/sportinlife/

⑯ **子どもの体力向上のための取組ハンドブック**：文部科学省，
https://www.mext.go.jp/a_menu/sports/kodomo/zencyo/1321132.htm

⑰ **運動部活動の在り方に関する総合的なガイドライン**：スポーツ庁，
https://www.mext.go.jp/sports/b_menu/shingi/013_index/toushin/1402678.htm

⑱ **中学校部活動における陸上競技指導の手引き**：日本陸上競技連盟，https://www.jaaf.or.jp/development/jhs/

⑲ **学校における水泳プールの保健衛生管理**：日本学校保健会，https://www.gakkohoken.jp/books/archives/202

※ QR コードより WEB 上のリンク集にアクセスできます。

https://www.kenpakusha.co.jp/data/docs1/102454-01.pdf

索　引

あ

ICT の利用 …………… 111
アクアビクス …………… 54
アナロゴン ………… 40, 113
安全への配慮 ………… 103

い

生きていく上での豊かさ89
生きる力 ………………… 11
育成を目指す資質・能力
　………………… 12, 14
一斉学習 ……………… 100
一歩ハードル ………… 107
インストラクション … 101

う

受け身 ………………… 86
動きを持続する能力を高め
　るための運動 ……… 32
動ける身体 …………… 36
運動組合わせ ………… 106
運動の原則 …………… 33
運動の特性 …………… 129
運動やスポーツの意義や効
　果と学び方や安全な行い
　方 …………………… 91
運動やスポーツの効果的な
　学習の仕方 ………… 92
運動やスポーツの多様性91
運動有能感 …………… 101
運動領域に応じた教材づく
　り …………………… 113
運動を継続する意義 …… 33

え・お

エレメンタリーバックスト
　ローク ……………… 57
演示 …………………… 102
鬼遊び ………………… 63
オノマトペ …………… 79

か

下位教材 ……………… 110
かかり練習 …………… 87
学習カード …………… 134
学習改善に向けた評価 … 6
学習指導要領 ………… 3, 8
学習指導要領の変遷 …… 9
学習指導要領の方向性 …13
学習集団 ……………… 100
学習内容 ………………… 2
学習評価 ……………… 115
学校教育法 ……………… 8
学校教育法施行規則 …… 1
学校体育実技指導資料
　………………… 122
体つくり運動 ………… 30
体の動きを高める運動
　………………… 31, 32
体の構造 ……………… 33
体の柔らかさを高めるため
　の運動 ……………… 32
体ほぐしの運動 ……… 31
カリキュラム・マネジメン
　ト …………………… 16
観察 …………………… 101
観点別評価の3観点 …… 4
観点別学習状況の評価
　………………… 115, 116

き

器械運動 ……………… 36

器械運動の ICT の活用
　………………… 42
器械運動の安全管理 …… 44
器械運動の種目 ……… 36
器械運動の評価 ……… 45
器械運動の補助 ……… 42
聞こえる化 …………… 51
基礎力 ………………… 15
キック ………………… 55
キャッチ ……………… 55
球技 …………………… 63
弓道 …………………… 81
教育基本法 …………… 1, 8
教科等横断的な視点 …… 17
教具 ……………… 106, 110
教材 …………………… 106
教材づくりの考え方 … 108
教材の再構成 ………… 108
教材の内容的視点 …… 108
教材の方向的視点 …… 108
教師行動 ……………… 136
教師の指導観 ………… 135

く

崩し …………………… 86
クマ歩き ……………… 41
グライド姿勢 ………… 55
グループディスカッション
　………………… 139
グループを基礎とした学習
　………………… 100
クロール ……………… 54

け

ゲーム修正の理論 …… 67
研究協議会 …………… 141
健康づくりのための身体活
　動基準 ……………… 33
現代的なリズムのダンス73

剣道……………………81

こ

公開授業……………… 141
校種間の接続…………… 21
効率の良い運動の組合わせ
　………………………… 32
ゴール型………63, 67, 97
国際スポーツ科学・体育協
　議会…………………… 4
個人メドレー……………57
子どもの健康問題………30
子どもの体力低下………30
子ども一人一人の発達をど
　のように支援するか…12
5 m フラッグ……………59
コンピテンシー…………3
コンビネーション………55

さ

細案……………………122
サッカー…………………66
参加型見せ合い…………79
3 段階評価…………… 116

し

思考力……………………15
思考力・判断力・表現力等
　…………………………14
事後分析………………141
資質・能力………3, 14
資質・能力の 3 つの柱
　……………………3, 115
実技研修………………141
実施するために何が必要か
　…………………………12
実生活に生かす運動の計画
　………………… 31, 33
実践力……………………15

指導案づくり………… 122
指導案の吟味………… 136
指導案の形式………… 128
指導案のタイトル…… 128
指導案例……………… 122
指導装置……………… 111
指導と評価の一体化…117
柔道……………………81
自由練習…………………87
授業研究……………… 141
授業マネジメントの工夫
　…………………………98
主体的・対話的で深い学び
　…………………………18
主体的な学び……………18
受理…………………… 102
準拠集団……………… 101
障害のある生徒の指導…21
小学校学習指導要領体育科
　編（試案）……………2
小グループでの指導案の検
　討……………………139
新体育の目標……………23
身体の教育………………2
身体的リテラシー………5

す

水泳………………………53
水泳の安全面への配慮…59
水中ウォーキング………54
スポーツ…………………1
Sport in Life プロジェクト
　…………………………1
スポーツ基本法…………1
スポーツ国際展開基盤形成
　事業……………………1
スポーツに関する教育…2
スポーツの文化的特性や現
　代のスポーツの発展…92

スポーツの中の教育……2
スポーツを通した教育…2
相撲……………………81
スモール・ステップ化
　……………………… 113

せ

生活習慣病の予防………33
生活の質を豊かにする…89
生徒の実態…………… 128
背泳ぎ……………………54
背支持倒立………………41
全国体力・運動能力，運動
　習慣等調査……………30
全習法……………………55

そ

相互作用………… 101, 102
創作ダンス………………73
総則に示されている体育
　…………………………28
相対評価……………… 117
ソフトバレーボール・66, 69
ソフトボール……………66

た

体育………………………1
体育の概念………………2
体育分野の領域の構成…26
体育理論…………………89
体さばき…………………86
体さばき習得シート……88
第二期スポーツ基本計画
　…………………………1
代表的なダンス…………72
体力づくりを重視した目標
　…………………………23
対話的な学び……………18

巧みな動きを高めるための
　運動……………………32
タグラグビー……………66
タスクゲーム………71, 113
楽しさを重視した目標…23
単位教材…………………110
単位時間…………………122
段階的な指導……………60
短距離走…………………47
単元………………………132
単元教材…………………110
単元計画…………………132
単元の評価規準………130
単元の評価規準の設定
　…………………………118
単元の目標………………129
単元名……………………129
ダンス……………………72

ち

力強い動きを高めるための
　運動……………………32
知識及び運動……………31
知識・技能………………14
中学校学習指導要領解説総
　則編………………8, 11
長距離走…………………47
直接的指導………………101

つ・て

次（つぐ）………………132
TGfU……………………67
鉄棒運動…………………36
デモンストレーション
　…………………………102

と

どのように学ぶか………12
跳び箱運動………………36

トリオ……………………61
ドリルゲーム……………113

な

なぎなた…………………81
投げ技……………………86
何ができるようになるか
　…………………………12
何が身に付いたか………12
何を学ぶか………………12

に・ぬ・ね

21世紀に求められる資質・
　能力……………………15
ネット型…………63, 67
ねらい……………………136

は

ハードル走………………47
ハイエルボー……………55
励まし……………………102
パシュート・ラン………52
走り高跳び………………47
走り幅跳び………………47
バスケットボール…66, 97
バタフライ………………54
発達段階別にみた評価
　…………………………120
発問………………………102
バディ……………………61
バランスの良い運動の組合
　わせ……………………32
ハンドボール……………66
班別学習…………………101

ひ

引き手……………………86
評価計画…………………118
評価の観点………………116

評価の進め方及び留意点
　…………………………118
評定………………115, 116
平泳ぎ……………………54

ふ

フィードバック…………102
プールフロア……………60
フォークダンス…………73
深い学び…………………18
武技………………………81
武術………………………81
武道………………………81
武道のICTの活用………87
武道の安全確保…………86
フラッグフットボール…66
フリー（自由形）リレー
　…………………………57
振り返りの視点…………137
ブリッジ…………………41
プル………………………55
プレゼントカード方式
　…………………………101
文化としてのスポーツの意
　義………………………91
分習法……………………55

へ

ベースボール型……63, 67

ほ

ボール運動………………63
ボールゲーム……………63
保健体育科の目標………23
保健体育科の目標の変遷
　…………………………24
ホワイト・ライン………107
本時の展開………………133
本時の目標………………133

ま

マット運動……………………36
マット運動の主な技・39, 40
学びに向かう力・人間性等
　　……………………………14
学びの地図………………12
マネジメント……………101

み

見える化…………………51
3つの指導内容の関係性
　　……………………………38
3つの柱 ……………………14

め・も

メインゲーム………71, 113
メタ認知…………………14
メドレーリレー…………57
モニタリング……………101

や・ゆ

約束練習…………………87
豊かなスポーツライフ
　　………………23, 25, 89
豊かなスポーツライフの設
　　計の仕方………………92
ゆとり……………………11
ユネスコ…………………4
ゆりかご…………………41

よ

よい教材………… 106, 107
よい体育授業……………96
よい体育の授業の基礎的条
　　件………………………96
よい体育の授業の内容的条
　　件………………………96
用具………………………110

4 泳法 ……………………54
四大教師行動…………101

ら・り

理解のためのゲーム指導
　　……………………………67
リカバリー………………55
リカバリー・ラン……107
陸上競技…………………46
リスクマネジメント…104
リズムダンス……………73
略案………………………122
良質な体育の実現に向けた
　　ユネスコの取り組み…4
良質の体育………………4
量的な評価……………117
リレー（水泳）…………57
リレー（陸上）…………47

れ

レポート作成…………142
レポートの課題例……145
レポートの推敲………144

わ

ワールドカフェ方式…139
技のかけ…………………86

〔編著者〕

しらはた かずや 白旗 和也	日本体育大学体育学部　教授	第2週・第4週	
おかで よしのり 岡出 美則	日本体育大学スポーツ文化学部　教授	第1週	
いまぜき とよかず 今関 豊一	日本大育大学児童スポーツ教育学部　教授	第3週	

〔執筆者〕（五十音順）

いしかわ やすなり 石川 泰成	埼玉大学教育学部　准教授	第8週1
いわた やすし 岩田 靖	信州大学教育学部　教授	第10週
おおこし まさひろ 大越 正大	東海大学体育学部　教授	第6週2
おおとも さとし 大友 智	立命館大学スポーツ健康科学部　教授	第11週
おぎわら ともこ 荻原 朋子	順天堂大学スポーツ健康科学部　准教授	第7週1
こんどう ともやす 近藤 智靖	日本体育大学児童スポーツ教育学部　教授	第5週1
すこう りき 須甲 理生	日本女子体育大学体育学部　准教授	第12週・第13週
すずき さとし 鈴木 聡	東京学芸大学教育学部　教授	第14週・第15週
ほそごえ じゅんじ 細越 淳二	国士舘大学文学部　教授	第6週1
みたべ いさむ 三田部 勇	筑波大学体育系　准教授	第5週2
やまざき あかね 山崎 朱音	静岡大学教育学部　講師	第7週2
よしなが たけし 吉永 武史	早稲田大学スポーツ科学部　准教授	第9週
よしの さとし 吉野 聡	茨城大学教育学部　教授	第8週2

中学校・高等学校　体育科教育法

2021 年（令和 3 年）3 月 30 日　初 版 発 行

編著者	白 旗 和 也
	岡 出 美 則
	今 関 豊 一
発行者	筑 紫 和 男
発行所	株式会社 建 帛 社 KENPAKUSHA

〒112-0011　東京都文京区千石 4 丁目 2 番 15 号
TEL（03）3944－2611
FAX（03）3946－4377
https://www.kenpakusha.co.jp/